行政裁量とその統制密度
（増補版）

宮田三郎

行政裁量とその統制密度

（増補版）

学術選書
100
行政法

信山社

〈増補〉にあたって

一九九四(平成六)年に初版を刊行してから一八年近くを経過した。幸い品切れになって久しいので、巻末に「XIII 専門技術的裁量について」(初出・平成二三年、判例時報二〇六七号)を〈増補〉して再刊することにした。

増補再刊に当っても、「行政裁量は、私にとって永続的なテーマである」という初版刊行時の思いはそのまま同じである。

二〇一二年二月

著　者

はしがき

行政法学が問題にしてきた裁量は、法律要件と法律効果から成る法規を前提にし、法規の解釈・適用をめぐって行政に認められる判断・決定の余地であり、この「余地」は司法統制に服することのない行政のいわば「聖域」であった。人はそこに行政の「真髄」を見ることができたのである。

しかし「裁量」は、法規から離れて一般化し、専門技術的な裁量という考え方が到る所で展開され、いまや「裁量」は日常的な現象となった。このような法律の執行の外部にあり、国民の法的地位に直接の影響を与えることのない行政の「裁量」は、行政学ないし社会学の対象となる問題である。これに対して、行政法学における裁量理論は、行政裁量を法治国の「異物」とみて、その容認できる場を限定しつつ、行政裁量を法治国原理に適合したものに洗練しようと努めている。このような方向を押し進めて、行政裁量の統制密度を濃密化して行けば、判断・決定の自由な余地としての「裁量」という観念は、結局、ケースの具体的事情に即し、可能なかぎり公正な決定をなすべき法的手段というように転回を遂げることになろう。

ここに現代的法治国における行政のあり方の変遷を見ることができるように思われる。

本書は、昭和三五年以降の研究論文を集めて成ったものである。そのうち、「III　行政法上の不確定概念」は未発表の論文の一部であり、「XIII　補論：計画裁量とその統制」は新たに書き加えたものであるが、これによって、五〇年代および八〇年代の空白の一部が埋められ、五〇年代以降のドイツの学説の大まかな流れを示すことができたように思われる。

本書を公刊するにあたって、故柳瀬良幹先生とC・H・ウーレ先生の学恩に深く感謝の意を表したい。故柳瀬先生の「自由裁量に関する疑問」(『行政法の基礎理論』弘文堂・昭三三、所収)は、私の行政裁量研究の出発点であると同時に、表現は異なるが内容的には、一つの到達点にもなっているように思われる。私の助手時代に享けた広い自由について感謝したい。またウーレ先生からは、裁量コントロールの問題性について大きな刺激を与えられた。私のドイツ留学中における親切な励ましに感謝したい。本書は一応の区切りであるが、行政裁量は、私にとって永続的なテーマである。

最後に、本書の出版を快諾して下さった信山社の袖山貴氏に対し心から謝意を表したい。

平成六年五月

宮田三郎

目　次

［論文初出掲載誌一覧］

Ⅰ　「行政裁量」現代行政法大系第2巻（有斐閣、昭和五九年）

Ⅱ　「裁量統制」公法研究四八号（日本公法学会、昭和六一年）

Ⅲ　「行政法上の不確定概念」（未発表、昭和三五年）

Ⅳ　「裁量の瑕疵」専修法学論集一二号（専修大学法学会、昭和四六年）

Ⅴ　「紹介：エームケ『行政法における〝裁量〟と〝不確定法概念〟』」専修大学論集二九号（専修大学学会、昭和三七年）

Ⅵ　「計画裁量」専修法学論集二八号（専修大学法学会、昭和五三年）

Ⅶ　「計画裁量の限界」専修法学論集二九号（専修大学法学会、昭和五四年）

Ⅷ　「補論：計画裁量とその統制」（本書、平成六年）

Ⅸ　「再入国不許可処分における裁量」東京地裁係属昭和六一年（行ウ）第一三五号、再入国不許可取消請求及び国家賠償請求事件の鑑定意見書（平成二年）

Ⅹ　「行政規則による不確定法概念の具体化」「環境基準について（二）」千葉大学法学論集五巻一号（千葉大学法学会、平成二年）を添削し、改題した。

Ⅺ　「裁量収縮について」千葉大学法学論集六巻三・四号（千葉大学法学会、平成四年）

Ⅻ　「行政裁量――総括と展望」「行政裁量」公法研究五五号（日本公法学会、平成五年）に副題をつけた。

ⅩⅢ　「専門技術的裁量について」判例時報一〇六七号（平成一三年）

I　行政裁量

一　はしがき

裁量問題は、従来、自由裁量というテーマのもとに論ぜられてきたが、比較的最近においては、行政裁量という用語が一般化した。行政裁量は、立法裁量および司法裁量に対応する言葉であり、「行政機関の行う裁量、行政権の行う裁量、行政過程に含まれる裁量」を意味する。(1) したがって行政裁量は、行政立法、行政行為、行政強制、行政計画、行政契約および行政指導など、行政の行為類型のそれぞれについて考えることができる。しかし従来の裁量論は、行政法学における行政行為中心主義の反映として、行政行為についての裁量をその内容とするものであり、行政立法や行政計画などについての裁量には、十分な関心が払われなかった。本章も、それらの点については若干の問題点を指摘する以上には出ていない。

裁量問題は、法律による行政の拘束の程度、すなわち法治国原理の問題と裁判所による行政のコントロール、すなわち行政権と司法権の関係の問題を含む。裁量は、その承認と拡大の程度に応じて、法治国原理を堅持できるか、行政国家への傾斜を示すかのバロメーターである。また裁量をどのように理解するかは、行政と裁判所の関係の問題とりわけ権利保護の問題にとって、決定的な意義をもつ。裁量論が法治国原理、権力分立、権利保護といった憲法の基本原理にかかわることは、古典的裁量理論が、一定の制約を受けながら、なお現在の問題解決のために有益であることを示す。佐々木＝美濃部学説が、半世紀以上にわたって、今日なお裁量理論のなかで大きなウエートを占めるのは、裁量問題が国家権力の基本問題を内在していることにもよるが、同時に、両学説が時代を超える側面、すなわち法の認識の方法論的問題を含んでいることによるといえよう。佐々木＝美濃部学説を出発点とし田中学説にいたるまでの学説および戦後の判例については、これまでに数多くの精緻で優れた分析および評価がなされ、これらの蓄積により、裁量理論の主要な骨格はほとんど図式化されたということができる。(2)本章では、いわゆる伝統的学説についての詳細な分析はしない。

行政事件訴訟法三〇条は、「行政庁の裁量処分については、裁量権の範囲をこえ又はその濫用があった場合に限り、裁判所は、その処分を取り消すことができる」と規定した。この規定は、裁量または裁量処分の概念および裁量権の踰越・濫用の内容について何ら述べるところがなく、それを前提にしている。立法者は、そのような問題を学説・判例に委ねたということができる。学説の任務は、判例および行政実務に対して、裁量問題の指針を提供することにあるが、実際に、いかなる方向に進み、いかなる範囲で行政の裁量を承認してゆくかは、もっぱら裁判所の基本的な任務である。本章の主たる課題は、これまでの学説・判例を基盤とし、それを整理・補充しながら全体像を描き出し、問題提起の意味で、裁量問題についての視点を提供することにある。

（1）　杉村敏正「行政裁量」現代法四巻六〇頁（昭和四一）〔『法の支配と行政法』（昭四五）所収〕。

（2）　田中二郎「行政裁判所の権限より観たる自由裁量問題」国家四五巻（昭六）〔『行政争訟の法理』二〇五頁以下（昭二九）所収〕、柳瀬良幹「自由裁量に関する疑問」野村淳治教授還暦祝賀（昭一三）〔『行政法の基礎理論㈠』一七三頁以下（昭三三）所収〕、杉村敏正「自由裁量の検討」法叢七二巻五号一頁以下（昭三八）、山田幸男「自由裁量」行政法講座二巻一二五頁以下（昭三九）、金子芳雄「行政裁量」公法三三号一六七頁以下（昭四五）、田村悦

一「自由裁量論」ジュリ五〇〇号判例展望九四頁以下（昭四七）。その他、各種の行政法教科書とりわけ藤田宙靖『行政法Ⅰ総論』七五頁（昭五五）を見よ。

二　学説・判例の概要

1　裁量の概要

わが国では、通常、一定の枠の中で認められる行為および判断の自由を、広く「裁量」という。もともと裁量問題は、近代国家が法に対していかなる関係にあるかの問題を含むものであったが、裁量に関する理論史は、このような一般問題が、どのようにして、法律の適用における行政の裁量の問題にまで局限されてきたかを示している。(3) 今日の行政法学における裁量問題の出発点をなすのは法律であり、その中心課題は法律適用における行政の裁量とその裁判所によるコントロールの問題である。したがって、裁量とは、行政が法律を適用する際に認められる一定の余地、すなわち行為および判断の自由であるということができる。

(1)　法律の拘束　　法治国原理の目的は法律によって行政活動を拘束することである。法律の拘束は行政機関を法律の適用機関とする。行政活動を拘束する法律の規定は、通常、法律要件と法律効果の二つの部分から成り、法律要件に該当する具体的事実が認定されたときに法律効果が生じる。例えば、風俗営業を営む者が、自分のバーで一八歳未満の者にいかがわしい行為をさせ（具体的事実）、したがって風俗営業等取締法四条一項にいう「法令……に違反する行為をした場合において、善良の風俗を害する虞があるとき」（法律要件）に該当するときは、公安委員会は、営業許可の取消し、営業の停止または善良の風俗を害する行為を防止するために必要な処分をすることができる（法律効果）。したがって、法律の適用はつぎの四つの段階に整理することができる。①事実の調査と認定、すなわち具体的事実として何が生じたか、何が存在するかの認定、②法律要件の内容の解釈、すなわち

「善良の風俗を害する虞があるとき」とは何を意味するか、③包摂、すなわち具体的事実の法律要件へのあてはめ、④法律効果の確定、すなわち処分をするか否か、処分をするとして営業許可の取消しをするか営業の停止を命じるか、といった処分の選択の問題である。法律の拘束は、法律要件と法律効果の両面において、厳格で一義的に明確な定めをしている場合があり（例えば、「一八歳未満」「許可を取消さなければならない」）、このような厳格な拘束の場合には行政機関に裁量の余地がないことは明らかである。しかし風俗営業等取締法四条のように、法律要件が具備するときに、四つの処分の選択の自由を行政機関に認めることによって、法律の拘束を緩和している場合があり、また「善良の風俗を害する虞があるとき」とか「必要な処分」といった不確定概念を使用する場合は、その解釈・適用を一義的に確定できるかどうか疑わしいため、法律の拘束が緩和されているように見える場合もある。

(2)　裁判所のコントロール　　法律の拘束の程度の問題は、行政と立法者との関係の問題であるが、同時に行政と裁判所との関係の問題でもある。法律の拘束の緩和は裁判所による行政活動のコントロールをも緩和する。裁判所の権限は、行政活動の適法・違法の審査に限定され、法律の拘束の及ばない行政活動について、その当、不当を審査することはできない。したがって、法律自ら行政機関に対し処分の選択の自由を認め、または、不確定概念の解釈・適用について行政機関の判断権を認めている限り、その点につき裁判所のコントロールは及ばず、行政に最終的な決定をなす権限があることになる。このような権限を「自由」裁量権ということがある。裁量権の問題は、行政の法律適合性を担保する裁判所の審査権の範囲、したがって権利保護の問題であるので、極めて実用的意義をもつ。

(3)　自由に形成される行政　　行政が法律の外部において活動する場合は、裁量を行使しているのではない。例えば、学校、図書館、病院などを建設するかどうか、どのような構造にすべきかの決定に現れる行政政策的な「裁量」は、本章にいう裁量とはその類型を異にし、通常「自由に形成される行政」と呼ばれている。これは行

政法学というよりは行政学ないし行政政策の対象となる領域である。(4)

2　伝統的自由裁量論

伝統的自由裁量論の理論構成は次のとおりである。

まず、裁量を行政行為についての裁量に限定し、行政行為を羈束行為と裁量行為とに分かち、裁量行為をさらに法規裁量（羈束裁量）行為と自由裁量（便宜裁量）行為とに区別する。法規裁量（羈束裁量）とは、何が法であるかの裁量、すなわち法令の明文の外になお法の準則（不文の条理法）の拘束をうけ、したがって法の予定する客観的基準が存在し、それを誤れば違法の問題が生じる場合である。これに対して、自由裁量（便宜裁量）とは、何が行政目的または公益に適合するかの裁量、すなわち行政がその判断を誤っても当・不当の問題が生じるにとどまり、違法の問題が生じない場合である。したがって法規裁量（羈束裁量）の行為は、羈束行為と同様に、裁判所の全面的コントロールを受ける行為であり、自由裁量（便宜裁量）の行為は裁判所のコントロールから除外される行為である。しかし自由裁量といっても、つねに一定の限界があり、裁量権が法の許容した範囲を超えた場合および裁量権の濫用があった場合には、自由裁量の行為は違法となり、裁判所のコントロールを受ける。(5)

このような枠組みを基本として、わが国の自由裁量論の中心課題は、裁判所のコントロールを受ける羈束行為または法規裁量（羈束裁量）行為と裁判所のコントロールを受けない自由裁量（便宜裁量）行為との区別の基準を何に求めるかという点におかれた。それは、「自由裁量行為と羈束行為の区別の標準を説き、あるいは自由裁量の本質論として要件裁量か効果裁量かを論じ、その上で、自由裁量の踰越・濫用の法理を簡単に説くという、いわば二段構えの論理構造(6)」をとるものであった。羈束行為・法規裁量（羈束裁量）行為と自由裁量（便宜裁量）行為との区別の基準については、①法の規定の仕方を標準とする説、②行為の性質を標準とする説、③法の趣旨目的の合理的解釈による説、④裁判所の判断能力による説、の四つが代表的学説というべきものであり、そのうち②③説が支配的学説を形成し、④が現在の判例理論の基調となっていると見られている。

(1)　法の規定の仕方を標準とする説

(ア)　自由裁量は行政行為の公益適合性に関する行政機関の独自の判断であって、法が、①ある処分をなしうることについてのみ規定を設けている場合、②公益概念によって行政処分をなしうると規定する場合、③必要に応じてある処分をなしうると規定する場合、④行政機関が私人の要求に基づいてある行政処分をなしうると規定し、しかもなんら他の定めをしていない場合には、自由裁量である。(7)

(イ)　行政行為を規定する法は、①いかなる場合に、②いかなる行為を、③行うか、の三点を一般的内容とする。この三点について、行政機関に判断の余地がない場合が羈束行為である。③の点について、「することができる」という規定は、行政機関に自由決定の権限を認めるものではない。①②の点について、法がなんらの指定をなさず、指定をしても単に終局目的（公益目的）を掲げるにとどまる場合のみ、自由裁量が認められる。(8)

(2)　行為の性質を標準とする説

①法律要件に不確定概念が用いられている場合、その認定は、つねに羈束裁量行為である。②侵害的行政行為は、法律の明文が自由裁量を認めるように見える場合であっても、その裁量は、つねに羈束裁量の行為である。③授益的行政行為は、法律の特別の規定のある場合を除くほか、原則として自由裁量の行為である。④人民の権利義務に直接の影響を及ぼさない作用は、法律の特別の規定ある場合を除くほか、原則として自由裁量に属する。(9)

(3)　法の趣旨目的の合理的解釈による説

法が、近代法治国家の原則に照らし、事柄の性質からいって、一般法則性を予定している場合は法規裁量であり、法が、行政目的に照らし、行政庁の政治的裁量または技術的裁量を許容する趣旨である場合は便宜裁量であって、両者の区別は法の趣旨目的の合理的解釈によるほかない。(10)

(4)　裁判所の判断能力による説

現在の弁論主義訴訟構造のもとでは、裁判所の判断に適さないものだけが自由裁量であり、羈束と裁量の区別の基準は裁判所の判断能力に求めるほかない。政治的・技術的判断を必要とする事項は、専門家たる行政庁の判断に専ら頼らなければならず、非専門家たる裁判所は専門家たる行政庁の判断にその地位を譲らなければならない。かような場合に、行政庁に自由裁量が認められる。(11)

3　裁量権の踰越・濫用の法理

伝統的学説は、法規裁量と自由裁量の区別に重点をおいたため、裁量権の踰越・濫用の法理を十分に展開しなかった。この法理は、むしろ戦後の判例によって、具体的に展開され、内容豊富なものになった。裁量の瑕疵を踰越と濫用に区別するのは、裁量の法的限界が外的または客観的限界と、内的または主観的限界に分かれるということに拠っている。裁量の踰越とは、裁量が外的または客観的限界を超え、裁量を認めたことによっていかなる場合にも容認できない処分をなした場合をいうが、これは裁量に固有の瑕疵ではなく、行政行為の瑕疵論と内容的に一致するといってよい。裁量の濫用とは、裁量の外的または客観的限界は守られているが、裁量の内的または主観的限界を意図的にまたは誤って逸脱した場合である。(12)これが一応の理論的区別であるが、実際上は、両者を厳格に区別する実益がないため、判例は、裁量の踰越と濫用を一体とみて裁量権の限界の問題としてとらえ、具体的な裁量の瑕疵について、それが比例原則違反に当たるとか不正な動機による目的違反に当たるとかを、つねに明確に示しているわけではない。また、判例は一般論として裁量権の限界を示しながら、現実のケースでは裁量の限界を超えたとして行政処分を違法とした例は少ない。多くの判例が「著しく」「甚だしく」「いわれなく」などの用語を好んで用いるのは、いわば目に余るものでない限りは、行政庁の裁量を容認するという態度を示しているように思われる。

(1)　事実誤認　　法律要件に該当する事実が存在しないのに処分を行い、また要件事実の認定が全く条理を欠く場合は、裁量は違法である。学説は一致してこれを承認しているし、最高裁判例も早くからこれを認めている。しかし事実誤認はもともと裁量の限界の問題ではない。これを裁量の限界の問題としてとらえるのは、事実認定

にはしばしば当該事実に対する評価を伴うものがあり、その点で裁量問題と密接に関係するからである。(13)

「懲戒権者が懲戒処分を発動するかどうか、懲戒処分のうちいずれの処分を選ぶべきかを決定することは、その処分が全く事実上の根拠に基づかないと認められる場合であるか、もしくは社会観念上著しく妥当を欠き懲戒権者に任された裁量権の範囲を超えるものと認められる場合を除き、懲戒権者の裁量に任される」（最判昭二九・七・三〇民集八巻七号一五〇一頁＝百選Ⅰ26事件、最判昭三二・五・一〇民集一一巻五号六九九頁＝広岡／室井／塩野編『行政法判例』164事件等）。

(2)　目的違反・動機の不正　　裁量は、裁量権を付与した根拠法規の内在的目的に適合するように行使しなくてはならない。法規の内的目的と異なった目的で裁量権を行使した場合、その裁量は違法となる。不正の動機や恣意的・報復目的で裁量権を行使した場合も同様である。

「専らトルコ風呂の開業を阻止する目的でなされた県知事の児童遊園設置認可処分は『行政権の著しい濫用によるものとして違法で』ある」（最判昭五三・五・二六民集三二巻六八九頁［トルコ風呂判決］百選Ⅰ84事件。なお目的違反に当たるものとして、東京地判昭四四・七・八行集二〇巻七号八四二頁［ココム判決］広岡／室井／塩野編『行政法判例』24事件、東京地判昭三九・三・二六行集一五巻三号四八三頁＝『行政法判例』28事件などをあげることができる）。

また、皇居外苑の使用不許可処分に関する最高裁大法廷昭和二八年一二月二三日判決（百選Ⅰ85事件）は、目的違反に関する判決としても、法規裁量を認めた判決としても位置づけられている。裁量の限界といい、法規裁量または羈束裁量というのは、同一事態を異なる側面から説明しているにすぎないことが多い。不正の動機や恣意的・報復的目的など主観的要素によって生じる裁量の瑕疵は、処分を決定した者の動機・意図に遡ってはじめて認識できるから、立証状況が困難で、理由の追完が許されることによって、裁量を違法となしうる場合は少ない。しかしこのような瑕疵こそ裁量に固有の瑕疵といえよう。

(3)　平等原則違反　平等原則は、単に形式的に、裁量の内容がつねに他の場合と同一であることを要求するものでない。恣意による平等原則違反が問題である。恣意の禁止とは、裁量が法の趣旨・目的に従って行使されるべきことを意味するから、裁量における平等原則違反は法目的違反と競合することがあろう。(14)

「行政庁は何等いわれなく特定の個人を差別的に取り扱いこれに不利益を及ぼす自由を有するものではなく、この意味においては、行政庁の裁量権には一定の限界がある」（最判昭三〇・六・二四民集九巻七号九三〇頁＝百選Ⅰ78事件）。「事柄の性質に即応して合理的と認められる差別的取扱をすることは、……裁量権の範囲を逸脱したもの」でない（最判昭三九・五・二七民集一八巻四号六七八頁＝広岡／室井／塩野編『行政法判例』26事件）。

(4)　比例原則違反　裁量が抽象的には許容せられるが、具体的場合に、不適当・不必要な処分をなし、また最小限度の手段（処分）を選ばなかった場合などに比例原則違反となる。要するに過度の処分の禁止である。判例が「社会観念上著しく妥当を欠く」とか「甚だしい不当」というのは比例原則違反を示している。比例原則は、今日、憲法上の原理であるから、裁量の限界としての比例原則は裁量の外的または客観的限界であって、裁量そのものに内在する固有の限界ではない。(15)

「『本件処分を比例原則に違反し著しく公正を欠く裁量を行った瑕疵ある行政処分』とすることはできない」（最判昭三九・六・四民集一八巻五号七四五頁＝百選Ⅰ81事件）。

「懲戒権者が右の裁量権の行使としてした懲戒処分は、それが社会観念上著しく妥当を欠いて裁量権を付与した目的を逸脱し、これを濫用したと認められる場合でない限り、その裁量権の範囲内にあるものとして、違法とならないものというべきである」（最判昭五二・一二・二〇民集三一巻七号一一〇一頁＝百選Ⅰ83事件）。

4　昭和三〇年代における判例の動向

(1)　美濃部理論の変容　戦後、美濃部理論は判例によってどのように受けとめられたか。次の三つの最高裁判例は、美濃部第一原則、すなわち不確定概念は具体的場合には客観的に唯一の正しい決定のみを導くという観念を捨てて、不確定概念につき、行政庁の政治的または専門技術的な裁量を認めるものである。

「教育委員会法（昭二三法一七〇）三四条四項但書にいう『急施を要する場合』とは……会議の招集権者である委員長……の裁量判断によってこれを決することもできると解する」（最判昭三六・四・二七民集一五巻四号九二八頁＝百選Ⅰ76事件」。

「旅券法一三条一項五号にいう『著しく且つ直接に日本国の利益又は公安を害する行為を行う虞れがあると認めるに足りる相当の理由がある者』の認定については、外務大臣がその識見信念に基づいてえた以上、その判断の前提となるべき事実認定についてさしたる誤りがなく、また、その結論にいたる推理の過程において著しい不合理のないかぎり、裁判所としてもその判断を尊重すべきである」（最大判昭三三・九・一〇民集一二巻一三号一九六九頁。なお、百選Ⅰ77事件の解説を見よ）。

「温泉の掘さくの許可・不許可について、温泉法四条にいう『その他公益を害する虞があると認めるとき』の認定は、『主として、専門技術的な判断を基礎とする行政庁の裁量により決定されるべき』である」（最判昭三三・七・一民集一二巻一一号一六一二頁＝百選Ⅰ79事件）。

美濃部第二原則に従った数多くの下級審判例があるが、最高裁判例にも、美濃部理論を受け入れたものがある。

「農地に関する賃借権の設定移転は本来個人の自由契約に委せられていた事項であって、法律が小作権保護の必要上これに制限を加え、その効力を承認にかからせているのは、個人の自由の制限であり、法律が承認について客観的な基準を定めていない場合でも、法律の目的に必要な限度においてのみ行政庁も承認を拒むことができるのであって、農地調整法の趣旨に反して承認を与えないのは違法であるといわなければならない。換言すれば、承認するかしないかは農地委員会の自由な裁量に委せられているのではない」（最判昭三一・四・一三民集一〇巻四号三九七頁＝百選Ⅰ80事件）。

しかし同時に、侵害的行政処分について裁量を認める最高裁判決があり、美濃部第二原則が全面的に受け入れられているとはいえない。

「自動車運転手の交通取締法規違反の行為が、法条所定の運転免許取消しの事由に該当するかどうかの判断は、……法規裁量に属するものであるが、……その具体的事実関係に照らして判断することを要し、その限度において公安委員会には裁量権が認められている」（最判昭三九・六・四民集一八巻五号七四五頁＝百選I81事件）。

美濃部第三原則については、これを否認する最高裁判決があり、学説も、現行憲法のもとでは美濃部第三原則はその一般的妥当性を失ったと見る点で一致している。(16)

「公共福祉用財産の『利用の拒否は、その利用が公共福祉用財産の、公共の用に供せられる目的に副うものである限り、管理権者の単なる自由裁量に属するものではなく、管理権者は、当該公共福祉用財産の種類に応じ、また、その規模、施設を勘案し、その公共福祉用財産としての使命を十分達成せしめるよう適正にその管理を行使すべきであり、若しその行使を誤り、国民の利用を妨げるにおいては、違法たる免れない』」（最大判昭二八・一二・二三民集七巻一三号一五六一頁＝百選I85事件）。

しかし授益的行政処分についての美濃部理論が完全に死滅したと言い切ることもできないだろう。

「市町村長が清掃法一五条一項にいう汚物取扱業の『許可をあたえるかどうかは、清掃法の目的と……清掃計画とに照らし、市町村がその責務である汚物処理の事務を円滑完全に遂行するのに必要適切であるかどうかという観点から、これを決すべきものであり、その意味において、市町村の自由裁量に委ねられているものと解するのが相当である』」（最判昭四七・一〇・一二民集二六巻八号一四一〇頁＝百選I82事件）。

要するに美濃部理論は、自由裁量と法規裁量とを区別すべき直接の基準というよりは、行政法規の基礎的な解釈基準として評価すべきもので、(17)そのことの故に不滅である。侵害的法規が厳格に解釈されなければならないのは確固たる原則である。[18]判例の一般的傾向としても、侵害的性質をもつ処分についてはその裁量の範囲を比較的狭く解し、授益的性質の処分の場合には裁量の範囲を比較的広く認めているようである。[19]

(2)　法規裁量・自由裁量の相対化　　自由裁量論は、法規裁量（羈束裁量）行為と自由裁量（便宜裁量）行為とを範疇的に区別する考え方を軸として展開された。このような質的区別が理論上成り立たないことは戦前すでに指摘されたのであったが、[20]法規裁量・自由裁量の区別の相対化は、昭和三〇年代の諸判例の動向として指摘されたことによって、はじめてアクチュアルな問題となったといえる。判例の態度は「自由裁量といわゆる法規裁量との間に概念上の論理的な限界を設けず、この区別を相対化し、裁量権の行使自体を規制しよう」[21]とするものであった。

「『行政処分につき自由裁量といい、羈束裁量といっても、両者は本質的な相違のあるものではなく、要は裁量の許される範囲につき広狭の差異が認められるにすぎ』ない」（東京地判昭二八・四・二八行集四巻四号九五二頁）。

このような考え方は、その後、最高裁によって承認され、最高裁判例も羈束裁量における「羈束」から「裁量」に重点を移す傾向にあり、すでに見たように、美濃部理論の動揺を示す諸判例は、そのまま法規裁量・自由裁量の相対化現象を意味するものであった。

「羈束裁量行為といっても行政庁に全然裁量の余地が認められていないわけではないので、原判決が保護基準設定行為を羈束裁量行為と解しながら、そこに厚生大臣の専門技術裁量の余地を認めたこと自体は、理由齟齬の違法をおかしたものではない」（最大判昭四二・五・二四民集二一巻五号一〇四三頁）。

法規裁量・自由裁量を相対化してゆく判例理論は、学説によっても基本的に承認されている。[22]このような相対化現象に関連して、問題点を整理する意味で、次の四点を指摘しておきたい。

第一は、裁判権の外にある行為の一類型としての自由裁量行為という観念は成立しなくなったということである。(23) 行政行為の決定過程は、さきに見たように、事実の認定－法律要件の解釈－包摂－処分の選択－処分手続の選択－処分の決定という段階で構成されるが、例えば、その一つの段階における複数の法律要件のうち、一つの法律要件についての解釈または包摂に裁量が認められる場合は、その結果、行政行為全体が自由裁量行為となると解すべきではなく、正確には、当該法律要件についてのみ裁量を認めれば十分で、かつ、それが正しい解釈であるといえよう。(24) したがって、法規裁量（羈束裁量）行為・自由裁量（便宜裁量）行為という範疇的区別が成立しないだけではなく、そのような用語自体、問題の正確な理解をさまたげるといわなければならない。また、講学上、行政行為の分類ないし種別として、右のような区別をするのも適当でない。羈束と裁量の問題は、行政行為の分類論からはずし、行政法の基礎概念ないし基礎理論の一つとして扱うべきであると思われる。

第二は、裁量権の踰越・濫用の法理が極めて重要な機能を果たすということである。今日では、裁量が法的拘束を受けることについては問題がなく、争われているのは、裁量権の存否の問題より裁量権の限界の問題である。従来の裁量問題では、法規裁量か自由裁量かの区別に重点がおかれ、しかも法規裁量のなかには裁量権の踰越・濫用の法理の大半がすでに読み込まれていたため、踰越・濫用の法理が機能する余地は少なかった。裁量権の踰越・濫用の法理は、処分の選択の自由を認めたことによって生じる具体的結果のアンバランスや不当性を防止するために、もともと不当とされるはずの瑕疵を違法の瑕疵に転回せしめ、それを裁判所のコントロールに服せしめるものとして展開されたのである。(25) したがって、この視点からは、違法と不当を分かつ一般的基準は発見できない。さらに、判例理論の基調をなすとみられている「裁判所の判断能力説」にたてば、一方では、裁判所の能力の許す限り裁量権の行使をコントロールすることになって行政の合目的的活動の否定となるのではないかという危惧と、(26) 他方では、このような相対的能力の理論はむしろ裁判所の審理回避のための口実として利用される可能性がないとはいえないという疑念を生ぜしめる。(27) しかし、「裁判所の判断能力説」は、同時に、行政庁の政治的または専門技術的判断に裁量を認めており、政治的裁量または専門技術的裁量という点で裁判所の審査権の範囲を画すれば、実体的審査を内容とする裁量権の踰越・濫用の法理は、新たな裁量コントロールの手法を派生させざるをえないだろう。

第三に、相対化傾向とともに、不確定概念の認定につき、行政庁の専門技術的裁量を認める傾向が顕著になったことである。伝統的学説では、「公益」概念を法概念とみるか裁量概念とみるかの対立があったにせよ、一般に不確定概念は、具体的場合には解釈によって客観的・一義的にその内容を確定することができ、それを誤れば違法となり、裁判所の全面的コントロールに服するという点で一致していた。(28) 判例理論は、政策的・専門技術的判断に裁量性を認めることによって、不確定概念一般に専門技術裁量を承認することになっており、最近の学説も概ねこれを支持している。(29) その結果、現代の行政機能における専門技術性の増大を背景にして、行政裁量は、全行政法の領域に拡散することになった。

第四は、要件裁量か効果裁量かという視角で裁量問題を分析してゆく傾向がみられ、これが定着したということである。要件裁量とは、法律要件の認定、すなわち法律要件の解釈または事実の法律要件へのあてはめの点に認められる裁量をいい、判断裁量ともいわれる。効果裁量とは、法律効果（処分）の選択について認められる裁量をいい、行為裁量、場合によっては選択裁量ともいわれる。法の規定の仕方を基準として裁量を区別する佐々木＝柳瀬学説などは要件裁量説を、行為の性質を基準とする美濃部学説は効果裁量説を、また法の趣旨目的の合理的解釈を基準とする田中学説は、基本的には美濃部学説に従い、同時に、一定の不確定概念については政治的裁量または技術的裁量を認め、その限りで要件裁量説をとっている。(30) しかし注意すべきは、要件裁量か効果裁量かという視角は、単に裁量学説の分類学のためにあるのではなくて、法律要件と法律要件から成る法規範構造を前提とし、法規範の分析を通して、裁量権の所在とその範囲を確定しようとする方法論的な側面をもっている、ということである。この点を明確に示した佐々木学説の功績は極めて大きい。現行憲法における法律の支配の原理と実定行政法の整備を前提とすれば、法の規定の仕方を基準とし、その合理的解釈によって、裁量問題にアプローチする考え方が正当であると思われる。このような方法が、かくなるときはかくなるべしというシェーマ（Wenn－Dann－Schema）による法規範構造を前提にしている以上、その射程距離も又明らかになるであろう（例えば、法律の執行でない、複合的・形成的な行政過程や計画裁量に対する司法審査の問題については、本書Ⅵ「計画裁量」およびⅦ「計画裁量の限界」の章を見よ）。

（3）　Vgl. H. Ehmke, „Ermessen“ und „unbestimmter Rechtsbegriff“ im Verwaltungsrecht, 1960, S. 8 ff.
（4）　「自由に形成される行政」の司法統制については、田村悦一『行政訴訟における国民の権利保護』八九頁（昭五〇）を見よ。
（5）　田中二郎『行政法総論』二八四頁（昭三二）。
（6）　山田（幸）・注（2）一四一頁。
（7）　佐々木惣一『改版日本行政法総論』六九頁以下（大一三）、渡部宗太郎『新版日本国行政法要論上』二三八頁（昭三八）、磯崎辰五郎『行政法総論』七一頁以下（昭三〇）。
（8）　柳瀬良幹『行政法教科書』九九頁以下（昭三三）。
（9）　美濃部達吉『行政法撮要上［四版］』四三頁以下（昭八）。普通、本文中の②③④を自由裁量に関する美濃部三原則と呼んでいる。『撮要』では、①～④の四原則をあげており、藤田教授は美濃部四原則と呼んでいる（藤田・注（2）九〇頁）。
（10）　田中・注（5）二八九頁、同『新版行政法上［全訂二版］』一一八頁（昭四九）。
（11）　小沢文雄「行政庁の裁量処分」公法五号七四頁（昭二六）。
（12）　宮田三郎『行政法（学説判例事典15）』七九頁（昭四九）。
（13）　田村・注（2）九八頁。

(14) 柳瀬良幹「平等の原則に就いて」柳瀬・注(2)一六一頁。
(15) 石井良三「自由裁量の処分」法曹七巻四号五二頁（昭三〇)。
(16) 今村成和『行政法入門』九六頁（昭四一)、田中二郎「皇居外苑の使用不許可処分の性質」百選I一八九頁（昭五四)。
(17) 石井・注(15)六〇頁、山田・注(2)一二九頁。
(18) 塩野宏「ココム訴訟の問題点」ジュリ四三四号六一頁（昭四四)。
(19) 最高裁事務総局編『行政事件訴訟十年史［続々］上』四六頁。
(20) 柳瀬・注(2)二一六頁。
(21) 雄川一郎『行政争訟法』一二三頁（昭三二)。
(22) 山田（幸)・注(2)一三四頁、塩野・注（18）六一頁、金子・注(2)一八一頁、田村・注(2)九六頁、原田尚彦「行政過程と司法審査」判タ二七六号二頁（昭四七)、同『訴えの利益』一七一頁以下（昭四八)。
(23) 渡辺昭「裁判所からみた行政裁量」公法三三号二二四頁（昭四五)。
(24) この点についての学説の対立を含めて、柳瀬良幹『公用負担法（新版)』二〇八頁注（一六）（昭四六）を見よ。
(25) 宮田・注（12）八〇頁。
(26) 雄川・注（21）一二四頁。
(27) 園部逸夫「自由裁量と権利侵害行為」百選I一七九頁。
(28) 田中・注（5）二九〇頁。
(29) 田中・注（10)『新版行政法上』一一八頁、成田頼明ほか『現代行政法』二四五頁以下（昭四三）など。
(30) 山田（幸)・注（2）一四二頁。

三　学説・判例の新たな展開

裁量に関する判例は昭和四〇年代以降に新たな展開をみせた。一つは、裁量の手続的審査方式または手続法的自由裁量論といわれるものであり、他は、いわゆる裁量収縮論である。新しい行政法理論ないし解釈学説は、下級審の新しい判例や最高裁判決を契機とし、あるいは、それに触発されて形成されてゆく傾向が見られるが、裁量理論もまた、判例先行型をとっているように思われる。

1　手続的審査方式

昭和三八年の、個人タクシー免許事件に関する東京地裁判決と群馬中央バス事件に関する東京地裁判決は、ともに明文の規定がないにもかかわらず、行政の裁量権の行使につき公正な手続によるべきことを要請し、行政行為の内容を審査することなく、裁量行使における手続の不公正が、裁量の濫用となるものとした。行政手続の面に裁量限界論を導入した個人タクシー免許事件に関する東京地裁判決は、最高裁によって支持された。このような裁量限界論は、行政上のデュー・プロセスの発展を要請するという意味で、行政手続法の欠如を相殺する役割を果たす。

「道路運送法においては、個人タクシー事業の免許申請の拒否を決する手続について、同法一二二条の二の聴聞の規定のほか、とくに、審査、判定の手続、方法等に関する明文規定は存しない。……多数の者のうちから少数特定の者を具体的個別的事実関係に基づき選択して免許の拒否を決しようとする行政庁としては、事実の認定につき行政庁の独断を疑うことが客観的にもっともと認められるような不公正な手続をとってはならないものと解せられる」(最判昭和四六・一〇・二八民集二五巻七号一〇三七頁＝百選Ⅰ96事件)。

「行政庁が国民の権利自由の規制にかかる処分をするにあたって、現行法制上なんらの手続規定がなく、または、これが簡略なものであって、いかなる手続を採用するかを一応行政庁の裁量に委ねているように見える場合でも、この点に関する行政庁の裁量権にはなんらの制約がないと解すべきでない。……行政庁は、できるかぎり、恣意、独断の介入する余地のないような手続によって処分を行うよう配慮すべきことは当然であり、……また、行政庁は、法の趣旨からして本来考慮に加うべからざる事項を考慮（これを「他事考慮」という。）して処分を行ってはならないことは当然であるから、行政庁は、できるかぎり他事考慮を疑われることのないような手続によって処分を実施する義務がある」（東京地判昭三八・一二・二五行集一四巻一二号二二五五頁〔群馬中央バス事件〕＝広岡／室井／塩野編『行政法判例』41事件。なお、最判昭五〇・五・二九民集二九巻五号六六二頁も見よ）。

これらの判例は、行政手続の面に裁判所のコントロールを及ぼした点で、新しい裁量コントロールの法的領域を開いたということができる。しかし手続規範もまた、いかなる場合に、いかなる手続を、行うか否かという構造をもつとすれば、基本的には、実体法的規範と共通するものを含み、かつ、それらの点について明文の規定がなく行政庁に裁量が認められている場合にも、公正な手続ないし適正な手続をとらなければならないという法原理をもって、裁量権の限界とみる限り、このような審査方式は、古典的裁量限界論の延長線上にあるというべきであろう。

最近の有力学説は、行政が高度に専門化し、行政過程が複雑化した現代的状況を背景にして、新たな裁量コントロールの手法としての手続的審査方式を提唱している。(31)手続的審査方式は、行政行為の実体的内容の審査に立ち入ることなく、実体的判断は行政機関にまかせ、裁判所は、手続法上の観点から、行政の裁量領域にコントロールを及ぼし、処分の手続ないし判断過程の合理性を審査するという方式で、手続法的自由裁量論とも呼ばれている。(32)そして、このような手続的審査方式は、厳格な意味で法律の執行とはいえない複合的・形成的な行政過程の結果としての行政行為に対する裁判所の審査の場合に、最も強力な効果があるとされる。何故なら、そのような行政過程を経て形成される行政行為については、完全審査方式ないし判断代置方式は、事実上困難であるばかりでなく、最善でもないからであるという。(33)しかし、手続的審査による権利保護は問題解決を遅らせ、最終的な法的解決をもたらすものではない。裁判所の法的紛争解決機能は、必要な時点で実体的判断を明らかにすることによって、果たされるといえよう。

2　コントロール密度

手続的審査方式は、行政に固有の形成的機能が表明される複合的・形成的行政過程については、裁量権の踰越・濫用という普通のカテゴリーではコントロールできないものを含むが故に、コントロール密度も変わらなければならないことを強調した。コントロール密度の問題は、実は、裁判所によるコントロール密度の緩和の要請をも含むものであるが、この点については、司法審査の密度ないし強度に応じて、行政行為に対する司法審査方式は、七つに類型化できるという見解が示されている。(34)

「まず、手続面では、①最も弱い統制で、法令に明示的に定められた手続が遵守されたかどうかのみを審査するもの、②法令に明文の手続規定がない場合でも、手続上、適正な手続の原則を遵守したかどうかを審査するもの、③行政の判断過程における各種手続にズサンなところはあるが、各種手続は①②の瑕疵を構成しない場合でも、全体として行政過程の正常性が疑われ、処分を瑕疵あるものと考えることができる場合。

実体法の面では、④行政行為の法規適合性について、裁判所が全面的に審査をし、その結果、行政処分を是認しまたは取消す場合で、実体的判断代置方式という、⑤原則として実体的判断代置方式によるが、境界事件については、行政の判断にある種の裁量を認めて、裁判所は自己の見解を行政判断に代置することを抑制する方法、⑥裁判所は実体審理はするが、行政と同じ立場で何が法規に最も良く適合するかを探究するのでなく、中立的な第三者の立場で、行政の判断過程に合理性があるかどうかを審理する判断過程統制方式、⑦行政の判断に裁量を認め、裁判所は、裁量権の限界の踰越と濫用の有無を審査する方式。」

いわゆる手続的審査方式は、行政庁の判断過程に着目して裁量コントロールをするという点で、右の①②のほか、⑥の類型の審査方式をも含み、(35)日光太郎杉事件判決は、その典型的例であるとされている。

「土地収用法二〇条三号所定の『事業計画が土地の適正且つ合理的な利用に寄与するものであること』という要件を判断するについて、『或る範囲において裁量判断の余地が認められるべきことは、当裁判所もこれを認めるに吝かでない。しかし、この点の判断が前認定のような諸要素、諸価値の比較考量に基づき行なわるべきものである以上、同控訴人（建設大臣——筆者注）がこの点の判断をするにあたり、本来最も重視すべき諸要素、諸価値を不当、安易に軽視し、その結果当然尽すべき考慮を尽さず、または本来考慮に容れるべきでない事項を考慮に容れもしくは本来過大に評価すべきでない事項を過重に評価し、これらのことにより同控訴人のこの点に関する判断が左右されたものと認められる場合には、同控訴人の右判断は、とりもなおさず裁量判断の方法ないしその過程に誤りがあるものとして、違法となるものと解する』」（東京高判昭和八・七・一三行集二四巻六＝七号五三三頁〔日光太郎杉事件〕＝広岡／室井／塩野編『行政法判例』28の2事件）。

この判決が、いわゆる手続的審査方式をとったものか、裁量濫用論の一つの発展形態とみるべきかについては評価が分かれている。右判決は、不確定概念の解釈・適用を問題にしている点で、個人タクシー免許事件および群馬中央バス事件の場合と決定的に違っている。(36) 従来、「土地の適正且つ合理的な利用」という不確定概念の判断は羈束された判断であると解されてきたが、日光太郎杉事件は、この点につき一定の裁量の余地があることを認め、このような不確定概念の判断については諸要素、諸価値の比較考量に基づくべきものとした。比較衡量は比較衡量の過程と比較衡量の結果の両方に関連する。右判決は、比較衡量の欠陥すなわち比較衡量されるべき事項が欠けている場合と、比較衡量における個々の利害の誤った評価ないし不均衡な比較衡量に当たる場合とを問題にしている。前者は比較衡量の過程に関するものであるが、後者は比較衡量の結果ないし実体的内容に関する。右判決は、純粋な手続法的審査方式をこえて、他事考慮があったかどうか、一般的に妥当する判断基準に反していないかどうかといった視点から、行政庁の判断の実体的内容に審査を加えたものといえよう。(37) したがって「裁量判断の方法ないし過程の過誤」という表現はともかく、日光太郎杉判決は、裁量判断の余地を有する不確定概念についての裁量コントロールの手法として、一定の基準を示した点で、注目に値する判決であると思われる。

なお、司法審査方式の七類型のうち、④⑦は、行政行為に対する伝統的な司法審査方式であり、②の審査方式は古典的裁量濫用論の新しいカタログとして承認された。⑤⑥は、不確定概念の適用についての一つの審査方式モデルであり、④⑦に対応するのではないかと思われる。③の審査方式は、行政の判断・決定過程に着目して全体としての行政過程の正常性を問題とする点で、⑥とも共通性をもっており、新しい司法統制の手法ということができる。ただしこの統制方式が、どの程度現実的な機能を果たしうるかは、未だ確定できない。

3　効果裁量（行為裁量）

通説によれば、「……することができる」規定は、立法者が効果裁量（行為裁量）を認める趣旨を示したものである。[38] 効果裁量は、行政便宜主義（Opportunitätsprinzip）の表現であり、侵害行政の領域において国民の権利や自由の制限・禁止を放棄することの自由を認める、つまり行政は目をつむることができるから、しばしば国民にとって有利となる。しかし授益的行政行為の場合や侵害的行政行為でも第三者や公衆に授益的効果を及ぼす複効的行政行為の場合に、法律要件に該当する事実を認定しながら、処分や権限行使をしない自由を認めることは問題である。[39] このような行政裁量の危険性は次の原則によって緩和される。

(1)　「すがることができる」規定　　「することができる」規定であっても、とくに授益的法規の場合には、法の趣旨目的の合理的解釈により、「……しなければならない」というように、解釈しなければならない場合がある。[40] また、法律要件面における多義的な不確定概念と「することができる」規定とが結合している法律の規定の場合には、効果裁量の際に考慮されるべき視点がすべて、不確定概念を含む法律要件の認定の際に考慮されてしまったときは、「することができる」規定は実際上「しなければならない」規定となる。ジョーカーの二度切りは許されない。[41]

(2)　裁量収縮論（Ermessenreduzierung od. Ermessensschrumpfung auf Null）　　法律上、行為裁量または行政便宜主義が認められている場合に、具体的事情によって、唯一の決定のみが瑕疵なき行為となり、他の決定がすべて瑕疵あるものとなるように裁量がゼロに収縮することがある。これを裁量収縮という。わが国の裁量収縮論は国家賠償法の分野で判例上展開されたが[42]、行政に対する権限発動の義務づけとそれに対応するいわゆる行政介入請求権を根拠づけるものとしての裁量収縮の理論は、判例上まだ認められていない。しかも後者の裁量収縮の要件は、①人命、身体、財産など重要な保護法益に対する強度の危険があり、②この危険が行政権の行使により阻止できる状況にあり、③民事裁判その他個人的努力で危険防止が達成できないとき[44]、といった厳しいものであるから、裁量収縮が生じるのは、現実的にはごく例外的な場合であり、かなり理論的な問題であるといえる。警察法や危険防止に関する法領域以外の他の法領域、とくに給付行政の領域では、実際に裁量収縮が生じるのは、むしろ裁量の自己拘束の原理によることが多いといえよう。

(3)　裁量の自己拘束（Selbstbindung des Ermessens）　行政庁が、法によって認められた裁量の範囲内で、裁量基準を設定し、統一的な裁量行使の確保を図る場合がある。裁量基準の設定は、普通、通達の形式をとるが、これによって、正当な裁量権行使のための決定基準または決定のモデルが提供される。最高裁も、多数の個人タクシーの免許申請者の中から特定の適格者を選考し、これに免許を与える場合につき、次のように判示した。

「道路運送法六条は『抽象的な免許基準を定めているにすぎないのであるから、内部的にせよ、さらに、その趣旨を具体化した審査基準を設定し、これを公正かつ合理的に適用すべき』である」（最判昭四六・一〇・二八民集二五巻七号一〇三七頁＝百選I 96事件）。

裁量基準は、通達の形式をとる行政規則で内部的効力しかないが[45]、このような裁量基準の適用が積み重なると、同種のケースを、合理的理由なしに、従来の取扱いと違った取扱いにすることは許されない。何故なら、行政が、具体的場合に合理的理由なしに、裁量基準の適用によって生じた長年の行政実務から乖離するときは、平等原則違反となるからである。このような場合、行政は、自ら設定した行政規則または行政先例によって自分自身が拘束され、したがって、裁量は収縮する。[46]

4　要件裁量（判断裁量）

法律要件に関して行政庁に裁量が認められるように見える場合としては、①法律が行政行為の要件について何ら規定せず、またはあまりに漠然と規定しているため、法律の適用ができない場合、②法律要件に、例えば「善良の風俗を害する虞があるとき」「日本国の利益又は公安を害する行為」「公益を害する虞がある」「土地の適正且つ合理的な利用」などの不確定概念を使用している場合、がある。前者の場合、そのような法規が侵害規範であるときは、法治国原理に照らし、無効と考えるべきであろう。

(1)　唯一の正しい決定と最終判断権　　戦後の学説・判例は、一般に不確定概念は具体的場合に唯一の客観的に正しい解決のみを許すという伝統的学説の理論を、フィクションとして放棄したかのように見える。実際、価値判断を伴う不確定概念の解釈・適用には、複数の解決がともに成り立ちうる場合がある。しかし具体的場合には、複数の解釈・適用がともに許されるのではなくて、一つの解釈・適用だけが適法とされなければならない。要するに、不確定概念の解釈・適用の問題は、誰が、最終的に拘束力のある判断をなすことができるか、という問題である。このような権限を有する機関は、行政か裁判所か、でなければならない。したがって、不確定概念の問題は行政権と司法権との権限分配の問題である。[47]行政に最終的判断権が認められる場合、これを要件裁量（判断裁量）ということができる。

不確定概念の解釈・適用につき、行政庁に最終的判断権を認める趣旨を示す法律の明文の規定はない。裁量判断の余地を有する不確定概念という観念は、行政法上特有の、判例・学説による創造物である。しかも、ある不確定概念が、法概念であるか裁量判断を伴う概念であるかを区別する明確で客観的な基準は示されていない。この点について、戦後の学説はいくつかの解決方法を示した。

①不確定概念の解釈には、絶対的にその概念の中に包摂されるべき場合と絶対的に包摂されない場合があり、これらの場合については客観的・一義的に決定できる。しかし、その境目にある場合については種々の結論を可能にし、このような場合には、裁判所の決定をもって、それと異なる行政庁の決定を違法とすることは許されない。したがって、法が行政庁の解釈と裁判所の解釈のいずれを優位せしめているかによって決定すべく、その決定の基準は法の趣旨・目的から合理的に決定されるべきである。[48]

②行政行為の要件または内容を抽象的な不確定概念で規定する場合には、制定法により具体的に拘束されない判断権という意味での裁量権が認められる。行政庁の専門的・技術的な知識と経験につき、裁判所が、専門的・技術的分野についての鑑定を利用しても、なお、及びえない事項については、司法審査は及ばない。[49]

③不確定概念のなかには、その解釈・価値判断についての客観的基準が存在しないために、裁判所の判断をもって、行政庁の判断におき代えることの不可能もしくは著しく不適当な行政の政策的・専門技術的な事項に属する概念がある。このような概念は裁量概念である。[50]

これらの学説には、西ドイツのバッホフの判断余地の理論（Die Lehre vom Beurteilungsspielraum）、ウーレの代替可能の理論（Vertretbarkeitslehre）、イェシュの事実上の判断余地（faktische Beurteilungsspielraum）の考え方などの影響[51]やわが国の判例理論への対応をみることができるが、すでに見たように、わが国の判例は、政治的判断や専門技術的知識を必要とする不確定概念の解釈・適用について、行政庁に裁量判断を認め、通説もまた、行政庁の政治的裁量・専門技術的裁量を認めて、判例を支持したのであった。

(2)　専門技術性　　不確定概念につき行政の判断裁量を根拠づけるために、しばしば用いられ、しかも自明のことと思われている論拠は、つぎの二つである。それは、①行政には政策的・専門技術的な知識と経験があり、それを必要とする不確定概念の解釈・適用の場合には、非法律的領域について専門知識をもたない裁判官は、専門家たる行政庁の判断を尊重しなければならないこと、②不確定概念の解釈・適用については、解釈・適用機関の立場の相違により、複数の結論を可能にする場合があり、このような場合には、行政庁の疑わしい判断を裁判所の同様に疑わしい判断によって置き代えることは許されない、もしくは不適当であること、である。

しかし、専門技術的判断を必要とする不確定概念の解釈・適用について、何故に、行政庁の専門知識を尊重しなければならないか。その理由はベルナチック以来明らかにされていない。裁判官は非法律的領域における科学技術的専門知識をもたないが、そのことから当然のように、行政庁の専門技術的裁量が推論されている。[52] 裁判官と等しく行政庁もまた――原子力訴訟が示すように――高度の科学技術的専門知識はもっていない。ましてそれが行政に独占されているわけではない。複雑な自然科学的・技術的問題のために、裁判官は、専門家の鑑定を利用することができる。行政庁の専門知識はそれだけで裁判所のコントロールの制約を正当化するものではないように思われる。また何故に、裁判所は自己のいわゆる主観的判断を行政庁の同じく主観的な判断の代りに置くことが許されないのか。裁判所の主観的評価は、裁判官の中立性の故に、利害関係に拘束され、時には「権力による推進力によって決定される」[53]行政の政策的評価よりは、広い客観性をもっている。裁判所は、その中立性によって権利保護機能を行使しており、行政行為の適法性について行政の判断と異なる見解を示したとしても、それは当然許されているものと見なければならない。[54]

(3) 要件裁量に対するコントロール　判例の態度には、訴訟の対象になっている行政行為の全面的審査を自ら抑制したい場合に、行政庁に専門技術的裁量を承認し、裁判所のコントロールを緩和しようとする傾向が見える。「或る範囲において裁量判断の余地が認められるべきことは、当裁判所もこれを認めるに吝かでない」(日光太郎杉判決)。司法審査の自制とその範囲は決して不変なのではなくて、裁判官の権利保護意識と行政に対する一般的な信頼の程度に応じて変化しうる。裁判所だけが司法審査の程度を決することができるのである。要件裁量に対する枠コントロールは、その密度いかんによっては、実体的コントロールに比し、ニュアンスの相違しか示さないこともある。その意味で、裁量コントロールの手法は極めて重要な意義を有するが、さしあたり、要件裁量に対するコントロールと効果裁量に対するコントロールを類型化し、それを精密化してゆくことが必要であるように思われる。現在の判例・学説によれば、要件裁量については、裁判所は、①不確定概念に該当する事実が存在するかどうか、要件事実の認定に誤認がないかどうか（事実誤認）、②明文の手続規定はもちろん、公正な行政手続の原則に反していないかどうか（手続的審査）、③一般的に妥当する判断基準に反していないかどうか（例えば、客観的な経験則）、他事考慮がなされていないかどうか（例えば、日光太郎杉判決）を審査しなければならない。これに対して、効果裁量が認められる場合には、裁判所は、主として、①法律目的違反や恣意的・報復的目的といった動機の不正がないかどうか、②具体的場合には、唯一の決定のみが適法であるというように、裁量の余地がゼロに収縮するかどうか、③比例原則など行政作用の一般的原則に反していないかどうか、を審査しなければならない。以上の類型化にはなお補完が必要であることはいうまでもない。

5　行政立法の裁量論

行政立法について行政機関に裁量が認められることは一般に承認されている。しかし行政立法の裁量を論じた文献はほとんどない。その理由は、①問題が、行政立法についての裁量ではなく、行政立法の限界という形で論ぜられたこと、②行政立法の限界を問題にする場合にも、関心は、主として行政立法を授権する法律に向けられ、行政立法そのものに向けられなかったこと、③行政立法の抽象性の故に、行政行為の場合ほど、裁量の瑕疵が明らかになりにくいこと、④訴訟との関連で、規範統制訴訟が許されないため、実用的意義がなかったこと、をあげることができる。行政立法の裁量論については、立法裁量に準じるか、行政行為の場合と同一に考えるか、または第三の類型がありうるかが問題になるが、この点の研究はわが国では未開拓の分野である。現在のところ、法規命令または行政規則の形式による一般的な「裁量」行使については、原則として、行政行為に関する原則が妥当するというほか、特別に具体的な理論を示すことができない(55)。

(31)　濱秀和「行政裁量の司法統制——裁判例を検討して」北海道駒沢大学研究紀要二号一八〇頁以下（昭四二）、原田・注(22)一八五頁。
(32)　藤田・注（2）八七頁。
(33)　原田尚彦『行政法要論』一一四頁（昭五一）。
(34)　阿部泰隆「原発訴訟をめぐる法律上の論点」判タ三六二号一三頁以下（昭五三）。
(35)　塩野〔判批〕判評一七八号一三八頁以下（昭四八）。
(36)　柳瀬・注(24)二〇三頁。
(37)　同旨、塩野・注(35)一三九頁。
(38)　山田（幸）・注（2）一四六頁。
(39)　例えば、最近のホテル火災による惨事に関連して、消防法五条の「することができる」規定による権限不行使が、社会的な問題となったことは、記憶に新しい。
(40)　田村悦一「自由裁量」市原／広岡／外間編『ワークブック行政法』四六頁（昭五一）。
(41)　同旨、杉村・注（2）一〇頁。
(42)　裁量収縮論については、原田尚彦『行政責任と国民の権利』五八頁以下（昭五四頁）に詳しい。なお佐藤英善「環境・公害訴訟」公法四一号一八八頁以下（昭五四）も見よ。
(43)　野犬咬死事故事件につき、東京高判昭五二・一一・一七頁、東京スモン訴訟における国の薬害責任につき、東京地判昭五三・八・三判時八九九号四八頁など。西ドイツでは、警察の権限不行使による損害賠償請求を可能とするのは、権限不行使が裁量の瑕疵とくに恣意の裁量に当たる場合であるというように、裁量瑕疵論に基づいている。「裁量収縮」という表現で、警察権の権限発動義務を根拠づけたのは行政裁判所であった。Vgl F. Ossenbühl, Der polizeiliche Ermessens– und Beurteilungsspielraum, DöV 1976, S. 467 ff.
(44)　原田・注(42)七三頁。
(45)　この点については、中西又三「通達の法的性質」行政法の争点五三頁を見よ。

(46)　自己拘束の理論については、Vgl. F. Ossenbühl, Die Quellen des Verwaltungsrechts, in: Erichsen/Martens, Allg. VerwR, 3. Aufl., 1978, S. 84 ff.
(47)　山田（幸）・注（2）一五三頁。
(48)　田上譲治／市原昌三郎『行政法上』七九頁（昭四二）、田村悦一「不確定多義概念」行政法の争点八九頁。
(49)　杉村敏正『行政法論議総論上』一九五頁以下（昭四四）。
(50)　成田ほか・注(29)二四五頁以下、南博方ほか『行政法(1)』一五〇頁（昭五一）。
(51)　西ドイツの裁量理論については、田村悦一『自由裁量とその限界』（昭四二）が最も詳細で有益である。一九七〇年代の裁量論争については、本書VI「計画裁量」一二一頁以下を見よ。西ドイツ連邦行政裁判所は、判断余地をもつ不確定法概念を、非常に限定された対象および範囲についてのみ、例外的に認めているにすぎない。
(52)　専門技術的裁量のもつ訴訟法上の意義については、宮田三郎「原子力行政の法律問題」専修大学社会科学年報一三号二四頁以下（昭五四）を見よ。
(53)　園部・注(27)一七九頁。
(54)　Vgl. H. J. Weigel, Beurteilungsspielraum oder Delegationsbegriff ?, 1971, S. 149 f.
(55)　Vgl. M. Zuleeg, Die Ermessensfreiheit des Verordnungsgebers, DVBl. 1970, S. 157 ff.

四　問題の整理　むすびに代えて

以上の叙述に基づいて、裁量問題に関する視点を整理すれば、次のように要約することができる。
(1)　裁量（権）の存否およびその範囲は、法律の規定の構造を合理的に解釈することによって確定しなければならない。
(2)　侵害規範は厳格に解釈されなければならない。法律要件が欠けている場合に、行政処分を行うことは許されない。

(3)　「することができる」規定は、行政に対し、原則として、効果裁量を認める。ただし、①「することができる」規定には、裁量の授権（Ermessens－Kann）を意味する場合と権限行使の指示（Kompetenz－Kann）を意味する場合がある。②法的に許容される効果裁量は、具体的事情により、ゼロに収縮し裁量がなくなることがある。③効果裁量は、裁量の自己拘束により、ゼロに収縮する場合がある。

(4)　不確定概念の解釈・適用には、原則として、裁量が認められない。例外として、一定の裁量を認められる不確定概念がある。現在の通説・判例は、政治的判断、専門技術的判断を必要とする不確定概念の解釈・適用につき要件裁量を認めている。裁判所の態度は、全面的コントロールを自制したい場合に、不確定概念の解釈・適用につき行政庁の最終的判断権を承認している、と思われる。わが国では、「権利保護の肥満」（Hypertrophie des Rechtsschutzes）といわれるような、裁判所によるコントロール密度の緩和を要請しなくてはならない情況は存在しない。

(5)　行政裁量にはつねに一定の限界があるが、とりわけ、効果裁量と要件裁量に対する裁判所のコントロールの手法は、厳格に区別できず累積的であるとしても、一応、類型化すべきであると思われる。

明主は、其の群臣をして、意を法の外に遊ばさず、恵を法の内に為さざらしむ。動くこと法に非ざるは無し。法は過ちを凌ぎ私を外にする所以なり。

韓　非　子

II　裁量統制

一　はじめに

本章のテーマは、裁量統制に関する行政法判例の再検討です。準備作業として、いま一度、裁量および裁量統制に関する戦後の判例の流れを大ざっぱにフォローしましたが、これまでに学説が指摘してきたもの以上の、特に新しい問題点の発見があったわけではありません。そこで本章では、最近一〇年間ぐらいに出ました判例を中心に、若干の感想や疑問を述べることにしたいと思います。

二　古典的理論からの訣別

学説が行政裁量を問題にする場合には、佐々木＝美濃部両学説に代表される古典的理論は今日でも大きなウェートを占めています。(1) それは単に過去の行政法学の追憶としてではなく、現代的意義をもちうるものとして検討の対象になっていると思われます。(2) それに対して、今日の判例の大勢は、古典的な理論をすでに放棄しているといってよいと思われるのです。裁量および裁量統制に関する判例は、区々であって、必ずしも一貫しているわけではありません。依然として自由裁量と覊束裁量または法規裁量との区別を援用する判例もありますから、[3]古典的理論が判例の中になお生きているようにも見えます。しかし、今日の裁判所の基本的姿勢は、行政側が裁量権を主張するなら、あっさりそれを認めて、そのうえで、裁量権の範囲を越え又はその濫用があったかどうかを審査すればよい、というように要約することができるのではないかと思われます。一例をあげますと、土地収用法二〇条三号の「土地の適正且つ合理的な利用」という不確定概念の判断は、以前は覊束された判断であると解されていましたが、[4]日光太郎杉事件の控訴審判決は、その点について、「或る範囲において裁量判断の余地が認められるべきことは、当裁判所もこれを認めるに吝かではない」と判示し、その理由を示しておりません。[5]「吝かでない」とはどういう意味なのか、裁量の存否の問題はケチだとかケチでないとかの問題ではない筈です。言葉尻をとらえて言々するつもりではなく、ここで強調したいのは、判例理論では裁量問題の重点が裁量権の有無（自由裁量・覊束裁量の区別）およびその所在（裁量領域の限局）の問題――これらの問題こそは古典的な学説の中心的問題であったのですが――から裁量統制の問題に移行した、ということであります。この点において、判例は、古典的理論からの訣別をはっきり示したと思われます。

昭和三〇年代以降、判例は、[6]自由裁量・覊束裁量の区別を相対化し、不確定概念について行政庁の政策的・専門技術的裁量を認め、効果裁量のみならず要件裁量をも承認して、行政裁量をいたるところに拡散させました。その結果、裁量権の行使について不都合な事態が生じたときは、対症療法的に、必要に応じ必要なだけの統制を加える、という方向を明確に示しました。裁量統制の基準は、裁量権の踰越・濫用の法理として展開されますが、この法理は、かつては裁量論を補充し裁量論の欠陥をカバーすることによって裁量理論の完全性を期するという機能を与えられていたということができます。古典的な裁量理論では、自由裁量か覊束裁量かの区別が中心的問題で、しかも覊束裁量のなかには裁量権の踰越・濫用の法理で説かれるものの大半がすでに読み込まれていたために、[7]踰越・濫用の法理が機能する余地は少なかったわけです。しかし今日の判例においては、自由裁量か覊束裁量かという形での裁量統制に変わって、裁量権の踰越・濫用の法理による裁量統制が中心的機能を果たすものとなり(8)、その内容も極めて豊富でかつ裁量統制の手法も多様化したということができるのであります。

(1) 成田頼明編・ジュリスト増刊・行政法の争点(昭五五)における原野 翹「要件裁量と効果裁量」、田村悦一「不確定多義概念」、田村悦一「裁量権の逸脱と濫用」、外間 寛「裁量権の裁判統制」および本書I「行政裁量」二頁を見よ。

(2) 佐々木・美濃部両学説を再検討した最近の文献として、高橋 靖「美濃部裁量理論における二つの不文法――佐々木理論との比較についての通説への疑問」早稲田大学大学院法研論集二二号一八三頁以下(昭五五)、小早川光郎「裁量問題と法律問題――わが国の古典的学説に関する覚え書」法学協会百周年記念論文集第二巻三三一頁以下(昭五八)がある。

(3) 例えば、廃棄物の処理及び清掃に関する法律九条一項のし尿浄化槽清掃業業の許可を覊束裁量行為であるとする福岡高判昭五九・五・一六行集三五巻五号六〇〇頁、名古屋高判昭五九・六・一八判タ五三八号一二二頁およびタクシー運賃変更認可を法規裁量であるとする大阪地判昭六〇・一・三一行集三六巻一号七四頁などがある。

(4) 柳瀬良幹『公用負担法〔新版〕』一〇三頁(昭四六)、東京地判昭三八・九・一七行集一四巻九号一五七頁、宇都宮地判昭四四・四・九行集二〇巻四号三七三頁(日光太郎杉事件の一審判決)。

(5) 東京高判昭四八・七・一三行集二四巻六=七号五三三貞。

(6) 昭和三〇年代以降における判例の動向については、本書I「行政裁量」九頁以下を見よ。

(7) 柳瀬良幹「自由裁量に関する疑問」野村淳治教授還暦祝賀(昭和一三)『行政法の基礎理論(一)』二一四頁以下(昭三三)、柳瀬良幹『行政法教科書・再訂版』(昭四四)一〇三頁および本書I「行政裁量」一三頁を見よ。

(8) 山田(幸)教授は「講学的には、自由裁量権の踰越と濫用はごくかんたんに説かれるのに反して、最近の行政判例にはこの点に決め手を求めるものが多い」と述べている。山田幸男「自由裁量」行政法講座第二巻一三三頁

（昭三九）。

三　裁量統制の基準と密度

行政事件訴訟法三〇条は、裁量統制の基準として、裁量権の踰越と濫用という二つのグループを規定していますが、この点についての判例の展開には、つぎのような一般的な特色が見られるように思われます。

第一に、判例には、裁量権の踰越と濫用を厳格に区別せず、両者を一体と見て裁量権の限界の問題として処理するものがあり(9)、また、両者を区別している場合でも、同一の裁量の瑕疵をときに裁量権の範囲を越えるものとし、ときに裁量権の濫用に当たるとし、踰越と濫用を区別する基準も明確に示されていないということです(10)。

第二に、裁量領域に対する司法審査の密度は、必ずしも一様ではなく、審査に付されている問題領域の特殊性、行政に対する一般的信頼の程度、権利保護の必要性の強さなどのいろいろのモメントによって変化しうるということです。行政作用に対する司法審査の密度については、いろいろの視点からの整理が可能ですが(11)、実体法の面では、明白性の統制、合理性ないし相当性の統制および全面的な内容統制の三段階の区別が可能であるように思いますし(12)、そのうち裁量領域については、裁判所は、明白性の統制か合理性ないし相当性の統制を行なっていると思われます。

第三の特色は、具体的場合にどういう統制基準がどういう密度で適用されるかについて、裁判所は、ケースの特殊性に応じて、もっとも適切と思われる基準と密度を適宜に援用するという、優れて実用的な態度をとっているということです(13)。

以上、裁量統制についての一般論を前提にして、①もっとも裁判例の多い裁量統制の基準について、②行政裁量の拡大傾向をもたらす不確定概念の問題について、③最近とくに注目されている手続的統制について、若干の検討を加えてみることにします。

(9) 最判昭二八・七・三民集七巻七号八一一頁、最判昭三〇・六・二四民集九巻七号九三〇頁、最判昭三四・七・一五民集一三巻七号一〇六二頁、最判昭四二・五・二四民集二一巻五号一〇四三頁など。

(10) 社会観念上著しく妥当を欠く場合に裁量権の範囲をこえるとするもの、最判昭三二・五・一〇民集一一巻五号六九九頁(大阪府警察官免職事件)。社会観念上著しく妥当を欠く場合に裁量権の濫用にあたるとするもの、最判昭五二・一二・二〇民集三一巻七号一一〇一頁(神戸税関事件)。社会通念上に照らし著しく妥当性を欠くことが明らかである場合に裁量権の範囲をこえまたはその濫用があったものとなるというもの、最判昭五三・一〇・四民集三二巻七号一二二三頁(マクリーン事件)。裁量権の範囲を越えた場合と裁量権を濫用した場合があることを認めながら、両者の区別にこだわらないもの、最判昭五九・一一・一八労働判例四四三号二三頁(山口県教育委員会による懲戒免職事件)。

(11) 阿部泰隆「原発訴訟をめぐる法律上の論点」判タ三六二号一三頁以下(昭五三)、本書I「行政裁量」一八頁以下、多賀谷一照「裁量行為の取消し」渡部/園部編『行政事件訴訟法体系』二四七頁以下(昭六〇)を見よ。なお、阿部教授は、懲戒処分の適否に関する審理方式として、懲戒事由と処分の均衡について客観的相当性を要求する「比例原則審理型」と、たんに懲戒権の行使が社会観念上著しく妥当を欠く場合にのみ違法とする「裁量濫用統制型」とを区別している(阿部泰隆「公務員の懲戒処分における裁量権の限界」季刊人事行政八号三〜四頁・昭五三)。

(12) 宮田三郎「司法審査の密度」公務員判例百選七九頁(昭六一)。

(13) 宮田三郎『行政法(学説判例事典(一))』八四頁(昭四九)。

(1) 「社会観念上著しく妥当を欠く」場合に裁量は違法となるという、この裁量統制の基準は、昭和二八年以来、最高裁判所が一貫して認めてきた基準です。[14] 「社会観念上著しく妥当を欠く」というのは、とても語呂が良くて私の好きな文句なのですが、学説はむしろ批判的な受け止め方をしています。学説が問題点として指摘してきたのは、一つは、「社会観念」という基準が抽象的すぎ、それが具体的にどのように適用されるかが問題であること、もう一つは、社会観念上著しく妥当を欠く場合以外は違法といえないとして、裁量領域を広く肯定する論拠として用いられる場合が多く、裁量統制の基準として必ずしも有効ではないという点にあります。(15) しかし、そのような学説の批判にもかかわらず、この決り文句を使用した判例は、最高裁判所および下級裁判所を通じて、極めて多数にのぼり、しかも社会観念上著しく妥当を欠き裁量権の範囲を超えまたは裁量権の濫用であるとして処分を違法とした判例は少ないのです。学説の批判はなぜ判例に反映しないのでしょうか。

まず、主要な判例の要点をあげることにします。神戸税関事件の最高裁判決は、(16)「裁判所が右の処分（懲戒処分——筆者注）の適否を審査するにあたっては、懲戒権者と同一の立場に立って懲戒処分をすべきであったかどうか又はいかなる処分を選択すべきであったかについて判断し、その結果と懲戒処分とを比較してその軽重を論ずべきものではなく、懲戒権者の裁量権の行使に基づく処分が社会観念上著しく妥当を欠き、裁量権を濫用したと認められる場合に限り違法であると判断すべきものである」と判示し、マクリーン事件の最高裁判決は、(17) 出入国管理令二一条三項にいう「在留期間の更新を適当と認めるに足りる相当の理由」の認定につき法務大臣の裁量を認め、政治的活動を理由とする本件不許可処分については、「その事実の評価が明白に合理性を欠き、その判断が社会通念上著しく妥当性を欠くことが明かといえず、したがって裁量権の限界を逸脱した違法な処分とはいえない」と判示し、さらに、山口県教育委員会による懲戒免職処分事件の最高裁判決は、(18) 神戸税関事件の最高裁判決を援用し、学力テスト反対行動をした中学教員に対し、「懲戒処分をもって臨んだことは過酷に失し、結局本件処分は社会通念上著しく妥当を欠き、裁量権の範囲を超えたもの」であると判示しました。これらの判例をみて最初に感じる疑問は、「社会観念」が、裁量統制の基準として機能しているといえるかどうか、ということです。

もともと「社会観念」を裁量統制の理論に導入したのはW・イェリネックでした。イェリネックは、多義的な不確定概念における裁量性を排除するために、法律の趣旨目的または社会観念に訴えて、不確定概念を確定化しようとしました。彼によれば、社会は不確定概念を確定概念に変化させる能力をもつものでありました。[19]しかし価値観が多様化した現代社会にこのような機能ないし能力を期待することはできないでしょう。判例が「社会観念」または「社会通念」という言葉を使用しているときに、その具体的内容が何であり、それがどのようにして探究されるのかといった点については一切言及しておりません。私には、「社会観念」が積極的な意味で裁量統制の基準として使用されているようには見えないのです。社会観念上著しく妥当を欠くというのは、単に、著しく妥当を欠くというのとほとんど同義であるように思われます。[20]

さて、国家公務員法八二条や地方公務員法二九条のように、「懲戒処分を行うかどうか、懲戒処分を行うときにいかなる処分を選ぶか」について効果裁量（選択裁量）が認められている場合に、そのような裁量については、裁量権がそれを付与した法律の規定の趣旨・目的に適合するように行使されたかどうか、比例原則のような行政作用の一般原則に反して行使されていないかどうか、などの基準で裁量統制が行われます。このような基準に基づいて裁量統制の密度を強化して行きますと、あたかも天秤による比較が唯一の静止点を見出すまでにバランスを取らせることができるように、具体的場合には唯一の決定のみが瑕疵なきものとなり、裁量決定も全面的な司法審査をうけ、結果的には裁量の否定にいたる可能性があります。[21]実際、横浜地裁の川崎市退職金支払無効住民訴訟判決は、[22]収賄罪に問われた市職員を懲戒免職処分にすべきか分限免職処分で足りるかという問題について、「いずれの処分を行うかの判断は任命権者の合理的な裁量に委ねられる」としながら、「分限免職処分に付して事足りるとするならば、著しく社会通念に反するところであり、……地公法の趣旨が全く没却されてしまう結果となることは明らかであり」、本件の場合は、「懲戒免職処分に付するのが相当であったというべきである」とし、分限免職処分は裁量権の行使を誤ったものとして違法であると判示していますし、また山口県教育委員会による懲戒免職処分の控訴審判決は、(23) 中学校教員に対する懲戒免職処分を「過酷で裁量の範囲を超えた違法」な処分であるとし、さらに懲戒免職処分ではなくして、「相当長期の停職処分をもって相当である」と判示しています。しかし現在の学説判例の大勢は比例原則を右のような機能を果たすべき法原則とは見ていません。判例が「社会観念上著しく妥当を欠く」というのは、明白な目的逸脱または著しい比例原則違反を示しており、裁量統制を明白性の審査に限定し、いわば目に余るものでない限り、行政庁の裁量を広く容認する態度を示したものであるということができます。(24)

つぎに、神戸税関事件の最高裁判例で示された司法審査の方法について、ごく素朴な疑問を簡単に述べておきます。一つは、行政庁が法原則としての比例原則を遵守したかどうかについて司法審査を行うときに、「同一の立場」に立った審査方法と「同一の立場」に立たない審査方法とではどんな差異が生じるか、(25) ということです。(26) もう一つは、裁判官が具体的事件について法律の解釈適用を行ういときは常に自己の結論を用意していて、それと係争の処分とを比較して、比例原則に基づいてその軽重を考えるのが自然なのではないだろうか、ということであります。

(14) 最判昭二八・七・三民集七巻七号八一一頁、最判昭二九・七・三〇民集八巻七号一五〇一頁、最判昭三二・五・一〇民集一一巻五号六九九頁など。
(15) 田村悦一「自由裁量論」判例展望 ――判例理論の再検討・ジュリスト五〇〇号九九頁（昭四七）、室井力「公務員の懲戒処分と最高裁」労働法律旬報九四八号二一頁（昭五三）、藤原淳一郎「懲戒処分と裁量権の範囲」行政判例百選I一八五頁（昭五四）。
(16) 最判昭五二・一二・二〇民集三一巻七号一一〇一頁。
(17) 最判昭五三・一〇・四民集三二巻七号一二二三頁。

(18)　最判昭五九・一二・一八労働判例四四三号二三頁。
(19)　W. Jellinek, Gesetz, Gesetzanwedung und Zweckmäßigkeitserwägung, 1913, S. 71; ders., Verwaltungsrecht, 3 Aufl. S. 30ff. und 432ff. ちなみに、イェリネックのいう法律の規定の目的と社会観念について、コッホは、いかなる場合に法律の目的または社会観念にさかのぼることになるのかをイェリネックは述べていないし、法律の目的も社会観念も一義的な決定を認めるものではないから、法律目的の解釈、社会観念の指示は満足の行く答えではない、という批判をしている。Vgl., H–J. Koch, Unbestimmte Rechtsbegriffe und Ermessensermächtigungen im Verwaltungsrecht, 1979, S. 105.
(20)　室井教授が最判昭三二・五・一〇民集一一巻五号六九九頁における「特別権力関係」なる用語を「たんなる枕言葉として使われていたと見ることもでき（る）」（室井　力・注（15）二〇頁）と評したことに倣っていえば、「社会観念」なる用語こそ実体的内容のない枕言葉ということができよう。「社会観念」が裁量統制の基準になっていないとすれば、それに対する学説の批判は的を射ていないということができる。
(21)　宮田・注（12）七九頁。
(22)　横浜地判昭五二・一二・一九判時八七七号三頁。なお、この判決は東京高判昭五五・三・三一判時九六二号四四頁および最判昭六〇・九・一二判時一一七一号六二頁によって否定されている。
(23)　広島高判昭五二・一〇・七行集二八巻一〇号一〇五五頁。
(24)　判例の中には、「社会観念上著しく妥当を欠くものとはいえない」という、いわば既製のハンコを押すだけで一件落着とし、具体的審査をしたのかどうか怪しいと思われるものもある。
(25)　この点に関連して、深く考えさせられた論文・森田寛二「行政裁量論と解釈作法（上）」判例評論三二七号七頁以下（昭六一）を見よ。
(26)　宮田・注（12）七九頁。

（2）　政策的・専門技術的裁量が認められる不確定法概念の解釈適用にあたって、裁判所は、第一に不確定概念に該当する事実が存在するかどうか、要件事実の認定に誤りがないかどうか、[27]第二に明文の手続規定はもちろん、公正な行政手続の原則に反していないかどうか、[28]第三に一般に妥当する判断基準に反して決定がなされていないかどうか、[29]第四に行政決定が他事考慮に基づくものでないかどうか、[30]などを審査しなければなりません。

専門技術的裁量について、最近最も注目されたのは原子力法の領域であって、[31]この領域では、伊方原発訴訟の第一審判決以降、[32]福島第二原発訴訟第一審判決、[33]伊方原発訴訟控訴審判決[34]および東海原発訴訟第一審判決が出まして、[35]それらを見ますと、判例の方向は統一されて行くように思われます。要約いたしますと、第一に、原子炉設置許可処分は原子力行政に関する政策的裁量と原子炉の安全性に関する専門技術的裁量を含む裁量処分であり、第二に、「災害の防止上支障がないもの」（原子炉等規制法二四条一項四号）という要件の認定について行政庁に専門技術的裁量を認め、第三に、専門技術的裁量についての司法審査は行政庁の裁量判断の合理性に限定される、という三点となります。これに対して学説は、原子炉設置許可処分の裁量性、とくに司法審査の密度については全面的審査説から限定的審査説を経て手続的審査説にいたるまで、多様に岐れているという状況にあります。[36]

科学技術と法の関係、とくに科学技術がもたらす危険性の問題は現代の高度の産業社会の実現によって新しい局面を迎えました。現代文明は科学技術なしには考えられませんし、危険なき科学技術も存在しません。したがって法の課題は、一切の技術的なリスクを禁じてしまうことではなくて、避けることのできないリスクを社会的に我慢のできる程度にまで限定すること、つまり許されるリスクの限界を設定する点にあります。原子力訴訟は、このような現代的な高度の科学技術と法の関係について、いわば象徴的な役割を果たしているといってよいわけです。以下には、このような視点に基づいて、とくに一連の原発訴訟判決における司法審査の密度について、若干の感想を述べることにします。

原発訴訟の場合、裁判官は、原子炉の安全性についての科学技術的な論争に決着をつけることを期待されているわけではなく、科学技術的な論争を踏まえたうえで、原子炉等規制法にいう「災害の防止上支障がないもの」

とは何かという具体的な法律の解釈適用を示すことが求められています。換言すれば、自然科学による安全基準ではなくて、どの程度のリスクならばこれを無視し我慢することができるかという社会的な安全基準の設定が求められているのです。そしてこれこそが法の課題であり法律家の任務であると思われます。[37] しかし、原発訴訟における一連の判決は、法的に黙認できる残存リスクを評価するための基準を何ら示していないので、この点で不満が残るのですが、それにしても裁判官は高度の科学技術的なむづかし問題の前に立たされているわけで、したがって裁判所としては法的実体的判断の最終的決定権をあげて行政庁に転嫁したくなるに違いありません。しかし一連の判決は、そういう誘惑に負けることなく、限定的ではあるが実体的審査にも立ち向かい、裁量判断の合理性を審査する方向を示しました。原発訴訟における裁量統制では、たんに明白性の審査でお茶を濁すことなく、結論にいたる推理過程に不合理がないかどうかという手続的な審査をも含めて、内容の点においても合理性、説得性[38]をもつかどうかという点にまで踏み込んで審査をするという方式をとっている点を、私は評価したいと思っています。[39]

(27) 事実認定につき、最判昭三三・九・一〇民集一二巻一三号一九六九頁(旅券発給拒否事件)、最判昭五三・一〇・四民集三二巻七号一二二三頁(マクリーン事件)など。
(28) 公正な行政手続につき、最判昭四六・一〇・二八民集二五巻七号一〇三七頁(個人タクシー事件)。
(29) 経験則に反していないかどうかにつき、最判昭四四・七・一一民集二三巻八号一四七〇頁(旅券発給拒否事件)。
(30) 他事考慮につき、東京地判昭三八・一二・二五行集一四巻一二号二二五五頁(群馬中央バス事件)、東京高判昭四八・七・一三行集二四巻六=七号五三三頁(日光太郎杉事件)、最判昭四八・九・一四民集二七巻八号九二五頁(公立小学校長降任処分事件)など。なお、芝池義一「行政決定における考慮事項」法学論叢一一六巻一〜六号五七一頁以下（昭六〇）を見よ。

(31) 原子力法の領域以外では、最近注目されるような判例はなかった。例えば、温泉法の領域での専門技術的裁量については、昭和三三年七月一日の最高裁判決（民集一二巻一一号一六一二頁）以来、その裁量統制について新しい進展は見られない。最近の広島高判昭五七・六・一〇行集三三巻六号一二六九頁も、裁量判断は裁量権の限界を超える場合に違法であって、行政庁の判断は裁量権の限界を超えたものではないというにとどまっている。

(32) 松山地判昭五三・四・二五行集二九巻四号五八八頁、判時八九一号三八頁。

(33) 福島地判昭五九・七・二三判時一一二四号三四頁。なお、藤原淳一郎「福島第二原発訴訟第一審判決について」ジュリスト八二二号二六頁以下（昭五九）および阿部泰隆「原発訴訟をめぐる法律問題（三）」判例評論三二一号一二頁以下（昭六〇）を見よ。

(34) 高松高判昭五九・一二・一四・判時一一三六号三頁。

(35) 水戸地判昭六〇・六・二五判時一一六四号三頁。なお、原田尚彦「東海原発訴訟第一審判決の意味」ジュリスト八四三号七二頁以下（昭六〇）および綿貫芳源「行政過程における司法審査の方法と範囲（下）――東海第二原発訴訟第一審判決を契機として――」判例評論三二九号二頁以下（昭六一）を見よ。

(36) 藤原・注（33）二八頁は、コントロール密度についての学説をつぎのように区別・整理している。

①行政に判断余地を認めない「全面審査」の見解、②行政に判断余地を認め、司法審査を極めて制限する見解、③行政に「形成余地 Gestaltungsspielraum」ないし「判断授権 Beurteilungsermächtigung」を認め、司法審査は、手続、事実関係のあてはめの違法等に限られるとする見解、④手続面、実体面（安全性）両面を審査し、両当事者の主張のにいずれが正しいか判定困難なときに、「判断余地説的な考え方で、被告（大臣）の主張を採用する」という見解。

(37) 原田教授は、「新技術にどの程度の危険が予測されれば実用化を禁止するのか、あるいは、どの程度の制御ないし規制措置を講ずれば十分であるかは、法規範が規定しつくしている事項ではなく、同時代人の自由な選択と評価に委された一般的政策問題ではないだろうか。」という見解を示されている（原田尚彦「行政訴訟の構造と実体審査」田中追悼『公法の課題』四二〇頁・昭六〇)。我が国のエネルギー政策として原子力発電所の建設をさらに進めて行くべきかどうかは、「同時代人の自由な選択と評価に委ねられた一般的政策問題」である。原子炉設置の許可要件の一つとして、原子炉等規制法二四条一項四号の規定する「……災害の防止上支障がないもの」というのは、あまりにも抽象的すぎて、「新技術にどの程度の危険が予測されれば実用化を禁止するのか、あるいは、どの程度の制御ないし規制措置を講ずれば十分であるか」について規定しつくしてはいない。しかしだからといって、そのような問題が一般的政策問題であって、その判断は「行政庁の政治責任に委ねた方が適当である」〔原田・注(35)七八頁〕というようには、私には思えない。裁判所のコントロール密度は、法律の規制密度に比して、より濃密でありうる。なお、宮田三郎「原子力行政の法律問題」専修大学社会科学年報一三号一頁以下(昭五四)を見よ。

(38) ここでの説得性は Plausibilität の訳である。Vertretbarkeit についてウーレ教授は、「十分な論拠をもって理解させうる見解」であると説明されたそうである。塩野宏・山下淳訳・マルチン・ブリンガー「行政裁量」国家学会雑誌九九巻一・二号一二九頁訳注(c)(昭六一)では、Vertretbarkeit を「説得性」あるいは「納得させること」と訳している。Plausibilität と Vertretbarkeit が内容的に同等といえるかどうか、私には分からない。

(39) 筆者は判例に全面的に賛成しているわけではない。私の立場は、専門技術的裁量という理論構成に基本的な疑問をもつものであり、それは結局のところ、専門家の専門知識は当然尊重しなくてはならないが、行政庁の専門知識はそれだけでは裁判所のコントロールの制約を正当化するものではない、というにつきる(本書I「行政裁量」二四頁)。専門知識に対する実体的な法的コントロールは必ずしも有効でないから、専門知識による専門知識のコントロールを法的に保障できる方式を形成できるかどうかが、今後の課題となるといえよう。

(3) つぎに、裁量統制の密度について裁量の判断過程の統制方式または手続方式[40]をとった典型的な例とされている日光太郎杉事件の控訴審判決を検討してみることにします。この判決は、学説のうえでは大変好評であるのに、なぜか、これに続く同種の判例が現われないのが不思議です。

日光太郎杉事件の控訴審判決は、「土地の適正且つ合理的利用」という不確定概念の判断については、諸要素、諸価値の比較衡量に基づいて行われるべきであるとし、札幌地裁の伊達火力発電所関係埋立免許等取消請求事件の判決も、[41] 公有水面埋立てが公益に合致するかどうかを判断するには比較考量によるべきものとしております。法律の解釈適用を利益の比較衡量に基づいて行うときは、第一に、行政処分をめぐる複雑な利害状況の多様性を明らかにし、第二に、それぞれの利害についての評価と序列をおこない、第三に、生じる利害の衝突に決着をつけなければなりません。しかし複雑で多様な利害状況も、例えば開発利益か環境保護かというように、処理しやすい局面に単純化されてしまい、しかもこのような利益衝突について決着をつけ、あるいは、その間の調整を図るべき客観的基準は、多くの場合存在しないのです。このような衝突から逃れる方法として、札幌地裁と東京地裁とは、それぞれ違った審理方式をとっていることが注目されます。

札幌地裁は、「裁判所は、公益性についての知事の判断が裁量権をこえ又はその濫用があったかどうかを審査するにとどまるべく、それをこえて、この問題に対する自己の見解を代置すべきものではない」といって、比較衡量の結果について自己の判断を示すことを抑制し、「本件埋立てを公益に合致するものとした被告の判断に無理がなく、これが不合理であって裁量権の範囲をこえ又はその濫用があったものとは到底いえない」として、裁量判断の合理性（比較考量の代替性）に司法審査を限定しています。

これに対して日光太郎杉事件の控訴審判決は、同じく行政庁に裁量を認めて実体的判断を自己抑制し、裁量統制については「裁量判断の方法ないし過程の過誤」があったかどうかだけを審査して、実体的統制の不足を手続的統制によって埋め合わせる新しい審査方式をとったように見えます。[42]

従来、裁量権行使の方法に誤りがあって処分が違法となる場合、例えば、行政決定が他事考慮に基づく場合、重要な視点を考慮しなかった場合、結論にいたる推論が一般的に妥当する判断基準に反している場合などは裁量権の濫用にあたるとされてきました。[43] 日光太郎杉事件控訴審判決のいう「裁量判断の方法ないし過程の過誤」の問題点は、それが右にあげた裁量権の濫用の判断基準と並んで、独自の内容をもつ裁量統制の基準といえるかどうか、という点にあるように思われます。日光太郎杉事件控訴審判決の意義は、裁量判断についての統制が裁量判断の内容ないし結果と裁量判断の方法ないし過程の両方に及ぶことを明確にした点にある、というのが私の見方です。(44)

したがって、この判決に従えば、裁量判断の適法性は、それに先行する裁量判断の過程を引き入れて判断されなくてはなりません。しかし、裁量判断の結果とそれにいたる過程とは密接不可分の関係にあるので、両者を分離することは理論上は可能でも実際上は極めて困難であるように思われます。日光太郎杉事件の控訴審判決に続く判決が出ないのは、あるいはそういう点に一つの原因があるのではないかと思うのであります。

(40)　手続的審査方式を提唱する代表的な論文として、濱　秀和「行政裁量の司法統制——裁判例を検討して」北海道駒沢大学研究紀要二号一八〇頁（昭四二）をあげることができる。

(41)　札幌地判昭五一・七・二九行集二七巻七号一〇九六頁。

(42)　日光太郎杉事件の控訴審判決には、西ドイツにおける計画裁量の規制原理としての比較衡量に関する法理論を連想させるものがあるが、権利保護の視点からすれば、右判決は、実体的統制密度の縮小を手続的統制によって埋め合わせる審査方式が法理論的に許されるものかどうかという問題を提起したということができよう。

(43)　この判決が、いわゆる手続的審査方式をとったものか、裁量濫用論の一つの発展形態と見るべきかについては、評価が岐れている。塩野　宏「判例批評」判例評論一七八号一三九頁（昭四八）を見よ。なお、手続的審査方式とは、行政行為の実体的内容の審査に立ち入ることなく、手続法上の観点から、行政の裁量領域にコントロールを及ぼし、処分の手続ないし判断過程の合理性を審査する方式をいう（原田尚彦『訴えの利益』昭四八・一八五頁以下）。

(44)　なお、本書I「行政裁量」一九頁以下および宮田三郎『行政計画法』一三二頁以下（昭五九）を見よ。

四　裁量権の踰越と濫用

最後に、今後の学説の課題について触れることにします。

裁量統制についての当面の課題として、私は、裁量権の踰越と裁量権の濫用の区別の基準を明確にし、具体的にいかなる裁量の瑕疵が裁量権の踰越にあたり、いかなる瑕疵が裁量権の濫用となるかを整序することが必要であると思っています。(45) 裁量権の踰越・濫用の区別の基準は学説判例ともに明確でないし混乱しています。この点については両者を区別する実益がないというのが一般的な考え方ですが、果してそうなのか。裁量の瑕疵についての理論的な分析によって、(46) それぞれの瑕疵類型に対応する裁量統制の手法の形成が可能になるのではなかろうか。要するに、裁量権の踰越・濫用について使用に耐えうる法理を形成することが学説の課題であると考えます。これこそが裁量理論の深化さらには再構成への展望をもたらすものであるような気がするのであります。(47)

(45)　裁量の瑕疵についての私の整理はつぎのとおりである。裁量の踰越とは裁量が外的または客観的限界を超えた場合をいい、裁量の濫用とは、裁量の外的または客観的限界は守られているが、裁量の内的または主観的限界を逸脱した場合をいう。裁量の踰越は行政行為の瑕疵論と内容的に一致する。行政行為の瑕疵論の主題は瑕疵の効果――無効か取消しか――に関するが、裁量の踰越は瑕疵を違法論――違法か不当か――の視角から問題にしている。裁量の踰越は裁量の瑕疵というよりは、一般的な法適用瑕疵というべきものである。これに対して、裁量の濫用は、まさに裁量に固有の瑕疵であって、もともと不当とされるはずの瑕疵が違法となる瑕疵にまで高められたものをいう。したがって、不当と違法とを分かつ客観的基準は発見できない。

(46)　小早川教授はとりわけ裁量権の濫用の法理についてすぐれた興味ある分析を示している（小早川・注（2）

三四〇頁以下)。
(47) なお私は試論として、要件裁量に対するコントロールと効果裁量に対するコントロールとの類型化、裁量統制の分化という方向を提言した(本書Ⅰ「行政裁量」二五頁)。

III　行政法上の不確定概念
――五〇年代の学説を中心にして――

一　はしがき

不確定概念をめぐる行政法上の問題は、ベルナチック対テツナーの論争以来、自由裁量問題の中核を形成してきた問題である。それは、不確定概念が行政法規に使用せられ、それをもって行政処分の要件・内容が規定されている場合に、かかる不確定概念が行政および裁判所に対していかなる意義を有するかという問題である。

今日西ドイツにおける自由裁量論は、行政訴訟における概括主義の採用を契機として、不確定概念論に移行したといってよいが、我が国の自由裁量論の分岐対立の重要な部分も不確定概念の法的理解いかんにかかっている。そこで本章では、不確定概念の構造分析を中心にして、五〇年代における我が国および西ドイツの学説を整理しておきたいと思う。

二　不確定概念の構造

（1）　法律要件と裁量　　法が明文の規定をもって行政処分の要件・内容を規定している場合には、行政庁は、かかる法律要件が具備している場合に限り、法定の行政処分をする。法律要件が具備していない場合に行政処分をなし、また法律要件具備の場合においても法定の処分と異なる行政処分をなすことは、ともに違法である。法律要件がすべて確定概念をもって規定され、法律要件を一義的に確定できる場合には、法律要件と裁量との関係において問題の生じる余地はない。行政庁は、法定の処分の要件・内容について、法律の一義的な拘束をうける。すなわち法律の拘束の態様が一義的な場合であるから、その認定を誤った行政処分は、直ちに違法となるのである。法律要件について裁量の問題が生じるのは、法律要件が不十分ないし白地になっている場合および法律要件が不確定概念で構成されている場合である。法律要件についての法の明示の規定が不十分である場合に、それを法の解釈をもって補充することができるかどうかが法律要件補充の問題であり、法が行政処分の要件・内容について全然規定をしていない場合に、法は行政庁に裁量を認める趣旨であるのかどうかが、いわゆる白地規定の問題である。また、法が行政処分の要件・内容について規定をしているが、それが抽象的概念的規定の場合に、行政庁に自由裁量の余地があるかどうかが、不確定概念の問題である。

（2）　法律が行政処分の要件・内容を抽象的・多義的・弾力性伸縮性のある概念をもって規定している場合は、きわめて多く枚挙に暇がないといえよう。例えば、「公益ノ為必要アルトキ」（河川法第二〇条）、「漁業調整その他公益上必要があると認めるとき」（漁業法第一三条第一項第五号・第三四条第二項・第三九条第一項）、「主務大臣必要ト認ムルトキ」（旧都市計画法第二条第二項）、「申請を相当と認めるとき」（自創法第一五条第一項）、「正当な理由がないのに」（道路運送法第四三条第二号）、「相当な理由がある者」（警察官職務執行法第七条）、「公共の福祉に反すると認むるとき」（鉱業法第二五条）、「善良の風俗を害する虞があるとき」（旧風俗営業取締法第四条）、「適当な措置をとらなければならない」（警察官職務執行法第四条第二項）、「相当ノ処分ヲ為サシムルコトヲ得」（伝染病予防法第一三条）、「必要な処分をすることができる」（旧風俗営業取締法第四条）、というようなものであって、このような抽象的・多義的・弾力性伸縮性のある概念を通常不確定概念というのである。[1][2]

不確定概念を簡潔にかつ実質的に定義づけること自体かなり困難である。通常抽象的・多義的・弾力性伸縮性ある概念というように、いろいろの形容詞を付して不確定概念の一般的性格を示し、かつ、具体的例示をもって一応満足しているといってよいであろう。いうまでもなく、不確定概念は確定概念と対応関係にある概念として把握され、したがって不確定概念の意義を明らかにするためには、両者のそれぞれの構造的特質を明らかにするが必要である。

（3）W・イェリネックは、「確定概念は概念として唯一の限界をもっており、その限界によって、或る事象が概念に所属するか否かに関する確実な判断が可能である。これに対して不確定概念も概念としての限界を有することは確定概念と同様であるが（然らざれば概念でない）、不確定概念には二つの限界がある。したがって不確定概念についても確実な諸判断、すなわち明確な肯定的判断と否定的判断が存在する。しかし、この両者の間に単なる可能性の境界（蓋然的判断）が存する。……不確定概念には二つの限界があるが、その限界の状況がまたもや不確定なのである」[3]という。これは、不確定概念には、肯定的確実性と否定的確実性の領域および両者の中間に可能性のある疑わしい領域が存在することを指摘したものである。しかし問題の所在を一層明確に示せば、不確定概念の特質は「可能性の境界」が常に不確定であることの結果、その範囲において、肯定・否定の判断を確定すべき明確な限界を判別し難い点にあるといえよう。

D・イェシュによれば、法律概念は概念核（Begriffskern）と概念庭（Begriffshof）から成るものであり、「概念庭は概念核の境界で始まる広範な領域であって、この領域においては一義的な語義または法律の関係・目的から疑いなく探究さるべき意味内容は得られないとともに、この領域の外部を確定的に限定することができず、包摂（Subsumtion）によって初めて詳細に確定される」[4]として、不確定概念の構造を次のように説明している。すなわち「不確定法概念の構造を示せば、そこでは概念庭が非常に大きくかつ広範であり、それに比して核領域が非常に小さいものである」[5]と。イェシュのいう概念核はイェリネックのいう不確定概念における確実な肯定判断を可能にする限界の存在であり、また概念庭の領域はイェリネックの可能性の境界に当たるものと解されるから、不確定概念の構造把握において、両者は基本的に共通の考え方をとっていると見ることができよう。要するに不確定概念の問題の困難性は、具体的事実の概念所属決定に際して一つの明確な限界の認識が果して常に可能であるか、可能であるとすればいかにして可能になるかという点にある。これを行政法上の問題として捕らえるなら、次のように書き換えることができる。不確定概念の不確定性は概念の法的資格決定に際していかなる意義を有するか、すなわち法概念か裁量概念かという問題に帰着する。これが本章の主たる課題であって、より具体的にいえば不確定概念は、概念の不確定性の故に、第一次的に法の解釈適用に当たる行政庁に対して、判断の自由を許容する趣旨であるのか否か、および、許容するとすればいかなる要件の下に許容しているかが、行政法上の不確定概念の真の問題なのである。(6)

（1）　西ドイツの学説および判例において不確定概念の具体例とされているものは極めて多い。園部逸夫「行政法上の不確定概念」法学論叢六二巻二号六頁、山田準次郎「西ドイツにおける不確定概念と自由裁量の問題およびその判例」法律論叢三一巻三号を見よ。

（2）　例えばヴォルフは、不確定概念を「精確には示すことができない流動的なメルクマールを有する類型概念（Typenbegriff）」であるといっている（H. J. Wolff, Verwaltungsrecht Ⅰ, 2. Aufl. S. 128.）。要するに、不確定性をいかに表現するかによって、いろいろの表現が可能であろう。

（3）　W. Jellinek, Gesetz, Gesetzanwendung und Zweckmäßigkeitserwägung, 1913, S. 37.

（4）　D. Jesch, Unbestimmter Rechtsbegriff und Ermessen im rechtstheoretischer und verfassungsrechtlicher Sicht, AöR 82 (1957) S. 177.

（5）　D. Jesch, Fn.(4), S. 177f.

（6）　Vgl. O.Bachof, Beurteilungsspielraum, Ermessen und unbestimmter Rechtsbegriff im Verwaltungsrecht,

JZ 1955, S. 98.

三　我が国の代表的見解

不確定概念についての我が国の代表的見解は次のように要約することができる。

（1）　第一の見解は、(1)不確定概念の内容は常に客観的に一定しており、(2)不確定概念の具体的場合における認定については、いかなる場合にも、行政庁に任意の判断の余地はなく、(3)その認定は社会的普通の見解による客観的な標準によるべきであって、認定の誤りは違法を構成する、というものである。(7) すなわち、不確定概念にはいかなる場合においても常に唯一の正しい解決（意味内容）があり、行政庁が行政処分をする際に客観的標準によって不確定概念を含む法律要件の存否を判断することを要するのであって、唯一の正しい意味内容以外の他の判断はすべて違法を構成するというのであるから、不確定概念には行政庁の選択的判断を容れる余地はなく、裁量概念たる不確定概念は存在しないということになる。この見解によれば、自由裁量は不確定概念を含む法律要件の認定の自由（＝要件裁量説）にあるのではなく、行政処分の要件を認定したうえで行政処分をするかしないかのを決定する自由（＝効果裁量説）にあることになる。(8) すなわち自由裁量を行政庁による法律効果（処分）の選択の自由として観念するのである。

（2）　第二の見解は、(9) (1)不確定概念の内容は常に客観的に一定しているが、(2)不確定概念をいわゆる終局目的を示すものと中間目的を示すものとに区別し、(3)終局目的を示す「公益」概念のみを裁量概念であるとする。そしてさらに、(3)の理由については、(a)行政の公益適合性は一切の行政処分に妥当する潜在法であって、潜在法をも行政処分を羈束する「法」の中に含めると一切の行政処分が違法となりうることとなり、行政訴訟の対象を違法処分に限定する意味が失われる、すなわち行政処分を羈束処分と自由裁量とに区別する意義が失われるから、潜在法は行政処分を覊束する「法」から除外すべきであり、したがって「公益」の認定は行政機関の自由な判断に一任されるという考え方があり、(10) また(b)公益適合性は、法律にそれを掲げても特別の意味はなく、その性質上訓令または職務命令であって、行政訴訟の目的たる「違法」すなわち国民との関係で生じる違法を構成するものではないし、自由裁量は要件認定の自由不自由の問題ではなくして、客観的に見て認定を誤ってもその誤りが違法を構成しない要件のことであるから、「公益」は裁量概念であるという見解がある。(11) 第二の見解は、自由裁量を法律要件の領域で観念し、その結果として処分の自由があると考える見方であるということができる。

（3）　我が国の代表的な見解は次のように整理することができよう。(1)具体的場合における不確定概念の意味内容は、終局目的たると中間目的たるを問わず、常に客観的かつ一義的に定まっていて、行政庁の主観的任意の判断の余地はない、(2)いわゆる行政の中間目的を示す不確定概念は裁量概念ではなくして法概念であり、したがってその認定は法の解釈問題である、(3)以上の(1)および(2)については両見解が一致しており、争われている問題は、行政の終局目的たる公益適合性が行政処分の要件として行政法規に掲げられている場合の公益概念ないし公益原則の法的資格いかん、すなわち法概念か裁量概念かという問題である。また両見解に共通する思惟方法の特色として次のことを指摘できよう。

第一は、法の掲げる不確定概念に当てはめることのできる事実状態は、具体的場合には、常に客観的かつ一義的に定まっているという観念が大前提になっていることである。第二は、法律要件に含まれている不確定概念の認定に関する限り、法律による規制の趣旨目的が何であろうと、その規制の対象が政治的・経済的・社会的・科学技術的関係であれ、それぞれの関係の特殊性を一切捨象して、或る概念は常に法概念であり或る概念は常に裁量概念であるというように概念の法的資格決定を行なうものである。さらに第三に、両見解は不確定法概念と裁量を相互に相容れざる対立的なカテゴリーであるという二元論に立っているということができる。

不確定概念が不確定法概念とされる場合は、法の解釈適用が問題であるから、行政には解釈適用において選択の余地はなく、裁判所の全面的なコントロールに服する。これに対して、自由裁量においては原則として適法・違法の問題ではなく当・不当の問題が生じるにすぎなから、自由裁量の領域には裁判所の審査権は及ばないことになる。

(7) 第一の見解の代表は美濃部博士である。美濃部達吉『行政裁判法』一四八頁以下(昭四)、田中二郎『行政法総論』二九〇頁(昭三二)を見よ。

(8) 効果裁量説は法律要件の認定における行政の羈束を法律効果の場で解放する意義をもつ。法律要件は行政処分の前提要件であるから、法律要件を欠く場合は行政処分を行なうことが全く許されない。その意味で行政庁は消極的に羈束されている。それに対して、行政処分の前提要件を具備した場合にも、効果裁量説によれば、結果として行政処分は自由裁量たりうる。だから、法律要件における羈束は、いわば見せかけの羈束に終る。したがって効果裁量説も、法律要件認定のうえでの処分の選択の自由を無条件には説ききれないのである。山田教授は、自由裁量の範囲を収縮するために、要件裁量説から効果裁量説へという帰結を示されるが(山田幸男「自由裁量の観念について」法律時報二二巻七号五八頁以下)、それは処分の自由をいかに制約できるかという問題にかかるのであって、無条件の効果裁量は行政の便宜主義の支配を全面的に容認することになるから、そのような見解には追随し難い。便宜主義に対する批判については、柳瀬良幹「自由裁量に関する疑問」(『行政法の基礎理論(一)』二〇六頁・昭一五)を見よ。

(9) 一般に、第一の見解が行政処分の性質を標準として自由裁量と羈束処分とを区別するのに対して、第二の見解は法の規定の仕方を標準にするものである、といわれている。しかしもっと明確にいえば、前者は法の適用の対象となる行政処分の効果から羈束と裁量とを区別しようとする考え方であり、後者は適用されるべき法規の構造分析から法の拘束の程度を探究しようとする考え方である、ということができよう。

(10) 佐々木博士の見解である。佐々木惣一「行政機関の自由裁量」法と経済一巻一号二五頁以下。同様の見解として、渡辺宗太郎「裁量処分」法学論叢三一巻一六四頁以下・一七〇頁以下がある。佐々木博士は、自由裁量を許容する不確定法概念の実定法上の実例として、「公益ヲ害スト認メタルトキ」、「公益の為必要アルトキ」のほか、単に「必要ト認ムルトキ」も挙げているが、これも結局公益適合性の判断を要求している法律要件であることになる。佐々木惣一『改版日本行政法論 総論』六〇三頁以下(大一三)を見よ。

(11) 柳瀬良幹『行政法教科書・改訂版』一〇二頁(昭三八)、柳瀬良幹・注(8)二一八頁を見よ。

四 西ドイツの典型的見解

(1) 不確定概念の法的性質を検討するに当たっては、不確定概念と称されているもののなかに、その性質を異にしているものが含まれていることに注意しなければならない。したがって不確定概念一般論は裁量論を考えるについては必ずしも有効ではない。いわゆる終局目的と中間目的の区別に基づく自由裁量論は一つの方向を示すものであるということができる。とくに不確定概念はそれだけでは未だ十分具体的な法を示しているものではなく、その具体的適用を俟って初めてその具体的意味内容、すなわち法の内容が明確に確定されるという性格をもっており、しかも不確定概念の具体的適用は自然法則的必然ではなくして認識・判断および推論を要求し、特に不確定性が高度でその解釈適用に価値判断が入らざるをえない場合には、不確定概念の具体的確定は一層困難になる。

西ドイツにおける不確定概念をめぐる論争は、不確定概念の具体的内容の一義的確定化と裁判所による全面的審査可能性の問題を中心にして展開されており、とくに不確定概念の問題性の解明にとって価値判断を含む概念が問題になっているかどうかが重要な意義をもつものとされている。価値判断を含む価値概念とそれを含まない経験概念との区別は絶対的な区別をなすものではないし[12]、両者の区別の基準については疑問もあるが[13]、不確定概念論は、今日、価値概念・経験概念の検討を抜きにしては語れない状況にあるといってよい。したがって以下には、価値概念・経験概念を中心にして、最近の西ドイツにおける不確定概念論を紹介することにしたい。

（2） はじめに、不確定概念をすべて法概念であると主張するロイスの見解を見ることにする。不確定法概念とは、裁量と違って、その解釈適用上の一義性・裁判所による全面的な審査可能性をもつ法概念である。[14] 彼は法規の性質から問題に迫る。「伝統的な学説によれば、完全な法規は二つの要素から成り立っている。すなわち、法律要件（Tatbestand）と法によってそれに結びつけられた法律効果（Rechtsfolge）がそれである。法律要件は法律によって法律効果発生のために要求された前提要件の総体である。法律によって法律要件にとり入れられたものは、常にそれによって法律上当然に、効果意思を結びつける（抽象的な）法律上の「法律要件」としての『規範的要素』（normatives Element）の性質を取得する。法律が法律要件の構成要素とした概念もそれと結びつけられた法律効果の前提要件としての「法律要件」の『規範的要素』である」。[15] このような認識に基づいてロイスは、法律によって法律要件とされた概念（行政行為の前提要件とされた概念）が法概念であることは疑う余地がないという。法概念の性質は概念が法律要件に採用されるとともに生じる必然の結果である。このことは不確定概念についても同様であって、「不確定概念の場合には、法律要件に採用せられることによって、必然的に、『不確定法概念』とされるのである」。[16] したがってロイスによれば、不確定概念は、確定概念と全く同様に、法概念であり、不確定概念はすべて解釈適用の問題であって裁量の問題ではないのである。この見解によれば、不確定概念の具体的場合における一義性・多義性はそもそも問題にならないのであって法律要件の規範的性質から当然に概念の法的資格が演繹されることになる。

ロイスの不確定概念に関する見解は彼の裁量理論の全体を見ることによって一層良く理解できよう。周知のように、裁量の形態には行為裁量（„Handlungs"－Ermessen）または意思裁量（„volitives"－Ermessen）と判断裁量（„Urteils"－Ermessen）または認識裁量（„kognitives"－Ermessen）とがある。前者は、数個の同等に合法的な行動方法（Verhaltensweise）間の行政庁の選択の自由（Wahlfreiheit）である。これは裁量の主要な、しかも議論の余地のない形態である。この意味の裁量によって行政庁に与えられた自由は、行政庁の行動、行政庁の行為または不行為、行政庁の為すべきまたは為すべからざる処分、要するに行政庁の行為方法に関するものである。後者は、行政庁の行動すなわち行政庁の行為または不行為に関するものではなくて、行政庁の認識行為に関するものである。これは或る認識行為が法律上決定的であると認められていることに関する。

ロイスは認識裁量または判断裁量を認めることによって不確定法概念との限界が全く不明瞭になるという。すなわち、認識行為は、通説によって事実問題および法律問題とみなされており、また同時に、それは裁判所の審査を受ける不確定法概念の具体化にほかならないのである。(17)

ところで法律要件は一つの純認識的構成体（rein kognitive Gebilde）であって、それは認識に訴えるもので意思に訴えるものではない。一定の法律効果の発生の決定は、まず法律要件の解釈的意味解明（auslegende Sinnentfaltung）、次に解明された認識要件（Erkenntnis－Tatbestand）の与えられた具体的事実への投射（Projektion）という二重の認識行為によって行なわれる。裁量行使の概念は意思決定を要素とするが、右の二つの認識行為の執行に当たって意思決定は何等存在の余地がない。ここには概念上「裁量の余地」は存在しないのである。法の適用に当たって、すなわち法律効果の発生に関する決定に当たって為すべき二つの認識行為は、一つの不確定法概念の解釈および与えられた事実関係への適用であるから、裁判所による審査から除外されるか否かの問題は、否定すべきである。(18)

要するに、ロイスの見解は、すべての不確定概念は不確定法概念であり、それは裁量の行使を含まないというものである。ロイス理論は、一方において、法律要件はそれを構成する概念とともに規範的性格をもち、そこから当然に概念の法的資格が決定されるという積極的側面と、他方において、裁量の行使を複数の行為間の選択的な意思決定であるとし、不確定概念の具体化は純粋な認識行為であって意思に訴えるものでないから、裁量行為には当たらないという消極的側面とから構成されたものであるということができよう。

（3）　今日、西ドイツの通説は不確定概念の複義性（Doppeldeutigkeit）の理論に立っている。[19]ロイスの見解は唯一の例外といってよい。[20]不確定概念の複義性とは、行政法規の構成要件における不確定概念の使用は、行政庁に対して裁量決定を授権する、若しくは行政庁の為すべき決定について法的に覊束するというように、行政庁に対し異なった意味を有しうる、ということである。「一つの概念は二つの意味をもつ。それは或る関係では裁量決定であり、他の関係では解釈概念（Auslegungsbegriff）である」[21]というフォルストホフの見解、「同一の概念が或る法律の規定においては法問題であり、他の法律の規定においては裁量問題であるということは有り得ることである」[22]というトゥレッグの見解など複義性の理論が学説における支配的な見解である。

（4）　ところで行政法規における不確定概念の複義性の理論はいかなる理論的根拠に立つものであろうか。レデンィングの所説を見ることにしよう。彼の不確定概念論は、経験概念・価値概念の区別を出発点とし、両概念の分析によって展開される。まず、経験概念の探究は、客観的に確定可能であり、観念上一義的である。経験によって充足可能な法律概念は常に法概念であり、それは客観的に確定できる要素から成り立つ複雑な概念の簡約的表示にすぎない。それ故、このような概念は不確定法概念というよりも不完全な法概念というべきである。それは一見不確定であるが実はそうでないのであって、立法者が一定の客観的事情を基礎とし、これらの事情の普遍的妥当性に鑑み詳細な説明を与えることは必要ないとしたのである。[23]

これに対して、価値概念の探究は、典型的に主観的であり、限界においては不確定であって、必ずしも一義的でない。したがって価値概念は一般に裁量行使に適している。しかしそれが常に裁量概念であるとはいえない。レディングは価値概念をさらに二つの種類、すなわち固定した一般的見解に従って用いられる価値概念とそれ以外の価値概念とを区別する。前者は、いわば化石化された価値判断を黙示的に引用することによって客観化されるのであり、したがって立法者によるかかる価値概念の使用は裁量を行使すべしという授権ではない。後者、すなわち右以外の残余の価値概念が「真の」価値概念というべきものである。[24] レディングによれば、原則として価値概念は裁量行使に適するが、客観化された価値概念は裁量の授権を示すものではない。彼のいう真の価値概念について裁量の行使が認められるのである。

したがって不確定概念は常に法概念であるという原則には理由がないことになる。すでに不確定ということが、右の原則の反対を表明している。真の価値概念の具体化には法によって具体化を委任された者の予断のない価値判断を必要とする。その具体化に当たっては一定の枠内で真の選択可能性が存在することを否定できない。真の価値概念の場合には、法概念であることを示すために一般に用いられている唯一の正しい決定という言い方は妥当しない。この場合には唯一の正しい価値判断が常にあるのではない。然からざれば、もはや価値判断ではなく単に事実決定の問題になってしまうだろう。真の価値判断の可能性が開かれるならば、それとともに単に実際上のみならず理論上必然的に、或る範囲の自由の余地（Spielraum）が随伴する。[25]

さて、真の価値判断と客観化される価値概念との区別はいかにして可能となるのであろうか。レディングは、「残余の価値概念――唯それのみがこの場合『真の』価値概念に数えるべきである――の中に加えるために実際に適用できる概念の特色はもはや発見できない」という。[26] 概念自体に裁量や否やの基準を求めることができないとすれば、その基準は何に求めることができるのであろうか。

レディングによれば、裁量の委任とは立法者に代わって行動することの行政庁に対する授権であると定義し、或る決定が行政庁の裁量に委ねられているかどうかは法律における特別の根拠を必要とし、法律の根拠なくして裁量はあり得ないし、法律の授権は立法者意思に求められるという。すなわち、或る価値概念を裁量概念に属せしめるべきか法概念とすべきかについては、明示のまたは解釈の方法で探究すべき立法者の意思が決定的であるというのである。[27] 不確定概念の所属決定を立法者意思に求めるとすれば、不確定概念の複義性の理論は当然の帰結であるといえよう。すなわち「概念の所属は決して一般的に行なうことはできない。個々の法律の規定によって定めなければならないのであって、このことは、同一の概念が或る法律の中の異なった規定に用いられている場合にも同様である。一方では法概念であるが、他方では裁量概念であるということもあり得る」のである。(28)

（5）　次に、バッホフの所説を見よう。いわゆる「判断余地」の理論（Lehre vom „Beurteilungsspielraum"）である。

彼によれば、不確定概念の解釈すなわちその意味内容の探究は、いづれにせよ法問題であり全面的な範囲で裁判所の審査に服する。同様に、事実評価の基礎となる事実の認定は疑いもなく裁判上審査可能である。(29)しかし不確定概念を具体的事実関係に適用すること、すなわち認定された事実を不確定概念を含む法律要件の下に包摂することは事情を異にするとして、包摂の問題を価値概念・経験概念の区別の下に論じる。(30)

価値概念については、このような概念の使用によって立法者が具体的事件について唯一の正しい解釈のみを可能と考えていることを示すものだという主張は支持することができない。このような主張は、法共同体の大体において一致せる観念によって十分に具体化される価値概念については、妥当するかもしれない。しかし、そうでない価値概念については、一定の限界内において、すなわち主観的のみならず客観的にも可能な判断余地(Beurteilungsspielraum)の範囲においては、正しい判断か間違った判断であるかを殆ど論じることができないのであって、唯いろいろの可能な見解があるにすぎない。立法者が主観的な価値観念に基づく概念を使用しているという事実から、法律を適用する行政庁が独自の判断の余地を与えられているのだと考えることはできないか。立法者が、不確定な多かれ少かれ主観的な判断によってのみ充足されるような概念をもって、その輪郭を描くほかはない行政行為があり、このような場合には、事実関係を構成する事実が価値概念に包摂されるかどうかの問題は価値判断の問題であって、事実の存否に対する証拠評価の問題と違って、その判断は、立法者によって示された限界内において、完全に行政庁に委ねることができるものである。(31)

これに対して経験概念について、立法者は理論的には唯一つの解釈のみが正しいと見ているが、それにも拘らず初めから、裁判所の審査を排除する行政庁の判断余地を否認するのは早計である。理論上、経験的事実によって客観的に決定することが可能であっても、実際上、決定の正当性を確認することは実地に試してみなければ異議なく探究できない場合がある。要するに、このような場合には、理論上申し分のない決定が可能であるが、実際上は不可能なのである。このような経験概念の特殊な場合には、正しい判断とそれに基づく決定の結果に対する責任は決定行政庁に委ねられているのである。裁判所は、自己の異なる判断にもかかわらず、行政庁の決定を維持すべきである。なぜなら、主観的に非常に異なる判断の可能性があるのに、自己の判断を行政庁の判断に置き代え、その結果行政庁に対し或る程度の判断余地さえも否認するほどに、裁判所の判断が確かなものと思えないからである。したがって経験概念の場合にも、その都度、規定の意義および目的から、立法者が法の適用に当たる行政庁に対し裁判所の審査を受けない固有の判断余地を容認しようとするのかどうか、を探究しなければならない(32)。

バッホフは、一方において、裁判所の審査を排除する行政庁の判断余地の存在を一定の価値概念および経験概念について認めているが、しかし他方において、判断余地については裁判所および行政庁に対し一定の制限も課している。第一に、法律の黙示の場合には審査することのできない判断余地の存在は例外であり、推定は判断余地に反して語る。それ故に、判断余地の存在は詳細な理由づけを必要とする。第二に、行政庁の判断余地も、その限界の遵守について、裁判所の審査に服する。第三に、行政庁が判断余地を援用する場合には、その結論を基礎づける事実を説明しなければならない。裁判所は、必要な場合には、この事実の存在を審査しなければならないし、さらに行政庁の結論を正当とすることができること、およびその理由を述べなければならない。裁量過誤(Ermessensfehler)が認められないというだけでは裁判所の任務が果たされたわけではない(33)(34)。

（6）　バッホフの判断余地の理論と同時に同様の考え方を展開したものとして、ウーレの代替性の理論(Vertretbarkeitslehre)がある。ウーレは、まず、不確定概念の法的羈束性を論じて次のようにいう。法規の構成要件において不確定概念を使用する法律は、法規の名宛人を法的に羈束するという意図をもってその概念を用いることができる。異なる解釈はすべて法律の本質に反することになろう。行政上の法律（Verwaltungsgesetz）における不確定概念の使用は、行政庁に対し裁量決定を授権する立法者の意図ではない。これを肯定する見解は、立法者が行政を不確定な――しかし確定可能な――概念で羈束しつつ、同時に、そのような羈束から解放しようとすることを立法者の所為にせんとするのであるが、それは法理論的な矛盾であり、憲法上不可能なことである。[35]

行政法における不確定概念の問題は次の点にある。第一に、行政を確定概念および固定的構成要件から解放することにあり、他方この解放は、同時にかつ就中、行政の利益のための立法者の権限放棄を意味する。第二に、法治国秩序における不確定概念の使用は、立法者が行政庁に対して容認した広範な決定の自由を、最後に行政裁判所により再び制限するということである。確定概念および固定的構成要件による行政の法律への絶対的羈束と独自の決定のための法律上の授権による行政の絶対的自由（裁量）との中間に、不確定概念の場合があるのである。ここでは、行政は「絶対的」に羈束され、かつ、「相対的」に自由である。[37]

次に、不確定概念を規範的概念と事実的（記述的）概念とに区別し、それぞれの解釈適用の問題を検討する。行政法上の法規が事実的（記述的）概念を含む場合は、その解釈適用は、概念の不確定性にもかかわらず価値判断が挿入されることなく、可能である。認定された事実を概念――その意義は解釈によって探究される――の下に包摂することで十分である。それに反して、規範的概念の適用に際しては、純粋な論理的意味での単なる包摂は全く問題にならない。その場合には、大前提（規範的概念）と小前提（法律効果）との間に媒介概念（Mittelbegriff）が挿入されなければならない。例えば、営業の申請者が信用を欠くときは申請した許可を付与しないことができるという規定があり、当該申請者が窃盗による前科があるとすれば、包摂が可能である前に、まず媒介概念が構成されなければならない（例えば、『すべて窃盗による処罰は申請者を不信用ならしめる』とか、『すべて窃盗による自由刑をもってする処罰は……』等）。そしてウーレは、不確定概念の問題性を適切な媒介概念の発見にあるとし、媒介概念にとって決定的な基準の選択について、見解が異なるということがあり得ないかどうかという問題を提起する。「たとえ、処罰が数年前に行われたもので、それ以後営業申請者が罪を犯すことなく過ごしていても、窃盗による処罰はすべて申請者の不信用の原因になるかどうかという問題に、実際上一義的に答えられるであろうか[38]」と。

そこでウーレは、限界事件（Grenzfälle）においては、認定された事実関係に基づく行政庁の見解が代替できるもの（vertretbar）である場合には、行政裁判所は行政庁がなした事実関係の判断に従うことができるという結論に達する。その場合、行政裁判所は自己の価値判断を行政庁の価値判断に置き代えることを放棄しなければならないのである。要するに、その限りにおいて、行政裁判所の審査を代替性コントロール（Vertretbarkeitskontrolle）に限定すべきであるというのである[39]。

(12)　例えばバッホフは、経験概念と価値概念の区別は相対的なものにすぎず、経験概念と価値概念の間の移行（Übergänge）は全く流動的なものであるといい、この点を意識する限りで経験概念・価値概念の区別に賛成できるという（O. Bachf, Fn. (6), S. 100.）。

(13)　我が国の学説が経験概念・価値概念の区別による自由裁量論を排斥するのは、例えばイェリネックも一義的でないとする価値概念に対する批判として、具体的に価値概念と然らざるものとの区別が明瞭でないこと、に基づく。柳瀬良幹・注(8)二〇二頁、田中二郎「行政裁判所の権限より観たる自由裁量問題」（『行政訴訟の法理』二四八頁・昭二九）を見よ。

(14)　これが法概念に関する通説的見解であり、判例も同様である。例えば、連邦憲法裁判所は『「その他重大なる利害関係（Belange）』という概念は不確定法概念であり、したがって或る生活関係がこの概念に包摂されるや否やの問題は行政裁判所が全面的な範囲で審査しなければならない」と判示している（JZ 1957, S. 169.）。後述のバッホフおよびウーレの見解はこのような通説・判例に反対するものである。

(15) H. Reuss, Urteilsanmerkung, DöV 1954, S. 55.

(16) H. Reuss, Fn. (15), S. 55.

(17) H. Reuss, Das Ermessen – Versuch einer Begriffsklärung, DVBl. 1953, S. 587.

(18) H. Reuss, Fn. (15), S. 55f.

(19) R. Klein, Die Kongruenz des verwaltungsrechtlichen Ermessenbereichs und des Bereichs rechtlicher Mehrdeutigkeit, AöR 82 (1957), S. 120.

(20) 園部逸夫・注（1）一四頁。C. H. Ule, Zur Anwendung unbestimmter Rechtsbegriff im Verwaltungsrechts, in: Jellinek – Gedächtnisschrift, 1955, S. 314.

(21) E. Forsthoff, Lehrbuch des Verwaltungsrecht, Allgemeiner Teil, 6. Aufl. 1956, S. 81.

(22) v. Turegg, Lehrbuch des Verwaltungsrechts, 2. Aufl. 1954, S. 28.

(23) G. Redding, Unbestimmter Rechtsbegriff oder Ermessen, DöV 1954, S. 366. レディングの所説は基本的にフォルストホと同様であるといってよい（E. Forsthoff, Fn. (21), S. 74ff.）。

(24) G. Redding, Fn. (23), S. 366.

(25) G. Redding, Fn. (23), S. 366.

(26) G. Redding, Fn. (23), S. 366f.

(27) G. Redding, Fn. (23), S. 367.

(28) G. Redding, Fn. (23), S. 367.

(29) バッホフは、行政庁が事実関係を正しく包摂したかどうかの問題を法問題（Rechsfrage）と見ているが、このことと裁判所の審査いかんの問題は別個の問題であるという（O. Bachof, Fn. (6), S. 98f.）。

(30) O. Bachof, Fn. (6), S. 98.

(31) O. Bachof, Fn. (6), S. 99f.

(32) O. Bachof, Fn. (6), S. 100.

(33) O. Bachof, Fn. (6), S. 102.
(34) バッホフは、ロイスの裁量形態論に依って裁量の概念を行為裁量に限定し、裁量領域の外に、判断余地(Beurteilungsspielraum)があることを提唱している。「判断余地」が、裁量と本質を異にするものであるか、あるいは結局裁量と同じことに帰するかについては、意見の対立がある。しかし、判断余地の理論は、ウーレの代替性の理論とともに、その後の学説に極めて大きな影響を与えている。
(35) C. H. Ule, Fn. (20), S. 312f.
(36) C. H. Ule, Fn. (20), S. 314.
(37) C. H. Ule, Fn. (20), S. 315.
(38) C. H. Ule, Fn. (20), S. 318.
(39) C. H. Ule, Fn. (20), S. 319.

五　不確定概念における裁量領域

法律要件を構成する不確定概念の具体的場合における意味確定は、論理的に次の三段階を経て行なわれると考えられる。すなわち、①事実の認定、②不確定概念の意味確定（一般的解釈）および③認定された事実を意味確定された不確定概念の下に包摂することである。その結果、法律効果が確定される。③の論理的前提として①、②が行なわれるが、法の解釈適用においては、その性質上①、②、③の三者は必ずしも明確に区別することはできない。①の事実の認定も純粋な事実ではなく既に法的評価を予定した事実の認定であるし、とくに③の包摂は①および②のいづれかに解消することが多いといえよう。しかし①②③の区別は論理的に成立するし、この区別に基づいて不確定概念における裁量の存否およびその所在を検討することが便宜であるといえよう。

（1）　事実の認定　　不確定概念に包摂する事実が存在するかどうか、および、いかなる事実が存在するかの問題は、純粋な事実認定の問題である。事実は客観的な存在であって行政庁がその存否を左右することはできない。事実の存否の判断は経験法則を前提とする判断である。客観的事実の存否は観念上ただ一義的にのみ判断されうるものである。しかし具体的場合において、すべての疑いを明らかにすることができず、事実認定において一種の実践的決断の要素が含まれることもあり得る。その意味で事実認定も主観的なものといえるが、だからといって事実認定は行政庁の自由裁量とされることはできない。(40)

自由心証主義と自由裁量とは別個の問題である。バッホフとともに「立法者が、一方において、その存在のみが高権的侵害を正当化する事実を類型化し、次に高権的侵害を是認すべき事実の認定を侵害に当たる行政庁のいわゆる裁量に委ね、その事実の存否を主張することを利害関係人に禁ずるとすれば、それは矛盾であろう。これでは、行政の法律適合性の原則は形式的に厳守されても実質的には回避され、その本質的内容は完全に空洞化されることになる(41)」ということができる。法律要件の要素たる不確定概念に包摂されるべき事実の認定については、行政庁の自由裁量は許されず、裁判所の審査に服する。(42)裁判所の権限は事実問題(43)の審理に全面的に及ぶのである。

（2）　不確定概念の解釈　　不確定概念の解釈とは、不確定概念の一般的客観的意義の探究を意味する。論理的にいえば、不確定概念の具体的場合における意味内容の確定、すなわちその適用の前段階で考えられる認識操作である。抽象的多義的といわれる不確定概念の一般的客観的意義の探究は、例えば「公共の安全と秩序」のようにタウトロギーに終る場合が多いであろう。したがって不確定概念の解釈はまったく具体的な事実を離れてすることはできない。とくに実践的意欲的作用・主観的価値判断が入り込むことは避け難いのである。(44)しかしそれにも拘らず、解釈者は法律が使用した概念に恣意的に主観的な一般的意味内容を付加することは許されない。すなわち不確定概念の解釈自体について行政庁に自由裁量の余地はなく、その一般的意味内容の認識を誤り、その誤りに基づいてなされた行政処分は違法な処分となる。裁判所は行政庁による不確定概念の解釈を全面的に審査することができる。法律が、例えば「相当」、「公共の安寧」、「危険」等の概念の下に意味せんとするものを行政庁が正しく解釈しているかどうかについて、裁判所に審査権があることを否定するものはいない。ただ法の解釈の結果、不確定概念につき、いかなる概念がいかなる範囲で、行政庁の自由裁量に委ねられるか、または裁判所の全面的審査権に服するかが決定されるのである。(45)

不確定概念の解釈は「法の解釈」という法解釈学にとっての根本問題に遡らなければ十分な究明は得られない。しかも法の解釈については、とくに最近激しい論争が展開されたところである。(46) 法の解釈においては、不確定概念の構造および解釈者の価値観の相違などにより、複数の解釈が並存することは避けられない。しかし、それにも拘わらず法解釈者は、唯一の客観的に正しい解釈が存在するはずであるという前提の下に、法の客観的意味を探究すべき要請を受けているといわなければならないだろう。

（3）包摂（当てはめ）　不確定概念を具体的事実関係に適用すること、すなわち認定された事実を不確定概念を要素とする法律要件の下に当てはめる行為が、包摂の問題である。包摂によって法律効果の確定が行われる。

いかなる場合にいかなる行為を行なうべきかについて、法が一義的に規定している場合に、行政庁に自由裁量の余地がないことは明白である。法令の規定がいわゆる直観的指定、すなわち数量または具体的事実を掲げる場合には、それが一義的規定であることは明らかである。(47) 例えば、時間、数、量、年齢または「泥酔シテ倒レタ者」などである。このような場合には確定概念による法の指定ということもできるのであって、具体的事実の法律要件への包摂において問題が生じることはなく、明確な肯定または否定の判断が可能である。不確定概念をもって行政処分の要件・内容を定め、したがって考慮事項が多様で複雑である場合に、包摂の一義性が問題になるのである。何故なら、認定された事実を不確定概念に当てはめることは、自然法則的な必然ではなくて、すぐれて認識・判断および推論を要求する行為だからである。(48)

（4）我が国の代表的見解は不確定概念の具体的場合における客観的一義性を説いているが、これは当然ながら包摂における客観的一義性を説くものでなければならない。すなわち一切の不確定概念の具体的場合における内容は、客観的一義的に確定することができ、したがって認定された事実と解釈された不確定概念との包摂関係は法の規定が一義的な場合と異ならないことになり、包摂においても行政機関の裁量の余地はないというのが当然の帰結である。したがって不確定概念は本質的に確定概念と異なるところがないのである。

さて、不確定概念の具体的意味の一義的な確定は何に基づいて可能であるといえるだろうか。我が国の代表的見解はこれを客観的経験則に求めている。客観的経験則には果して不確定概念を一義的な具体的内容に還元することのできる力があるといえるだろうか。この点について、西ドイツの通説はこのような還元力の一般的妥当性を否定しているといえよう。例えば、フォルストホフは「価値概念であっても、すべての正しくかつ公平に考える人（gerecht und billig lenkende）の共通の考え（communis opinio）とか判決や実例による先例に照らすことによって明らかにするという方法で、経験的に具体化できる場合もある。しかし、必ずしもそういう場合ばかりでなく、価値に訴えることが避け難い場合がある。……このような価値への遡求が真の裁量行為である」[49]といい、レディングは化石化されない真の価値概念の一義性を否定し、バッホフは法共同体の大体において一致する観念の妥当しない価値概念の存在を認め、ウーレもいわゆる媒介概念の選択における一義性を疑問とするが、結局、これらの見解は客観的経験則による不確定概念（価値概念）の一義的具体化の不可能を解いたものということができよう。要するに、経験法則による不確定概念を一義的な具体的内容に還元することのできる力は、それぞれの時代における社会経済的構造によって規定される価値観によるということができる。したがって価値観の多様化した現代においては、客観的経験則や我が国の判例が好んで用いる「社会通念」などの妥当する基盤も限定的にならざるをえないといえよう。

さて経験法則の還元力が一定の限定を受けざるをえないとすれば、いわゆる直接価値に訴える概念ないし真の価値概念については、客観的経験法則の妥当する限界の彼岸において、包摂に関し可能な種々の意見が生じる場合の存在を認めざるをえない。そしてこのような場合に、認定された事実が解釈された概念に包摂されるかされないかのいづれかに直ちに一義的に認識できるとする形式論は、問題を何等解決するものではないということができよう。

（5）　ところで石井判事は、自由裁量を公益原則の特殊な拘束の態様であると規定し、つぎのように説いている。すなわち、公益原則の内容は最大適合の原則、比較適合の原則および最小適合の原則に分けられ、最大適合の原則に対する違反は訓令または職務命令に対する違反で、それには法的拘束力はなく当・不当の問題が生じるのみであり、それに対して、比較適合および最小適合の原則は法的拘束力を有し、これに対する違反は国民との関係においても法に対する違反であって、単に当・不当の問題ではなく違法の問題が生じるといい、行政庁が右の法たる二原則の制約を受けつつ最大適合の原則の命じるところに従って具体的場合に何が最もよく公益に合致するかを判断する。ここに自由裁量が成立するのであって、従って自由裁量は処分要件設定の自由であるという。(50)

このような公益原則ないし公益概念の法的拘束性に関する三原則は、ひとり公益適合性についてのみならず、一般に、不確定概念に妥当するいわば包摂原理と見ることができると思われる。すなわち、イエリネックの明確な肯定・否定の判断を可能にする二つの限界は石井判事のいう最小適合の問題であり、いわゆる「可能性の境界」において比較適合および最大適合の問題となると見ることができるし、またイエシュの概念核においては最小適合が、概念庭においては比較適合および最大適合の問題が生じるということができる。しかも最大適合の問題が生じるのは真の価値概念の場合であって、この場合にも比較適合と最大適合の原則の制約を受けつつ、なお最大適合の原則が支配するところに自由裁量ないしバッホフのいう「判断余地」が成立するということができる。このような判断余地の内部においては、もはや正しい包摂または誤った包摂を論じることはできないのであって、法的に可能な意見ということができるにすぎない。このような場合には、裁判所は、自己の判断をもって行政庁の判断に代え、すなわち行政庁の判断を全面的に審査し、それを否認するほど裁判所の判断が正しいという保障はないのである。(51)したがって、このような場合には、判断余地の範囲内において、行政庁の特別な専門知識と経験および責任においてなされた判断は裁判所の審査を受けないものとすべきであろう。裁判所はこの審査を受けない判断余地の限界についてのみ審査をすることができるのである。

しかし問題はむしろ、真の価値概念とそうでない概念あるいは判断余地を有する不確定概念と判断余地を有しない不確定概念とを区別する実際的な判断基準を何に求めるか、ということである。この問題は一に、法律の合理的解釈によって決するの外はない。すなわち、不確定概念のうち、いかなる概念が真の価値概念であり、いかなる範囲で裁判所の審査を受けない判断余地が承認せらるべきかは、個々の法律の規定・趣旨目的、法律の規制の対象および認定された事実の性質により、個々の不確定概念の法的所属決定が具体的になされるのであって、一般抽象的に決定することはできないのである。

（6）判例の態度　不確定概念に関する我が国の判例の態度は一貫していないし、統一的な方法に従っているわけではない。

法律要件に使用された不確定概念の認定は、法律解釈の問題であって、裁判所が十分な審査をすることができるとする判例がある。これは法の解釈適用と裁量とを相互に排斥するものと考える二元論に立つもので、通説的な立場であるといえよう。旧自作農創設特別措置法（以下自創法という。）一五条は、「市町村農地委員会が付帯買収を相当と認めたとき」と規定している。この規定は、付帯買収を相当とするかどうかの認定すなわち相当性の判断について、行政庁に自由裁量を認める趣旨か。最高裁は、「自創法の定める宅地買収の申請があった場合、買収が相当であるかどうかは法律の解釈適用の問題であって、……農地委員会の自由裁量に属する事項であるということはできない」と判示している（最判昭和二八・四・二八民集七巻四号七九九頁）。

法律要件における不確定概念の法的所属決定を法律効果の面から規定するものがある。すなわち法律効果が国民の権利を剝奪し義務を課するものであるときは、そこから逆に、法律要件における不確定概念の認定を自由裁量に属するものでないというのである。この種の判例はかなり多い。自創法施行令八条二項に該当するものとした買収を不相当とするかどうかの認定について、最高裁は、「政府において買収することを不相当とするか否かの認定は、市町村農業委員会に於いて行なうことはいうまでもないけれども、農地買収処分が農地の所有者の意に反してその権利を奪う処分であることにかんがみれば、同委員会は、この点の認定につき専権を有するものと解すべきでなく、同委員会がその認定を誤り買収から除外すべきであるにかかわらず、これをしないで農地につき買収計画を定めたとすれば、その処分は違法である」と判示している（最判昭和三〇・七・五民集九巻九号九七三頁）。

国民の権利義務に影響を及ぼす侵害的行政処分が問題になっているにかかわらず、法律要件面における不確定概念の認定につき行政庁に自由裁量を認めるものがある。「県農業委員会が未墾地買収に当たって認定すべき『自作農を創設しまたは土地の農業上の利用を増進するために必要がある』かどうかの判断は、国の農業政策及び当該未墾地付近の社会的条件等に関する専門的な政策的技術的の考量や経験を要するものであるから、同委員会の自由裁量行為と解すべきである」（金沢地判昭和二七・七・五行裁例集三巻六号一一三八頁）。

不確定概念が法律要件・法律効果のどの側面で自由裁量を許容するものであるか、すなわち不確定概念が要件裁量・効果裁量のいづれの裁量で問題になるかを明らかにしないで、漠然と行政庁に裁量権を認め、裁量権の踰越ないし濫用がないかどうかを審査するにすぎないもので、この種の判例はきわめて多い。「自創法五条五号にいう『近く土地使用目的を変更するを相当とする農地』に当たるものとして同号に基づく指定をするかどうかは、農地委員会の無条件な裁量に委ねられているものと解すべきではな（い）」（最判昭和二九・一一・二民集八巻一一号一九九五頁）。

(40)　田中博士は、「行為そのものの性質が、事実の認定とか法律関係の存否のような確認的判断作用の性質をもっているものは、客観的になさるべきは当然で、法律上何等らの基準を与えていない場合でもそこに行政庁の裁量を容れる余地はない」という（田中二郎・注(7)二九一頁）。Vgl. G. Redding, Fn. (23), S. 336.

(41) O. Bachof, Fn. (6), S. 99.

(42) 事実認定が行政庁の自由裁量でないという以上当然の帰結であるが、この点を明示するものとして次の文献を見よ。K. Mayer, Zur Problematik der Unbestimmter Begriff im Rechtsprechung der Verwaltungsgerichte, DöV 1954, S. 369. 事実問題というのは事実認定の意味であって、法律問題すなわち法の解釈適用の問題に対する。佐々木博士のいうように、事実問題・法律問題という場合における法律問題という概念は、法律問題・裁量問題という場合の法律問題という概念とは全然別個である。佐々木惣一・注(10)『総論』七八二頁以下を見よ。国家公務員法三条五項は「人事院による審査は法律問題につき裁判所に出訴する権利に影響を及ぼすものでない」と規定している。この規定における「法律問題」の意義については解釈上の疑義がある。ここでいう法律問題とは事実問題に対するものとしての法律問題ではなく裁量問題に対する法律問題という意味であり、したがって、ここでいう法律問題は事実問題の当否の問題を含むものと解釈すべきである。然からざれば、右の規定は違憲となろう。鵜飼信成『公務員法』一六七頁（昭三三）を見よ。

(43) 宮沢博士は、「法の解釈は、理論的認識の作用ではなく実践的意欲作用であり、法の認識ではなく法の創造である」、「法の解釈作用を単に悟性活動のように考えるのは全くのイルージョンである」という（宮沢俊義「法律学における『学説』」法学協会雑誌五四巻一号五頁）。

(44) 浅賀　栄『行政訴訟の諸問題』一三六頁（昭五四）。

(45) 法の解釈に関する文献は極めて多いが、さしあたり、橋本公亘「行政法の解釈と適用」（公法研究二一号六三頁）を見よ。

(46) 柳瀬良幹・注(11)一〇一頁。

(47) H. J. Wolff, Fn. (2), S. 127.

(48) E. Forsthoff, Fn. (21), S. 76f.

(49) 石井良三「自由裁量の処分」法曹時報七巻一号五〇頁以下、三号六三頁以下および四号三九頁以下。

(50)　O. Bachof, Fn. (6), S. 99.
(51)　H. J. Wolff, Fn. (2), S. 129.

六　おわりに――「判断余地」論について

従来、行政裁量は、羈束裁量・自由裁量、認識裁量・意思裁量あるいは判断裁量・行為裁量というように区別されてきたにせよ、裁量概念としては、一つの統一的な概念のみがあったということができる。これに対して、五〇年代に裁量論に持ち込まれた「判断余地」論の特質は、いわゆる「判断余地」と裁量とは本質的に異なる概念であることを主張した点にあるといえよう。すなわち、裁量は傾向として行政の自由を意味するが、「判断余地」は傾向としては行政の羈束を意味するというのである。(53)

不確定概念の解釈・適用は、現行法により、裁判所に最終的決定権が留保されている「法の適用」の問題であり、それは法理論で動かすことのできる問題ではない。(54)また法律要件に含まれている不確定概念の適用に当たっては、唯一の正しい決定のみがありうるという伝統的な観念から出発すれば、不確定概念につき行政の「判断余地」を承認することは殆どできないことになろう。複雑な事実関係の探究および不確定概念への包摂は裁判所の日々の糧（tägliches Brot）である。「判断余地」を認めることによって裁判所が行政の主張に拘束されることは許されない。法規範の解釈・適用は一義的でなければならないから、実体法上「判断余地」は存在しえないのである。

しかし唯一の正しい決定のみがありうるという観念を前提にすることができず、行政による要件事実の規範への包摂には感情や気分といった多くのいわゆる伝達できない不可量物（nicht－mitteilbaren Imponderabilien）(55)がとりついている場合があるとすれば、このような場合には、行政による法規範の解釈・適用は限定的にしか審査できないということもできよう。要するに「判断余地」は一般的に規範論理的には認められないのであって、ただ例外的に特定のケースにおいて限定的に認めることができるにすぎない。その場合、「判断余地」論の主たる論拠は、結局、何人もその力以上の義務を負うものではない（nemo ultra posse obligatur）ということに尽きるといえよう。したがって、行政の問題のある決定を同様に問題のある裁判所の決定で置き代えることになる場合は、裁判所は行政決定を審査する権限がないことになる。従来の通説が規範論理的な考察に基づく行政裁量論を展開してきたのに対して、いわゆる「判断余地」論は、現実から出発し、包摂をめぐる事実上の困難という現実から法的結論を引き出すという経験的考察に基づく裁量論であるということができよう。

（53）　O. Bachof, Verfassungsrecht, Verwaltungsrecht, Verfahrensrecht in der Rechtsprechung des Bundesverwaltungsgerichts, 1963, S. 231f.

（54）　H. H. Rupp, Grundfragen der heutigen Verwaltungsrechtslehre, 1965, S. 219.

（55）　D. Jesch, Fn, (4), S. 203.

Ⅳ　裁量の瑕疵

一　はしがき

現在わが国において、行政行為の違法事由ないし無効および取消原因が、主体または機関に関する瑕疵、手続に関する瑕疵、形式に関する瑕疵および内容に関する瑕疵の四つに分類されることは、広く一般に承認せられている。こういう四種の瑕疵の外に、裁量の瑕疵というカテゴリーを区別して独立にこれを論じることもまた一般的に認められているようである。しかし、行政行為の瑕疵論の体系として裁量瑕疵というカテゴリーが右の四種の瑕疵と並んで特別の瑕疵として成立することを意味するのか、または、行政事件訴訟法三〇条にもとづく解釈論として、裁量をめぐって生じる違法の態様を研究し、それを単に講学上ないし実務上の便宜から裁量の瑕疵として構成しているにすぎないものかは、必ずしも明らかでないように思われる。

行政行為の瑕疵論は、行政行為を無効ならしめる瑕疵と行政行為の取消しとなる瑕疵との区別およびその一般的基準の探求、すなわち特定の瑕疵が行政行為を無効にするかまたは取消しとするかどうかの問題とそれに答えるための基準は何かという問題、瑕疵の効果の区別の問題を主たる対象としている。右の四種の分類の下に論ぜられる具体的な個々の違法事由に関する説明は、無効と取消の区別に関する一般的基準の適用の結果を示すものであって、特定の瑕疵の効果、すなわちいかなる瑕疵が無効となりいかなる瑕疵が取消しとなるか、なかんずく無効原因をカズイシュテッユに示す一覧表たる意義をもってきたといえよう。

これに対して、裁量瑕疵は右の一覧表のなかで取扱われることはなく、裁量論に付随しそれを補完する意味で論じられている。裁量の瑕疵は、行政行為の瑕疵論の場合と違って、裁量を誤った場合には当不当の問題が生じるにすぎないが、時にはそれが違法となり得るという違法論の視角から問題にされているのである。このような裁量瑕疵は行政行為の瑕疵とどのような関係をもつものであるか、換言すれば、裁量の瑕疵は行政行為の瑕疵体系においてどのような地位を占めるべきものか、という問題についてはこれまで十分明らかにされていなかった。こういう問題意識からドイツの文献をとおして裁量の瑕疵についての若干の考察を試みてみようというのが本章の目的である。

二　W・イエリネックの裁量瑕疵論

ドイツの行政法学における裁量瑕疵論は、学説史的には古くはF・F・マイヤーに始まり、グナイスト、テッツナー、ベルナチック、ロージンを経てv・ラウンに至り、v・ラウンの自由裁量とその限界をテーマとした研究にW・イエリネックが続いている。(1) 裁量瑕疵論はv・ラウン、W・イエリネックによって内容豊富なものとなったが、後の学説に対してあたえた影響を考えると、W・イエリネックの裁量瑕疵論を考察の出発点とすることができよう。

W・イエリネックは、Gesetz, Gesetzanwendung und Zweckmäßigkeitserwägung, 1913. において、行政行為の違法原因を、(A)形式の瑕疵、(B)手続の瑕疵、(C)行為の内容の違法、(D)行為の内容と事実の不一致、(E)裁量瑕疵という五種の大概念に分類し、(2) 第五の裁量瑕疵の下に、さらに九種の裁量瑕疵を区別している。すなわち、(1)

法律、法律要件または職務命令による羈束を誤って判断すること、(2)法律、法律要件または職務命令による限界からの自由を誤って判断すること、(3)全く随意に選択をすることが許されるという意見、(4)臣民に有利な事情を考慮しないこと、(5)臣民に不利益に間違ったことを考慮すること、(6)不公正な観点の考慮、特に不公正な目的の追求、(7)行為の理由と反対理由の考慮に際する慎重さの欠如、(8)一般的原則を欠くことまたは狭義の恣意、(9)行政庁の目的と行為の際にとられた原則との間の一貫性の欠如[3]がこれである。

こういう九種の裁量瑕疵は、イエリネックがそれまでの判例学説を整理して指摘した六種の裁量瑕疵の基準、すなわち、(1)法的羈束を誤って考慮した場合、(2)自由な恣意、(3)考慮すべきことを無視した場合、(4)間違ったことを考慮した場合、(5)法により許されざる観点で考慮した場合、(6)信念に反する行動、を再検討した結果示されたものであった[4]。

このような体系は、彼の Verwaltungsrecnt, 3. Aufl., 1931. においても大体継承されているといえよう。ただ形式の瑕疵、手続の瑕疵および裁量の瑕疵のカテゴリーは依然としてそのまま使用せられているが[5]、行政行為の内容の違法と行政行為の内容と事実の不一致は大概念としては消滅し、それに代わって Machtüberschreitung[6] と Sachwidrigkeit[7] があげられている。裁量瑕疵に関しては、それが行政行為一般の違法原因として、形式の瑕疵、手続の瑕疵、行為の内容の違法および行為の内容と事実の不一致（あるいは Machtüberschreitung および Sachwidrigkeit）と並んで行政行為の違法原因の大概念たる地位をあたえられ、かつ、裁量瑕疵の内容が極めて詳細に細分化されていることが注目されよう。

さて現在の西ドイツにおける通説は、行政行為の違法事由として「裁量瑕疵」をあげ、おおむねこれを裁量の踰越と裁量の濫用とに区別している[8]。通説が示す行政行為の瑕疵体系では、行政行為の瑕疵が形式的または外在的瑕疵と実質的または内在的瑕疵という観点から二つのグループに分けられ、形式的瑕疵としては、(1)権限に関する瑕疵、(2)手続に関する瑕疵、(3)形式に関する瑕疵の三種があげられる[9]。そして実質的瑕疵に属するものとして、もっともしばしばあげられるのは、次に示す如くである。(1)意思の欠缺、すなわち公務員の精神病、錯誤、詐欺、贈賄、強迫および暴力、(2)事実上の不能、(3)法律上の不能、(4)禁止および命令の違背、(5)法律違反、(6)法律の根拠を欠く行為、(7)不特定、無意味、不完全、(8)善良の風俗に反すること、(9)裁量の踰越、(10)裁量の濫用。

右の通説的な瑕疵のカテゴリーの分類の仕方に対して、別の視角から行政行為の瑕疵の事由を提供するものにオーバーマイヤーがある。彼は、行政行為の瑕疵を「法解釈と法適用の個々の部分行為[10]」において生じるものであるとみて、そこから次のような事由が行政行為を瑕疵あるものにするとしている。(1)法規範の要件が誤って解釈された場合、(2)具体的生活事実が法律要件メルクマールを実現していないために、包摂結論(Subsumtionsschluß)が誤っている場合、(3)(i)法律効果が適用された法規範に規定せられてないために、(ii)法律効果が裁量の濫用となるため、または(iii)法律効果に形式的瑕疵があるために、法律効果を誤った場合、(4)行政行為の法的基礎づけが全然なされなかった場合、の四種に分類している[11]。もっとも通説的な瑕疵のカテゴリーがすべて右の四つの場合に解消せられているのではなく、オーバーマイヤーは、法解釈および法適用の際に生じる行政行為の瑕疵の態様を示しながら、同時にこれとは関係なしに、右の通説的な分類方法と瑕疵カテゴリーを基本的に継承している[12]。本章の問題意識からすれば、裁量の瑕疵が、法解釈および法適用の際に生じる瑕疵として把握され、裁量の法律効果が裁量の濫用となり、したがって法律効果を誤った場合に、移されていることが注目されよう。

ところがマースは、最近の Verwaltungsakt und Rechtssatz, 1970. と題する著書において、行政行為が瑕疵あるものとなる要件を体系的に整序する試みをし、行政行為の瑕疵（違法）の内容論理的な体系を探求している。ここでは他の違法事由と並列し独立の違法事由としての裁量瑕疵というカテゴリーは欠落している。

彼によれば、違法は外在的違法と内在的違法とに区別され、外在的違法は(1)無権限——事項的無権限——地域的無権限、(2)手続上の瑕疵、(3)形式上の瑕疵に、そして、内在的違法は、(1)法的根拠の違法——瑕疵ある事実の

確定——行政行為を支える法規の瑕疵—— 瑕疵ある事実の法的評価、(2)法律効果の違法に分類整序されている。(13)

こういうマースの違法事由の分類が、行政行為の瑕疵体系として妥当なものかどうかは別問題として、考察の出発点としたイエリネックの行政行為の瑕疵体系における裁量瑕疵の地位並びに内容豊富な裁量瑕疵論と、マースにおける行政行為の瑕疵体系における裁量瑕疵の独立の地位の消滅を対比するならば、このような推移が一体何を意味するものなのかが問題でなければならないだろう。

（1）　ドイツにおける裁量瑕疵論の学説史については、Vgl. W. Jellinek, Gesetz, Gesetzanwendung und Zweckmäßigkeitserwägung, 1913, S. 331 ff.; O. Bühler, Die subjektiven öffentlichen Rechte und ihr Schutz in der deutschen Verwaltungsrcehtsprechung, 1914. S. 162 ff.

（2）　W. Jellinek, Fn.(1), S. 225

（3）　W. Jellinek, Fn.(1), S. 337 ff.　田村悦一『自由裁量とその限界』一八八頁（昭四二）。

（4）　W. Jellinek, Fn.(1), S. 331 ff.　田村・注（3）一八七頁。

（5）　W. Jellinek, Verwaltungrecht, 3. Aufl., 1931, S. 269. ff. und 36ff.

（6）　W. Jellinek, Fn.(5), S. 274 ff.

（7）　W. Jellinek, Fn.(5), S. 277 ff.

（8）　学説や判例において裁量の踰越と裁量の濫用の概念は必ずしも厳格に区別されているわけではない。個々の裁量瑕疵を裁量の踰越というか濫用というか、その区別の標準についても統一的でない。Vgl. H. Klinger, Kommentar zur Verwaltuggsgerichtsordnung, 1960, S. 186.

（9）　E. Forsthoff, Lehrbuch des Verwaltungsrechts, Erster Band, 9. Aufl. 1966, S. 221f.; Eyermann/Fröhler, Verwaltungsgerichtsordnung, Kommentar, 2Aufl. §42, Anhang, R. 2ff.

(10)　K. Obermayer, Grundzüge des Verwaltungsrechts und des Verwalturgsproze ßrechts, 1964. S. 75.
(11)　K. Obermayer, Fn. (10), S. 75.
(12)　K. Obermayer, Fn. (10), S. 75, ff.
(13)　U. Maas, Verwaltungsakt und Rechtssatz, 1970, S, 165.

三　裁量瑕疵論の位置づけ

そこでまず、裁量の本質論と裁量瑕疵とがどのような関係にあるかを検討しつつ、裁量瑕疵の裁量論における位置づけをかんたんにみてゆくことにしよう。

イエリネックの裁量概念は、「不確定概念を限定（Abgrenzung）する際の行政の個別的自由である」[14]と定義される。すなわち、行政の裁量は、不確定概念によって空白になっており法律の観念内容（gesetzlicher Vorstellungsinhalt）から自由な領域を行政の自律的な見解によって充足することの自由である。[15]自由裁量の本質に関する論争はベルナチックかテッツナーかという形で提起できるが、イエリネックの裁量論は法規における特定の場所を指定しない。裁量は、法律要件の概念においても法律効果の概念においても、存在しうるのであり、[16]さらに裁量は目的の選択に際しての自由をも意味する。[17]しかし、彼の裁量の定義には一つの制約がある。それは不確定概念の限定一般がただちに裁量を形成するものでないことである。イエリネックの見解によれば、不確定概念には二つの限界があり、裁量はこの二つの限界の間にある領域において存在する。すなわち不確定概念の論理的構造は、確実な肯定・否定の判断を可能にする限界と、その二つの限界にはさまれた確実な肯定・否定の判断を確定することのできない、いわゆる「単なる可能性の領域」から成っており、したがって具体的な場合を明白に不確定概念の下にあてはめることができる場合と明白に不確定概念によってカバーできない場合には、自由裁量は存在しない。[18] 行政庁のなした決定が二つの限界にはさまれた問題の領域に属するや否やの問題は、„gut und schlecht“ という基準に従って答えられる。[19] それ故に、裁量は、不確定概念の「実現の本質的価値または無価値に関する個別的な見解」[20] であることとなる。

イエリネック理論では、不確定概念は裁量概念であって、法律の不確定性、不確定概念の多義性は行政の自律的な決定に根拠をあたえる。同時に裁量領域は法律要件、法律効果および追究される目的のそぞれにおいて存在する。こういう裁量論に裁量瑕疵論が対応しているのである。イエリネックの裁量瑕疵は、「瑕疵ある考慮」という考えを基礎とするものであって、これが九種の裁量瑕疵に具体化されたものである。[21] 瑕疵ある考慮は裁量行使の場合にのみ特有なものではない。厳格な法的羈束をうける場合と同様に、裁量行使の場合に行政機関は、法律要件、法律効果および法の目的を誤ることがある。したがって、イエリネックの裁量瑕疵は、法律執行の場合における瑕疵と異なれるものではないことになろう。[22] そしてこのことは彼自身もまた認めているようである。

例えば、イエリネックが九種の裁量瑕疵のうち、(1)および(2)の裁量瑕疵として示した「法律、法律要件または職務命令による羈束を誤って判断すること」、「法律、法律要件または職務命令による限界からの自由を誤って判断すること」は、同時にD「内容と事実との不一致」による行政行為が違法となる場合としても論ぜられており、[23] (4)と(5)の裁量瑕疵としての「臣民に有利な事情を考慮しないこと」、および「臣民に不利益に間違ったことを考慮すること」は、行政行為の事実上または法的な理由に関する誤りであって、行政行為の要件事実に関する誤りはイエリネック体系ではD「行為の内容と事実の不一致」として考慮され、法的要件に関する誤りと(6)の「不公正な目的の追究」はC「行為の内容の違法」のカテゴリーに属するといっている。さらに(7)の「行為の理由と反対理由の考慮に際する慎重さの欠如」はB手続の瑕疵であり、A形式の瑕疵ともなり得るとする。このような若干の指摘からみてもイエリネックの裁量瑕疵は他の行政行為の瑕疵カテゴリーと重畳的に説かれており、「裁量の瑕疵という言葉は用いるものの、実際には、……裁量自体の瑕疵の問題ではないものを」含んでいるのである。[24]Ｅ裁量瑕疵はその他の瑕疵カテゴリーである既に記したＡ、Ｂ、ＣおよびＤから内容論理的に独立した概念でないというべきであろう。[25]Ａ、Ｂ、ＣおよびＤと裁量瑕疵との相互関連性は、イエリネックの裁量の定義にその基礎を有するものであると思われる。換言すれば、法規のいたるところで解放せられた行政の裁量権を、まさにその裁量権に対応できるほどの広がりと内容をもった裁量瑕疵論の展開によって、いま一度制約しようとするところに、イエリネックの裁量瑕疵論の特質があるとみることができよう。

このような裁量および裁量瑕疵論は、その後の学説に大きな影響を及ぼしはしたものの、そのままの形では継承せられなかった。ドイツにおける裁量瑕疵論の立ち遅れについて、Ｋ・シュテルンはいう、「ドイツの裁量論は最初から客観的なカテゴリーの中に迷い込んだが、それは明らかに、ドイツの裁量論が主観的に非難できる不公正な動機を行政官庁の所為にすることは、およそ考えられないとしたためであり、しかし確実には、オットー・マイヤーがフランス行政法理論において『権力簒奪』の特質を法律目的の客観的な違背としたためである」[26]と。フォルストホフもいう、「裁量の瑕疵を詳細に述べ体系的に整序する試みは、時折りなされたが持続的な成果は与えられなかった」[27]と。

一方、裁量論に関する現在の西ドイツの学説判例に支配的な考え方は、不確定概念の複義性（Doppeldeutigkeit）の理論[28]に立った上で、不確定法概念と裁量授権とを厳格に区別すべきことを出発点としている。不確定法概念における唯一の正しい決定と裁判所による完全な審査、裁量における行為の選択の自由と裁判所による審査の制限という区別がそれである。いわゆる「不確定法概念」論は、不確定概念を裁量概念とみるイエリネック理論に対し、「不確定概念の、裁量概念から法概念への変化」を指向し、イエリネック理論のもつ反法治国性を解消せんとする学説的努力の一里標とみることができる。[29]

「不確定法概念」は、イエリネックの場合と異って、もはや行政に対して法律から自由に、自律的に法形成をなし得ることの授権を意味するのではなく、それは裁量と異って、法適用の側に立っている。これに対して、裁量は、それが法律効果に限定されることによって、法律効果を選択する行政の自由と定義される。法律効果説の特質は、行政が法律要件事実の存在する場合に一定の決定をなすことができる、すなわち一定の決定をしなければならないのではなく、侵害行政の領域において国民の権利や自由のためにその制限・禁止を放棄することが許されるという点にある。要するに効果裁量・行為裁量としての行政裁量は、少くとも二つ以上の決定間（禁止するかしないか、禁止する場合にもどのような禁止をするか）の選択の自由を行政に認めることである。したがって、特定の事実状態について何が法であるかの決定は行政に委ねられており、この場合における法律効果は直接に法律からではなしに行政によって始めて確定せられる。要するに、選択の自由としての裁量の本質は法定立の授権であるとみることができよう。行政はここでは第二次的な立法機関となる。(30)裁量は法律の授権に基づいてのみ行使せられるから、この限りで裁量は形式的には法律に還元せられ、したがって「法律の留保」に合致する。しかし、実質的には行政に対して法から自由な、自律的に形成しうる領域を認めることになる。(31)

いわゆる「不確定法概念」論者がしばしば力説するように、不確定法概念と行政裁量との本質的差異を前提とするときにはじめて、裁量瑕疵は独自の瑕疵事由たる意義をもち得るであろう。法の解釈適用と裁量行使とは本質的には異なる作用であり得ないとする場合には、法の解釈適用に際して生じる覊束的な行政行為の瑕疵と異なった、裁量そのものに固有の瑕疵を予想することができないからである。さて現在の西ドイツの学説が、「裁量瑕疵」をもって行政行為の違法事由とし、それを行政行為の実質的または内容的瑕疵に属するものとして取扱っていることはすでに述べた。そこでは裁量瑕疵は裁量の踰越と裁量の濫用とに区別される。かような区別は裁量行使は常に法の認めた枠内に止まるべきで、裁量には法的限界があり、この法的限界は外的限界と内的限界とに分たれるということに拠っている。(32)裁量の踰越とは裁量がこの外的限界をこえ、裁量を認めたことによっていかなる場合にも認められない法律効果をなした場合であり、(33)裁量の濫用とは裁量の外的限界は守られているが、裁量の内的限界を意図的にまたは誤って逸脱した場合である。裁量の外的限界すなわち法の認容した範囲は、権限規定並びに処分の根拠とされる法規の解釈適用の結果定まるものであるから、外的な限界を越えた裁量の瑕疵は瑕疵ある行政行為の一般論と一致すべきもので、この場合特別に裁量瑕疵というカテゴリーを構成するのは不必要なことであろう。(34) 裁量の濫用の具体例としては、平等原則違反、比例原則違反、法目的違反、および不正の動機などがあげられる。(35) 裁量を効果裁量・行為裁量に限定する場合には、法律要件事実の認定と法律要件に含まれている法概念の解釈とそれに続く包摂の操作を行なった後にはじめて、行為をするか否かの選択としての裁量が働らく。裁量を行為の選択の自由として規定すれば、かかる自由の第一の限界は「法律による行政の原理」から当然憲法をも含む実定法（＝外的限界）でなければならないが、それに満足せずしてさらに内的限界を設定する理由は、「選択の自由」から流出するであろう同様の事態に対する具体的結果のアンバランスを防止して、具体的妥当性を確保せんとするにあるように思われる。裁量の内的限界をもって条理上の制約としつつ、裁量に対するコントロールが法的コントロールにまで高められる所以である。こういう裁量瑕疵こそ『裁量』に固有の瑕疵というべきで、行政行為一般に関する瑕疵と並んで存在理由をもつといえよう。

(14)　W. Jellinek, Fn.(1), S. 34 und 36ff.
(15)　W. Jellinek, Fn.(1), S. 189.
(16)　W. Jellinek, Fn.(1), S. 132, und 188ff.
(17)　W. Jellinek, Fn.(1), S. 87, 189.
(18)　W. Jellinek, Fn.(1), S. 36ff.
(19)　W. Jellinek, Fn.(1), S. 89.
(20)　W. Jellinek, Fn.(1), S. 89.
(21)　U. Maas, Fn.(13), S. 54.
(22)　U. Maas, Fn.(13), S. 58.

（23）　W. Jellinek, Fn.(1), S. 246.

（24）　田村・注(3)一九二頁を見よ。

（25）　ビューラーは、イエリネックの裁量論を個々の点における説明は明白であるにもかかわらず、全体としては非常に不明瞭で理解困難であると評している。O. Bühler, Fn.(1), S. 205. イエリネックの裁量論の個々の点についての批判的検討については、Vgl. O. Bühler, Fn.(1), S. 202ff.

（26）　K. Stern, Ermessen und unzulässige Ermessensausübung, 1964, S. 29.

（27）　E. Forsthoff, Fn.(9), S. 93.

（28）　C. H. Ule, Zum Anwendung unbestimmter Rechtsbegriff im Verwaltungsrechts, in Gedächtnisschrift für Walter Jellinek, 1955, S. 31. 園部逸夫「行政法上の不確定概念」法学論叢六二巻二号一四頁。

（29）　もともと、法律要件に裁量を認める要件裁量説と法律効果に裁量を認める効果裁量説のいずれが反法治国的であるかは未解決の問題である。侵害留保理論の下では、侵害行政において国民の権利や自由の制限・禁止を放棄することの自由を認める点で、行政処分の不作為の自由を容認する効果裁量ないし行為裁量が、要件裁量よりすぐれているというのが一般的評価のようである。しかし、法治主義をもって、具体的場合における行政の自律的な法形成権を否認しそれを立法に留保する趣旨と解すれば、問題に対する答は違ったものとなる。結局、問題は法治主義ないし法治国原理の理解の相違に帰着するといえよう。

（30）　Schmidt－Salzer, Die normstrukturelle und dogmatische Bedeutung der Ermessensmächtigung, VerwArch, Band 60, 1969 S. 267 f.

（31）　H. H. Rupp, Grundfragen der heutigen Verwaltungsrechtslehre, 1965, S. 182. ; U. Maas, Fn. (13), S. 75.

（32）　H. J. Wolff, Verwaltungsrecht, I. 7. Aufl., S., 173 ff.

（33）　H. J. Wolff, Fn.(32), S. 173.

（34）　Vgl. K. Stern, Fn.(26), S. 27. ; K. Obermayer, Die Grenzen des Ermessensspielraums der Verwaltungsbehörden, Rabel's Zeitschrft für ausländisches und internationales Privatrecht, 1967, 428 ff.

(35)　H. J. Wolff, Fn.(32), S. 174 f. 平等原則が行政および自由裁量に対していかなる意味をもちうるかについては、柳瀬良幹「平等原則に就いて」『行政法の基礎理論(一)』一五八頁以下参照。イエリネックは裁量瑕疵の第八の種類として平等原則違反をあげ（W. Jellinek, F.(5), S. 323 f）、「特に従来の行政実務からの恣意的な背離」を示しているが、平等原則違反とは「行政が自から定めた裁量の限界を自から踰越する場合」であって、それはひとたび裁量の内容を決定した場合にはその決定に行政機関みずからが拘束せられ、それを変更すべきでないことを意味する。しかし平等の原則が単に形式的に裁量の内容が常に他の場合と同一であることを意味するものでないことは、イエリネック自身がすでに、恣意による平等原則違反、先例からの恣意的な背離といっていることから明らかである。そして恣意の禁止とは裁量が法の趣旨または目的に従ってなされるべきことであるから、裁量における平等原則違反は法目的違反と競合することになろう（柳瀬・注(35)一六一頁）。比例原則違反は裁量が抽象的には許容せられるが、具体的場合に合目的でないのみならず、不適当、不必要、相当でない法律効果を選択した場合に生じる（H. J. Wolff, Fn.(32), S. 175)。行政法における比例原則の具体的適用は警察権の限界としてすでに周知の通りであるが、比例原則は憲法上の原理であるから、警察権に限らず他の一切の権力作用についても妥当する（柳瀬良幹『行政法教科書』一九九頁）。したがって警察権の限界としての比例原則の有用性は疑問となるが（奥平康弘「警察権の限界」行政法講座六巻八六頁）、裁量の限界としての比例原則は裁量の外部的限界というべきで、裁量そのものに固有の限界ではないように思われる。なお、石井良三「自由裁量の処分」法曹時報七巻四号五二頁を見よ。

四　判断余地論

不確定法概念と裁量との厳格な区別は、最近におけるいわゆる判断余地論（Der sog. Beurteilungsspielraum）によって相対化せしめられた。ウーレによれば、不確定法概念のメルクマールは、その解釈が一つの特定の結論を導くものではなく、その性質上、不確定法概念は限界事件（Grenzfälle）においては種々の結論を可能にし、したがって複数の決定が„vertretbar" で、そのすべてが法律の枠のなかにあるとする。(36) ボルフの見解によれば、不確定法概念は立法者がこの概念の法律要件メルクマールの適用を行政庁の専門知識と経験に委ねたことを意味する。彼は不確定法概念において法律の行政に対する関係における拘束範囲という実体行政法理論を問題にしている。(37) バッホフの見解では、疑わしい行政庁の決定を同様に疑わしい裁判判決によって置き代えてはならないという観点は裁判作用の原則でなければならないから、裁判所の審査権は制限せられるのではなく、その合理的な運用が裁判官の責任となるとしている。(38) またイエシュの主張する判断余地論は訴訟法的な表現をとったもので、裁判所の権利保護の任務には固有の内在的限界があり、裁判所が行政庁の決定の基礎となった事実状態を完全な範囲で探究できない限りで、その審査権に制限があるにすぎないとみる。(39) いわゆる判断余地の理論と称せられるものにはまだ定説はない。右の諸見解の背後にはいろいろの理論的背景があるけれども、判断余地論者に共通している点は、多くの不確定法概念が行政庁に対し行為の要件の判断に関して「余地」(Spielraum) を認めるものであり、この余地の範囲内では裁判所のコントロールは可能でないというにある。判断余地の場合には法律効果の選択＝裁量が問題になっているのではなく、不確定法概念の解釈適用ないし裁判所による審査可能性が問題になっている。したがってそれは法の適用問題であり、そこにおいて行政に判断余地という自由領域が認容される。(40) 判断余地論が認容する行政の自由と効果裁量説が行政に認める選択の自由との間には質的な相異はない。判断余地論が、新たな要件裁量説の復活であると評される所以である。それにもかかわらず両者の質的な区別が判断余地論によって主張される。かくして裁量論は次のように整理できる。一方において法から自由な行為を行政に認める法律の授権＝裁量、他方において不確定法概念の適用における法律の執行＝不確定法概念、同時に裁量と区別すべき法から自由な領域を不確定法概念にも認容すること＝判断余地。(41)

右に示した多様な判断余地論は、通説的な不確定法概念と裁量との二元論の内部における種々の見解というように評価することができる。判断余地論も従来うけつがれてきた裁量＝効果裁量という理論を否定するものではない。その限りで、裁量における「判断余地」の導入は、これまた通説的な「裁量瑕疵」論に基本的な変更を迫るものではないであろう。

これに対してオーバーマイヤーの体系では、行政行為の瑕疵類型として、⑴権限の瑕疵、⑵手続の瑕疵、⑶形式の瑕疵、⑷意思の欠缺という分類がなされ、通説のいわゆる形式的瑕疵の分類方法を踏襲しながら、実質的瑕疵の内容としてあげられてきた個別的な瑕疵事由は法の解釈適用の部分行為に際して生じる瑕疵のなかに解消せしめられている。本章の対象たる裁量瑕疵についても同様に、それが法の解釈適用における法律効果を誤った場合の一つとして位置づけられているのが注目される。

オーバーマイヤーにとって、裁量行使は裁量規範の適用の際、包摂を行った後に特定の行為のための決定を生ぜしめる事象である。(42) 裁量規範は現実的裁量規範（akutuelle Ermessensnorm）と潜在的裁量規範（potentielle Ermessensnorm）に区別せられ、それが行為裁量の法的基礎である。前者は通常いわゆる Kann 規定であって、それは一般に複数の行為態様を可能にするから、権限ある行政庁は合目的的観点の下に一つのまたは他の行為を選択する権限を有する。この選択権は義務に適った（瑕疵なき）裁量行使を要請する範囲に限定される。後者は、権限行政庁に対し一つの行為を義務づけるが、不確定概念によって個別的場合には複数の措置を選択させる可能性をもっている法規範である。こういう場合にのみ行為庁に対し瑕疵なき裁量行使の範囲内において種々の可能な措置のうち一つを選択できるという結果をもって、行為裁量が認められる。(43) 裁量行使の目的は裁量規範の法律効果面によって認められる行為のうちから最も合目的なものを行なうことにある。それは二つの事象すなわち種々の、原則として選択できる行為態様のために、および、反して語る理由の考量（認識行為として）と、それに続けて具体的場合においてとられる行為の決定（意思行為として）に表現される。

ところで裁量余地（Ermessensspielraum）は、一定の行為のために、または、反して語る理由が明白に有力でなく、したがって、権限ある行政庁があれこれの理由を特別に示して最も合目的的であると思われる行為を選択する場合に存在する。一定の行為のために、または、反して語る理由が明白に有力であって、比較衡量が唯一の適法な結果にのみ到達できる場合には裁量余地がない。(44) 真の選択決定は裁量余地が存在する場合に可能である。選択された行為が客観的な考慮に基づいている場合は適法である。決定が客観的考慮に基づかない場合は裁量の濫用となる。なるほど複数の行為の選択は可能であったが、主観的な瑕疵（Mängel）は選択した行為を違法とする。裁量行為における誤った法の適用の典型的場合が裁量の濫用である。広義の裁量の濫用は有力な理由が明白に一定の行為のために語り、行政機関がその行為を決定しなかった場合である。(45) 狭義の裁量の濫用は、裁量余地が〔客観的に〕存在するとき、(1)種々の行為のために、または、反して語る理由一般の裁量がなされない場合、(2)一定の行為のために、または、反して語る重大な理由が考慮されない場合、(3)不公正な考慮に基づいてそれ自体違法な行為を選択した場合、（ただしそれが直接表示された理由、または、客観的理由によって隠されている場合は例外）である。(46)

以上がオーバーマイヤーの裁量濫用論の概略である。若干のコメントを加えておこう。第一は裁量問題は裁量規範の適用の問題に変形せしめられていることである。彼にとって行為裁量とは、「個別的場合への法適用に際して、複数の法的に可能な、したがって適法な行為の中から与えられた場合に最も合目的的なものと思われる行為を選択すべき行政機関の権限」と解され、したがって裁量の濫用とは、裁量行使の枠内における誤った法適用となる。むしろそれは法適用の瑕疵の特殊場合というべきものといえよう。裁量規範の瑕疵ある適用の一原因として裁量の濫用が位置づけられている。第二に、彼のいわゆる裁量規範はどのようにして認識できるのかという根本的な問題については何ら直接的な説明がないことである。裁量規範の種類としては、(1)行政機関が行為をしないか、または、法律上規定せられた行為をするか否かの権限を有する場合、(2)行政機関が行為をしないか、または、複数の法律上規定せられた行為のうちから一つの行為をなすかの権限を有する場合、(3)行政機関が行為をしないか、または、具体的場合を考慮してはじめて規定せられる行為をなすかの権限を有する場合、(4)行政機関が行為をしないか、または、複数の行為のうちから具体的場合を考慮してはじめて規定せられる行為をなすかの権限を有する場合、(5)行政機関が複数の法律上規定せられた行為のうちから一つの行為を選択すを権限を有する場合、(6)行政機関が複数の、具体的場合を考慮して規定せられる行為のうちから一つの行為を選択する権限を有する場合があげられているが、[47] これはすでに裁量規範を前提した上でその態様を論じているにすぎない。結局彼の意図するところは、裁量規範か否かの認識は一般的な法の解釈の問題に帰するとするにあるように思われる。しかし、裁量規範のもとに行なわれる裁量行為もまた、すでに述べた如く、法規範一般の適用と異ならない事象であるとみる点で、従来の法の解釈適用と裁量の本質的区別論から訣別していると評することができよう。そういう観点に立てば、裁量瑕疵（Ermessensfehler）ではなくて、一般的な法適用瑕疵（allgemeiner Rechtsanwendungsfehler）というべきであることになる。これが、後に述べるマースの裁量瑕疵論につながる。

(36) C. H. Ule, Fn.(28), S. 309 und 325 ff. ; derselbe, Verwaltungsprozeßrecht 4. Aufl. 1966, S. 7 ff.
(37) H. J. Wolff, Fn.(32), 6. Aufl, 1965, S. 148 f. ただし、この見解は新版にはうけ継がれていない。
(38) O. Bachof, Beurteilungsspielraum, Ermessen und unbestimmter Rechtsbegriff im Verwaltungsrecht, JZ 1955, S. 97, 100.
(39) D. Jesch, Unbestimmter Rechtsbegriff und Ermessen in rechtstheoretischer und verfassungsrechtlicher Sicht, AöR 82, 1957, S. 163, 230 ff.
(40) R. Klein, Die Kongruenz des verwaltungsrechtlicher Ermessensbereichs und des Bereichs rechtlicher Mehrdeutigkeit, AöR 82, 1957, S. 103 ff.
(41) U. Maas, Fn.(13), S. 75 f.
(42) K. Obermayer,Fn.(10), S. 45.
(43) K. Obermayer,Fn.(10), S. 44 f.

(44)　K. Obermayer,Fn.(10), S. 45.
(45)　K. Obermayer,Fn.(10), S. 46.
(46)　K. Obermayer,Fn.(10), S. 48.
(47)　K. Obermayer,Fn.(10), S. 43 ff.

五　新たな裁量論

さて、自由裁量と羈束裁量、意思裁量と認識裁量、要件裁量と効果裁量、なかんずく裁量と不確定法概念または裁量、不確定法概念および判断余地といった区別をする従来の裁量論に対する批判を基礎として、裁量問題を不可分の一体のものとして把握し、統一的な解決を求めるべきであるという新しい裁量論が展開されている。

エームケによれば、裁量問題に関する基本的な考え方の傾向、したがって裁量問題に関する憲法上の理解として二つの意見があることを指摘している。一つは、彼が行政＝法律適用の理論と称するもので、それは行政作用が法律と法に絶対的に拘束されること（基本法二〇条三項）、および個人の権利保護のために行政の法律適用を裁判所が完全に審査すること（基本法一九条四項）を出発点とする考え方であり、もう一つは、行政の独自の機能を強調するもので、それは憲法が承認している三権分立に由来し、行政は立法者が委任した任務を果すために行動の自由を必要とし、したがって基本法一九条四項を欠缺なき権利保護制度および裁判所による行政作用の完全な審査という意味に解釈するのは憲法秩序の全体を誤る解釈であるという考え方である。[48] エームケの裁量問題に対する理解は、行政の「行為と形成」を強調し、「裁量は原則として全行政の特色を示す根本的特質」[49] であるという点に示される。彼は裁量問題を Kann 規定や不確定概念に限定するのは行政＝法律適用という誤れる理論の結果であるとし、裁量問題を Kann 規定や不確定法概念に限定せず、確定概念すら複雑な事実関係においては行政に行為の自由を認めるとする。[50] 要するにエームケにとって行政関係はなにもかも法規範によって規定されているのではない。羈束と非羈束との二者択一的な考え方で裁量を絶対的非羈束とみるのは誤りであって、「法律は行政を同時に羈束しかつ解放しうること、すなわち行政を一定の関係、一定の程度および一定の観点でのみ羈束しうる」のである。[51] かくして裁量問題は行政裁判上審査し得ない行政の行為自由という、一般的かつ統一的行政法上の問題であることとなる。[52] エームケが行政の行為を羈束する法規範としてあげているのは⑴憲法、(a)例えば社会国原理や平等原則のような特定の憲法上の根本原則、(b)基本権、⑵「法律および法」(基本法二〇条三項)、(a)恣意の禁止や公平(過度の禁止、手段が比例原則に適合すること)、(b)立法者が設定した目的とこの目的を実現するために設定した基準、(c)授権規範並びに具体的紛争の裁決基準となる規範、(d)一定の手続、である。[53]

エームケは裁量問題を裁判所の審査し得ない行政の自由と定義し、裁判所のコントロールの範囲を、個々の語や概念からでなく「一方における行政の任務、他方における行政裁判所の任務」から規定されねばならぬとし、必要な審査の範囲は、法律の規定の範囲内で、例えば権利保護の必要の強さ、当該権利の一般的意義、具体的行政諸関係の種類、行政の形成任務、審査に付された特殊問題の性質、行政行為をした行政庁の法律的および専門的資格および明瞭な法律解釈と法教育の必要などの種々のモメントによって規定されるとする。[54] ここでは自由裁量行為を鋳造したり、あるいは裁量と不確定法概念の本質的区別を論じたりすることは可能ではないし、こういう可動的な裁量論の下では裁量行使に固有の瑕疵を類型化して裁量瑕疵というカテゴリーを構成することも無意味であるように思われる。いわゆる裁量瑕疵論は、当初法コントロールとして拒否したものを、裏口から再び裁量コントロールとして持込むものであるとの非難をうけるかもしれないが、エームケにとって裁量瑕疵論は、第一に行政の行動を出発点とすることによって行政の法律への排他的拘束という法律適用としての行政の観念と結合している見解を弱め、法の羈束のために全法秩序、例えば手続規定や不文法を根拠とし、平等原則の適用によって問題を憲法と結合させたこと、第二に、行政の羈束の範囲を拡大することによって行政の裁量領域を行政裁判所の権限、行政の選択の自由および不確定法概念という問題領域に三分してしまうことを弱めたものであるという評価がなされている。(55) エームケ自身の立場では、「裁量瑕疵の理論は行政上のデュー・プロセスの発達を求める範囲で行政手続法の欠如を相殺する。これは全行政法に妥当し、裁量行使が問題でない限りで、瑕疵ある行政行為論においてその表現を見出す。瑕疵ある行政行為論にのみ行政上のデュー・プロセスは入るべきものである。〝裁量瑕疵〟の理論が行政行為の理論と合致する限り、それは不必要である。それが瑕疵ある行政行為の理論をこえる限り、それは疑問である」(56) という。

シュテルンの従来の裁量論に対する批判も、エームケの批判と共通の認識に立つものである。彼も、通説の理解による不確定法概念と裁量の二元論を（不当前提）(petitio principii) であると批判し、(57) 裁量を認める法規範は二重に機能するものであって、それは同時に行政の自由を認めながら法的限界を具体化するものであること、従来の裁量論は羈束と非羈束のカテゴリーでのみ思考してきたことなどを指摘している。(58) また裁量瑕疵論については、古典的な学説が法の羈束をうけない行政作用の結果に驚いて裁量瑕疵の理論に逃げ込んだのであって、裁量瑕疵は不当 (unbeachtilche Verwaltungswidrigkeit) のカテゴリーから重要な違法に転回するものとして分離させられたものであり、かような見地からは裁量瑕疵を分つ一般的基準を発見できないのだという。(59) 今日のドイツの学説では裁量が法的拘束をうけることについては問題がなく、争われているのは裁量の限界の問題であるという確認をもとにして、主題たる「許容されざる裁量行使」(unzulässige Ermessensausübung) を明らかにする。その場合、裁量行使の客観的要素と主観的要素を区別し、裁量が動機に遡るまでもなく法秩序により是認せられないときに裁量行使が違法 Unzulässigkeit（= Rechtswidrigkeit）となる場合と、動機が法秩序によって是認せられない場合にはじめて裁量行使が Unzulässigkeit となる場合を分ち、後者の場合には許されざる動機にもかかわらず結果的には適法であり得るから、例外なく裁量決定が取消しになるのではない。結局、彼によれば、客観的要素によって生じる裁量の瑕疵は直接裁量決定から認識することが可能であり、主観的要素によって生じる瑕疵は決定を行なった者の動機、意図および誘因（Beweggrund）に遡ってはじめて認識しうるものである。[60] そしてドイツの判例からみて帰納的にいい得ることは、裁量行使の違法を主観的要素から導き出すケースは、立証情況が困難であること、理由の追完（Nachschieben von Gründen）[61] が許容せられていることによって、限定されるということである。[62]

かくして、裁量行使の客観的瑕疵に属するものとして、裁量決定に典型的な次の種類の法違反があげられる。(1)平等原則違反、例えば男女の性別を唯一の理由とする官吏の任命拒否、または行政庁が十分な理由なしに同様の場合に従前の適法な実例から離背すること。(2)法治国および憲法に内在する原則違反、例えば必要性または比例性の原則、(a)明白な不合理、(b)不合理な苛酷、(c)最小限度負担の少い手段を使用しなかったこと。(3a)行政行為の理由の欠如は原則として裁量瑕疵、(3b)裁量考慮が完全でないこと。(4a)行政庁が強行法規に基いて決定すべきであると信じたが、実際は裁量が認められる場合に行政庁が裁量を行使しなかった場合、(4b)行政庁が裁量を現実に存在するよりも狭いものと考えた場合。(5)裁量行使に非常な誤りがあり絶対に公正な行政に一致しない場合——アノーマルな行政状況。

次に典型的な主観的裁量瑕疵としてあげられるものとしては、(1)職務義務違反行為、(a)個人的意欲という意味の恣意（Belieben）、(b)動機のない行為という意味の気紛れ（Laune）、(c)不分明な内容——不正確という意味の恣意（Willkür）、(d)損害を与える意図、(e)シカーネ、(f)濫用、例えば官吏任命の際の政治的偏見という意味で、(g)個人的不利益としての反感、(h)個人的利益としての同情、または(j)その他、利己または儲のような個人的動機または利益、(k)一般的には非客観性、関係なき事項、または目的に反すること。(k)の瑕疵事由は、行政庁が行政処分の動機が法律目的に合致し、または少くとも公正であると信じ、それ故に行政庁の考慮が決定の中に表現されている場合には、非常にしばしば客観的瑕疵となる。(2)口実（Vorwand）は常に主観的瑕疵の構成要件である。口実の場合には、真に決定的であるが関係なき動機を隠すために、行政庁は処分に瑕疵がないことを示す適切な考慮を表現する。[63]

シュテルンはフランス法との比較法的検討を基礎にして裁量行使を研究しているが、その結論として、「裁量行使の不許容性が専ら主観的要素から生じるような裁量行使は権限濫用（détournement de pouvoir）と同一であり、したがって、それを瑕疵ある国家行為の特殊な場合とするのは正当である。その他のすべての裁量瑕疵には裁量に存する特殊な問題はない、それは法律侵犯（violation de la loi）である」[64]ことを示している。

エームケとは異なった理論的立場から裁量問題の統一的な解決を求めようとするものにルップがある。彼はエームケの立場に次のような批判を加えている。「〃行政の欠缺なき規範拘束プラス可能なかぎり完全自動的裁判官の包摂－機能〃において法治国的理念の実現を見ることに対する、ある意味では現在の見解の代表とも評価すべき反感……。かような図式の背後にかくれている示唆には、現代の行政意識においてなおしばしば出合うエモーショナルな視点のづれ――すなわち、行政の法律による拘束に対する嫌悪を法治国的思想の機械化の危険をもって納得させようとする――がある。行政も裁判官も包摂自動機械ではなくて、法は行政および裁判官によってはじめて生命をかちうるということには争いがない。その限りで、今日なお法適用を完全自動の包摂機能と同一視し愚弄するのは、モンテスキューの、または法律実証主義の観念の明らかな再犯である」[65]と。

彼は憲法構造から、行政の規範創設（Normshöpfung）の自由を否認する。[66]国家と国民との関係においては行政裁量の行使も法実現（Rechtsverwirklichung）であって、それは法的拘束に服する。[67]すなわち、裁量授権は、具体的適用事件の相異および多様性のゆえに、「開かれて」いるが、法認識により「閉じうる」規制であり、または法律により開かれている一般条項であるが、法的規範性の意味では充足可能なものである。[68]

これに対して従来の支配的学説では、行政裁量をもって形成的な法の創造であって法の適用ではない、すなわち裁量の行使を法律に代って法の形成、補充を行なう作用であるとみてきた。行政裁量を法律の授権とみる、こういう考え方の意義をルップは次のようにみている。「少くとも古典的な法律の留保領域において行政行為を法律の留保の原則に服させた後にも、行政裁量においては行政にとって〝自由な〟かつ〝意思的な〟個別的場合の形成に委ねられる〝領域〟を考えようとし、そのために裁量の存在する場所を変え、裁量をもはや本来固有の、法律の彼方に存在するものではなくして、法律の下に在りかつ法律によって生じる法律意思からの免除と考えることになった。法律の授権という法技術的な術策（Kunstgriff）のみが、〝裁量余地〟の〝法的自由〟を歴史的に転向させることの基礎を、法律の留保と矛盾しない法理論的かつ憲法的理由をもって構築し、その結果、実は執行部に法律の留保の下においても広汎な保留地（Reservate）を確保する可能性を提供したのだ」[69]という。

マースはこのような立場に従って、法律による行政に対して法から自由な行為の授権としての裁量、不確定法概念における唯一の正しい解釈すなわち法律の執行、しかし同時に裁量からは区別すべき法から自由な領域の承認としての判断余地、といった区別は方法論的矛盾に基づくものであるとし、その解決の視点を全部留保説の徹底的な実現に求めている。

全部的法律留保の支配の下では、個人に対する関係において、行政には、固有の法創造のための、法から自由な領域は全く委ねることができないことを確認し、行政行為の発布は法の具体化（Rechtskonkretisierung）であり、不確定概念を個別的場合に適用することおよび具体的な法律効果を確定することは、典型的な行政法の問題ではなくして一般的法適用の解釈問題である。裁量の場合にも、法律効果は解釈学の手段をもってその時々に基準となる法規から具体化される。したがって裁量行使は法の適用に対して質的に異なるものではない。[70]すでに述べた如くマースが裁量瑕疵をもって行政行為の瑕疵類型における特別のカテゴリーとみないで、それを独立の瑕疵事由として示さないのは、右のような立場に立っているからである。彼はいう、「裁量の瑕疵を法適用の瑕疵、すなわち行政行為の内容の違法と理解するのは、行政と個人との全関係を支配する最高の価値原理としての全部留保を基礎としている。裁量瑕疵という特別のカテゴリーが構成されたのは、行政がまだ全部的法律留保の下になかった時代の残滓である。それ故に裁量瑕疵は新しい指導価値の下では必然的に方法論的矛盾となる」[71]と。

マースは外在的違法と内在的違法を区別し、内在的違法として行政行為の根拠（Grundlage）の違法と法律効果の違法に分かち、前者の違法を瑕疵により確定された事実状態、行政行為を支える法規の瑕疵および事実状態の瑕疵ある法的評価に区別しているが、他方では行政行為の構造は行政行為の根拠と法律効果と目的の三要素から成れるという分析を示している[72]。それにもかかわらず、法具体化の過程では、行政行為の第三の構造的要素たる目的は独自の意義を有しないこと、すなわち目的－具体化という特別の段階は法具体化の過程では存在しないものとしている。その理由は行政行為と法規範との構造上の差異に求められる。「目的－具体化という特別の段階は存在しないけれども、目的は、法適用の際重要な役割を果たす、すなわち法規範の目的（ratio legis）は規範の内容と個々の規範概念の内容を規定する。そのことから、規範の目的に関する問題は法具体化のすべての段階に据えられなくてはならないことが明かとなる。目的は――換言すれば――規範の個々の概念を結合して構成されたものである。したがって目的は独自性を失い、その結果、特別に目的具体化の瑕疵は存在しえない。法規範の目的を誤認したときは、それは法律要件および法律効果の具体化に影響を及ぼし、それに相応した瑕疵となる」[73]といい、他方、目的が独自の意義をもつ場合を次のように説明する。「行政行為が、法律と並んで存在し、ただ外から法律によって限定されているが、しからざる場合には行政の独自の法創設行為であるとみられる限りで、目的は行政の法的拘束の場合に重要な役割を果す。すなわち行政は恣意的な目的を実現することが出来ず、唯一の目的すなわち公益のみを追究することが許される」[74]とし、続けて全部的法律留保の結果として、「公益たる目的または〝その時々の、行政庁の目的〟に圧縮された公益は、行政行為の発布を正当化するためには十分でない。目的だけを掲げ法律要件を厳密に規定しない法規は、規範執行の方法では具体化され得ず、行政の自律的な法創設権（Rechtserzeugungsmacht）、すなわち独自の法律要件をつくる資格を前提にしている。まさしくそれは全部法律留保によって阻止されなくてはならない」[75]という。マースが「裁量瑕疵」を違法な行政行為の内容論理的体系から欠落させたのは、以上の根拠に基づくものであったのである。

(48) H. Ehmke, „Ermessen“ und „unbestimmter Rechtsbegriff“ im Verwaltmgsrecht, 1960, S. 49 ff.（この論文の紹介については、本書Ⅴ「紹介：エームケ『行政法における〝裁量〟と〝不確定法概念〟』」一〇五頁以下参照。）Schmidt－Salzer, Der Beurteilungsspielraum der Verwaltungsbehörden, 1968, S. 7.
(49) H. Ehmke, Fn.(48), S. 40.
(50) H. Ehmke, Fn.(48), S. 45.
(51) H. Ehmke, Fn.(48), S. 42.
(52) H. Ehmke, Fn.(48), S. 45.
(53) H. Ehmke, Fn.(48), S. 43 ff.
(54) H. Ehmke, Fn.(48), S. 45 ff.
(55) H. Ehmke, Fn.(48), S. 19 ff.
(56) H. Ehmke, Fn.(48), S. 44 f.
(57) K. Stern, Fn.(26), S. 20.
(58) K. Stern, Fn.(26), S. 24.
(59) K. Stern, Fn.(26), S. 24 f.
(60) K. Stern, Fn.(26), S. 31 f.
(61) 理由の追完（Nachschiben von Gründen）とは、行政行為に付された理由または行政庁が訴訟手続において主張した理由が行政行為を適法たらしめないが、他の事由、または法的理由からは行政行為の適法を導きうる場合に、それが裁判所によって許容せられるか否かの問題である。
(62) K. Stern, Fn.(26), S. 33.
(63) K. Stern, Fn.(26), S. 33 ff.
(64) K. Stern, Fn.(26), S. 36.

（65）　H. H. Rupp, Fn.(31), S. 208.
（66）　H. H. Rupp, Fn.(31), S. 250 f.
（67）　H. H. Rupp, Fn.(31), S. 200 und 206.
（68）　H. H. Rupp, Fn.(31), S. 212.
（69）　H. H. Rupp, Fn.(31), S. 182.
（70）　U. Maas, Fn.(13), S. 76.
（71）　U. Maas, Fn.(13), S. 76.
（72）　U. Maas, Fn.(13), S. 149 ff.
（73）　U. Maas, Fn.(13), S. 163.
（74）　U. Maas, Fn.(13), S. 163.
（75）　U. Maas, Fn.(13), S. 164.

六　むすびに代えて

以上、論理的首尾一貫性の追究というよりは学説のおおまかな流れといった観点からの叙述をとおして、裁量と裁量瑕疵に関する若干の視点を整理し、それをもってむすびに代えたいと思う。

行政法上の裁量問題として説かれてきたものの実体は行政の独自性の考慮であった。裁量問題は、法治国的原理の確立と形成にあたって、かような行政の独自性を立法と司法との過度の制約から守る試みに帰着するといえよう。(76) 裁量問題が、法律の一義性、多義性または絶対的拘束、法からの自由という法律の拘束の程度の問題として、同時に行政行為または裁量行使に対する裁判所のコントロールの限界の問題として扱われてきたことはそれを示している。両者の問題は同一問題の異なる側面とみることができるが、しかし従来の論議の重点はむしろ行政と司法審査という後者の問題に置かれていたといえよう。しかし、立法と行政の関係という視点からの裁量問題の両検討が現在要請せられている課題のように思われる。侵害留保の下における裁量・裁量瑕疵論と全部留保の下における裁量・裁量瑕疵論の型とでもいうべきものを提示することが可能かどうかが一つの視点である。

第二の視点は山田（幸）教授が明快に指摘しているドイツやわが国の裁量論とフランスや英米の裁量論の特色の相違に関連する。前者は、「自由裁量行為と羈束行為の区別の標準を説き、あるいは自由裁量の本質論として要件裁量か効果裁量かを論じ、その上で、自由裁量の踰越・濫用の法理を簡単に説くという、いわば二段構えの論理構造」(77)をとる。裁量論では裁量を固定的・静態的に把握せんとする一般的傾向があり、裁量瑕疵論では裁量論の欠陥をカバーしそれを補充することによって裁量理論一般の完全性を期するという関係にあるように思われる。だが、そういう裁量論を一応棚上げにして、裁量概念を変動的・動態的なものとして把握するという視点があり得る。こういう視点からは、裁量の限界もまた可動的なものとなるから違法原因として特別に裁量瑕疵というカテゴリーを構成する必要性は消滅してしまう。裁量の意義を、裁量はそれを誤っても当、不当の問題が生じるにすぎないという点に見るならば、しかしそれにもかかわらず特別に「裁量瑕疵」ないし「裁量の違法」を行政行為の違法事由として構成せざるを得ない事情は、むしろ裁量の理論的構成の側にあるといえよう。

だが、一般には、裁量の踰越または濫用の法理は裁判所による行政処分の審査の範囲の拡大の根拠を提供するものとして歓迎され、その必要性が強調されるとともに裁量の踰越・濫用の法理の精密化が要請されている。裁量行使が「社会観念上著しく妥当を欠き……裁量権の範囲を越えるものと認められる場合」以外は違法といえないという多くの判例は、形式的には裁量行使について裁判所の審査権を行使しながら、実質的にはそれぞれの事件について右の如きいわば既製のハンコを押すに止まり、具体的な審査をしたかどうか怪しいと見られる場合があるからである。したがって裁量の踰越または濫用の法理が使用に耐える有用な法理たるためには、行政処分一般の違法事由と並んで、裁量にのみ固有の違法事由を示すような内容を有しなくてはならない。そのためには裁量行使が憲法上の法原則を含めた実定法の法解釈適用とは異質の作用であることを前提にしなくてはならない。このような前提をとりうるかどうかという視点に立って、いま一度裁量論をふりかえって見る必要があるように思われるのである。

(76) K. Obermayer, NJW 63, S. 1177.
(77) 山田幸男「自由裁量」行政法講座二巻一四一頁。

V　紹介：エームケ「行政法における〝裁量〟と〝不確定法概念〟」

Horst Ehmke: „Ermessen" und „unbestimmter Rechsbegriff" im Verwaltungsrecht, 1960.
(Recht und Staat 230/231) 51S.

一　はしがき

本書はホルスト・エームケが、一九六〇年七月二〇日、ボン大学法―国家学部で行った講演の草案に手を加えて成ったものである。著者はボン大学私講師。すでにその著 Grenzen der Verfassungsänderung (1953) によって知られている（菅野喜八郎「エームケ憲法改正の限界」新潟大学法経論集七巻二号を見よ）。

自由裁量論は行政法上最も困難な問題の一つであり、これまで種々の見解が表明され、極めて精緻な理論にまで発展して来た。本書において著者は、自由裁量及び不確定法概念の意義と限界を問題とし、それに一つの新しい基本的立場を設定しようと試みている。この論文は三部から成る。第一部は「問題の歴史的発展」と題され、裁量問題の Dogmengeschichte が扱われる。第二部は「裁量、不確定法概念及び判断余地」と題され、今日の裁量論争の分析にあてられ、第三部は「行政関係、行政の任務及び行政裁判所の任務」の表題の下に、裁量問題に対する著者自身の所説が論ぜられる。以下本書の順に従って大要を紹介することにしたい。

二　問題の歴史的展開

先ず冒頭において、一九世紀以後今日までの裁量問題に関する殆どすべての論文に共通する特徴として、問題が行政による法律の適用とその裁判所によるコントロールの問題として論ぜられたこと、裁量論争の特別の契機は一九世紀後半のドイツの行政裁判所の設立であったことを指摘して、Dogmengeschichte に入る。

著者は所謂自由裁量の問題は、行政による法律の適用とその裁判所によるコントロールの問題よりも古い問題であるとする。元来、裁量問題は……中世－身分秩序の拘束から解放され、社会諸関係を「主権」を中心とすることによって改革した近代国家が、法に対して如何なる関係に在るかという問題を包含する（S.8）。次いで著者は、この国家と法との基本関係としての裁量問題が、どのようにして、今日主張される法律の適用における行政の裁量余地（Ermessensspielraum）の問題にまで、局限されて来たかを示す。それは元来包括的意味に解された政治－領域（Regierungs－Bereich）の分岐と並行する。それで当初の裁量問題の本質的部分がいわば立法者の手元にとどまった。その後立憲制の発展において立法が独立した。それで当初の裁量問題の本質的部分がいわば立法者の手元にとどまった。次いで行政の法律への羈束によって、行政機能は「法律の執行」となった。かくしてこの行政に該当しない、例えば政治行為とくに国家指導的行為が「政治」領域にとどまり、「統治行為」として、当初の裁量問題の広範な部分が分離した。さて行政の独自領域は、或る程度まで法領域と非法領域すなわち羈束行政と非羈束行政とに分離した。その際指導的思想となったのは、行政の法律への一般的羈束ではなくして、行政に対する個人の権利保護であった。この発展が行政裁判の形成となった（S. 8～10）。

行政裁判所設立以前の最も重要な裁量理論として、著者は、F・F・マイヤーのそれをあげる。マイヤーは裁量領域を二種に分かつ。第一は「自己の裁量によって決定される行政の Rechtsgewalt（pouvoir discrétionnaire）

の行使」であって、個人の利益及び権利に作用する。この裁量領域は個人の利益に関係する範囲で純粋行政の一部分領域に属する。第二は羈束行政の領域における裁量であって、これは、作用の種類、任務及び法律上許容せられる方向を一般的に規定し、それに一定の限界を設定することで満足せねばならぬ法律（例、警察法）の適用の問題である。かような法律は、行政に本来属する考慮のための広い余地を認める。著者によれば、マイヤーの裁量領域の分類が後の「裁量」と「不確定法概念」の対立のVorläuferであり、裁量の第二の種類の承認と共に、裁量問題は、個人に権利を与え義務を課す法律の適用の領域に引き入れられ、同時に、「自己の裁量により決定される行政のRechtsgewalt」に対して公権は如何なる保護を享けるかの問題が提出された（S.10～11）。

マイヤー以後二〇年を経て、裁量論争に点火したのはオーストリアの行政裁判権であった。著者は先ずベルナチック理論をとりあげる。ベルナチックは通説の裁判と自由裁量との対立を批判して、行政法上の裁量問題を裁判官の法律に対する地位という一般問題に結びつけたが、更に彼は「裁量問題」を市民に対する「法律の適用」が問題となるマイヤーの裁量領域の部分領域に完全に移し、それを「抽象的範疇」――不確定概念――の問題として、技術的裁量を説いた。所謂自由裁量は主観的恣意ではない。常に所与の法律事実についての法規範適用の推論が問題である。自由裁量の特殊性は事実たる前提の複雑性に存する。従って技術的裁量といわれるのである。一定のコントロールの彼方では、第三者はそのような複雑な推論の正当性をもはや審査し得えず、唯なお別の見解が存するのにすぎない。客観的コントロールは、かような技術的裁量の問題では考えられない。かような裁量決定の審査が行政裁判所に与えられる限りで、„Doppelverwaltung“が存在する。すべてかような場合には官吏自身が公益に適合すると見做さなかったことを為したか否かについての刑法および懲戒法上のコントロールのみが考えられるにすぎない（S.13）。

次に、不確定概念の適用に関するベルナチックの非審査というテーゼに対立する、テツナーの完全な裁判上の審査可能性というテーゼがとりあげられる。テツナーによれば、行政裁判所は行政と市民の関係を規定する規範に含まれている一切の概念の適用を、客観的法コントロールの方法で審査せねばならぬ。自由裁量は不確定概念と異なり、法律が行政に対し執行の種々の可能性間の「選択の自由」を許容する（生活関係の多様性に関し種々の範囲であらゆる規範においてそうである）ときに認められる。著者によれば「抽象的範疇」の場合、行政裁判所のコントロールは排除されないというテーゼは裁量問題の取扱を今日まで規定している。またテツナーは行政裁判所の権限問題並びに裁判所の審査の範囲の問題としての裁量問題は、違法な国家処分による公権の侵害の審査に限定される行政裁判所においてのみ生ずると主張することによって、行政裁判の訴訟要件の問題を提出し、これが裁量問題を一層縮小させることになった。更にテツナーの研究が、執行可能性間の「選択の自由」と解される「裁量」と「不確定法概念」の分離の標準となった。裁量か不確定法概念かという問題に関して、規範の法律要件と法効果を区別する学説も、その基礎は裁量を選択の自由と解するに在る（S.15〜19）。

その後の展開は、ベルナチック的見解のテツナー的見解への接近であるが、それは二種の方法、すなわち一は不確定概念の領域における所謂「技術的裁量」の範囲の制限によって、他は所謂裁量瑕疵の理論によって行なわれた。例えば、v・レーマイヤー、v・ラウン及びW・イェリネックなどは、行政裁判上審査し得ない不確定概念の領域を著しく制限した。一方において不確定概念は他の概念と同様に唯一の可能な正しい結果をもって解釈し得るとし、他方において或る概念（v・ラウンの公益）又は一定の種類の概念（特にイェリネックの価値概念）は行政の「個々の見解」に権威を認め得るとする。また、ベルナチック自身は技術裁量の非審査性という最初のテーゼを、刑法及び懲戒法上の義務コントロールから出発して、明白な義務違反の場合には行政裁判所による行政行為の取消も許容せられるとすることによって、制限した。この裁量瑕疵の理論を行政裁判所が完成し、更にラウン及びイェリネックを通じて内容豊富になり洗練された。テツナーの立場からすれば、方法論的退歩と見られ、或は、当初法コントロールと認められないものを、裏口から再び裁量コントロールとして持ち込むものという非難をうけようが、著者によれば、この理論には二つの根本的意義があった。第一に、それは行政の行動

(Handeln)から出発することによって、行政の法律への排他的羈束（行政－法律適用説）という概念を弱化せしめ、法の羈束のために全法秩序、例えば手続規定や不文法に拠り、また平等原則の適用によって問題を再び憲法と結合させた。第二にこの理論は、第一の行政の羈束の範囲の拡大によって、行政の裁量領域を、行政裁判所の権限、行政の選択自由及び不確定法概念という問題に三分することを弱化せしめた（S.19～21）。

他方、テツナーにより、就中ビューラー、ショイナー及びヨーァによって主張されたのが、客観的法コントロールの理論であった。これは、一方では一切の不確定概念を法コントロールに服せしめない主観的裁量コントロールの理論を非難したが、他方ではその所謂「裁量コントロール」が法コントロールの領域を踏み越えることを非難しなければならなかった。しかし著者によれば、客観的法コントロールの理論は結局主観的理論の原則の大部分を客観化せんとした。すなわち、客観的法コントロールの理論は、裁量の正しい行使を求める「公権利」を構成し、またはその他の方法で保護に値する利益を権利領域の中に入れたし、裁量の「義務適合性」の代りに「法律適合性」を設定しようとした。著者は統一的客観的裁量論を試みたものとして、ショイナーの見解を紹介する。ショイナーは法律により行政に容認された個々の法定立権としての裁量という見解を否認する。かかる裁量は法治国と相容れない。法治国では、法律はもはや行政の単なる限界ではなくして、むしろ行政の基礎である。行政は法律の執行として全面的に法的に羈束され、羈束と裁量との区別は量的なものにすぎない。かくして実質的意味の裁量とは、法律が目的、基本原理以外の何等の基準をも示さぬときに存在する。この目的限界の踰越は法律違反である。要するに裁量問題は解釈問題であって、裁判所はその際基準を展開し、裁量をますます制限する。訴訟的意味の裁量は法律の根拠が少なすぎ、行政裁判所が行政処分と法律の矛盾を確認し得ず、又は法律が行政裁判所にかような確認を禁じている範囲で存在する。ショイナーの裁量問題の統一性は、ボン基本法の下での裁量論争には引き継がれない（S.21～22）。

三　「裁量」、「不確定法概念」および「判断余地」

第二部において著者は、今日の通説が主張する、審査し得えない「裁量」と審査可能の「不確定法概念」の二元論を検討する。通説による両者の区別は次の様に説かれている。「裁量」は、法律の範囲内での行政の「選択の自由」を表示する。裁量の範囲内では、行政の一切の解決が法律上正しく、その限度で法律の意思によれば行政の意思が決定的である。それに反して、「不確定法概念」の場合には、法律のあらゆる解釈困難に拘らず、唯一の解決が――論理的包摂という意味で――正しいものとして「意図されて」いるという意味での解釈問題である。この区別はテツナーの区別とは異なる。それに対して学者は先ず「自由裁量」と「羈束裁量」とを区別し、次に一層鋭く「意思裁量」と「認識裁量」とを区別しようとした。すなわち裁量と不確定法概念とは、行為(Handeln) と判断 (Urteilen) との対立によって表示されるとする。

著者によれば、この区別が意思 (Wollen) と認識 (Erkennen) との心理的対立に還元される限りでは、基礎は薄弱である。行為を心理的に分解し、司法行為においては論理的判断、行政行為においては意思作用のみを強調するのは正しくない。法律学的基本問題を心理学的なものから解明せんとする、このような試みは殆ど役立たない (S.23～24)。

ところでフルーメは行為規範 (Handlungsnorm) と実体的決定規範 (Sachentscheidungsnorm) の区別に基づき、行為裁量 (Handlungsermessen) と判断裁量 (Urteilsermessen) とを区別する。行為規範に基づく行政庁の積極的な行為は、行為余地 (Handlungsspielraum) の権限、手段および範囲によってのみ法的に限界づけられ得る。この余地の内部では行政庁は、裁判上コントロールし得ない「行為裁量」に従って行為する。裁判所のコントロールは、単に法的限界の遵守に及ぶにすぎない。行政が規制した生活事実関係でなくして、この事実関係に関する行政の行態が行政裁判所の判断の対象である。それに反して実体的決定規範は Sache 自体を決定し、Sache に関して何が法であるかの単なる確認が問題である。その限りでは単なる法適用である。かような規範は、具体的場合のために、法適用者に対し法秩序の全体から決定すべき任務を容認することができ、その限りでは「判断裁量」が問題である。かような場合には生活関係に関する実体判断に係わるから、裁判所のコントロールはこの「判断裁量」の領域に及ぶ。行為規範・実体的決定規範の区別と裁量・不確定法概念の区別は、行為規範においては裁量が容認され、実体的決定規範においては不確定法概念のみ存在し、裁量は存在し得ないというように結合する。裁量と不確定法概念をめぐる現時の広範な論争は、フルーメの区別に接続するものである。しかし著者によれば、行為裁量・判断裁量の区別は継承されたが、行為規範・実体的決定規範の区別は継承されてない。従って継承された行為裁量・判断裁量の区別には根拠がない（S.25〜26)。

次に著者は、法律の表現および規範構造から、裁量・不確定法概念の区別を検討する。

先ず、裁量を容認する規範から、裁量又は不確定概念の存在の決定に取り組む試みとして、Kann、Darf 及び類似の規定をとりあげる。Kann 規定は必然的に裁量を容認するものでないことが承認されている。Kann 等の規定は典型的には行為−自由ではなしに、免許、許可、給付又は免除を与えるか否かの「選択−自由」のみを容認する規定である。営業免許の付与に関する規定が原型であるが、かような規定は、F・F・マイヤーの理論では、裁量の羈束されない部分に属し、裁判所の審査領域の外に在った。次いで主観的裁量瑕疵の理論とその客観化によって、「選択の自由」の領域に入って来た。最後にそれは法律要件（Erteilungs−Voraussetzungen）と法効果（Kann−Vorschrift）に分解され、前者は不確定法概念に関する規律に服した。これらの規定は、「選択の自由」としての裁量の定義並びに裁量の「法効果」への排他的移住の理論を規定したが、裁量問題を論じ尽くすことはできない。Ob に関してと同様に行政行為の Wie に関しても、「裁量の自由」が存在し得る。要するに Kann 規定からは問題は成就しない。しかしなお、「行為裁量」は規範の「法効果」−面でのみ認められるといわれている（〃法効果裁量〃)。これに対して著者は次のように批判する。第一に、Kann 規定の範例は問題を短縮している。何故なら、行為権限が一定の要件でなく単に一定の準則にのみ羈束される限りでは、前提されている二つの規範側面は全く存在しない（但し一般的権限規定が「法律要件」に高められる場合は例外)。第二に、行為規範においても法律要件と法効果（行為の要件と行為自体）とを区別し得るかぎりで、「行為裁量」を法効果面に限局するのは、規範の統一を引き裂くし、行政は行為－要件の存在について最終的決定なしに、「あらゆる場合に」消極的な裁量決定をなし得るから実際には意味がない。第三に、行為要件と「効果裁量」とが相互に解き難く組合っている規範がある（S.26～28)。

更に著者は、不確定概念から、裁量・不確定法概念の区別を決定せんとする試みを吟味する。

不確定概念は確定概念に対する関係では、確定性の量的差異のみが問題とされている。問題は不確定概念を「不確定法概念」として、「裁量」に対立させるときに始まる。概念の確定性の程度は、行為裁量か判断裁量かの問題にとって unwesentlich である。概念は、それが存在する規範の意義から、「行為」－概念としての、または「判断」－概念としての意義を引き出す。規範の意義を不確定概念から引き出すことは可能でない。

不確定概念が行為裁量を与えるか判断裁量を与えるかは、不確定概念自体に見ることができないとすれば、法規範中に含まれるあらゆる不確定概念を不確定法概念として説明するのが、最も単純な解決である。この説は、行政の法律適用説を基礎とする唯一の konnsequent な解決であり、法治国の本質を、可能な限り欠缺なき行政の規範羈束プラス可能な限り完全自動的な裁判所の包摂機能（Subsumtions－Leistung）に見る限り、特に法治国的である。しかし著者によれば、この解決は単純性の外あまり意味がなく、行為裁量・判断裁量の基礎となっている行為規範・実体的決定規範の区別を放棄し、一切の行為規範を実体的決定規範とするものである、という。

そこで、一切の不確定概念を不確定法概念と主張しない人は、如何なる場合に不確定概念は裁量概念であり、或は法概念であるかを明らかにしなければならない。これに対しては、問題は裁判所により解釈の方法で探究されねばならない、或はせいぜい、推定は不確定法概念の存在ために語ると答えられているにすぎない。著者は、裁判所が解釈の方法で規範の意義を探究しようとすれば、行為裁量・判断裁量の区別のために、行為規範・実体的決定規範の区別を目指さねばならぬとし、その範囲で不確定概念は、gegenstandlos になるという。そしてこの規範の性格の問題の除外は、法律適用説に基づいていることを示し、そこからは行政裁量は消極的に規定し得るにすぎないという。すなわち、ここでは行政裁量は法律適用とその裁判所によるコントロールの defizienter Modus として現象する。不確定概念がそれ以上「分解し」得ない範囲でのみ、「瑕疵なく成立した行政庁の個々の見解」には「議論の余地のない権威」があたえられるということになる。イェリネックの学説は裁量問題を正しく統一的問題と見ていたのである（S.29〜32）。

つぎに著者は、裁量と不確定法概念の区別を根拠づけることができずに、それを主張する今日の通説は、新たに不確定概念の内部に審査可能の概念と審査し得ない概念を区別しようとするものであるとして、ウーレ、バッホフ及びイェシュの新説を紹介する。

ウーレは、規範的概念の下に事実関係を包摂することに関して、事実関係の評価について争われる「限界事件」においては、行政裁判所は行政の決定が „vertretbar“ であるか否かのみを審査すべきであり、その限度であらゆる „vertretbar“ な決定は適法なものとして妥当するというテーゼを主張する。バッホフは、行政による「価値」概念及び「経験」概念の適用について、行政裁判所のコントロールを奪う行政の「判断余地」（Beurteilungsspielraum）を主張する。価値概念の領域においては、判断余地は、裁判所が行政の価値観の代りに自己の「主観的価値観」を置き得るにすぎない場合に、存在する。経験概念の領域においては、判断余地は、行政庁の専門的判断の審査の実際上の困難によって規定される。法律適用の技術上、バッホフは、この判断余地を解釈と包摂との区別によって正当化せんとした。イェシュは、解釈と包摂とを分離する可能性を論駁したが、バッホフと類似に、審査し得ない判断余地を、不確定概念の「事実概念」への「限定された Auflösungsfähigkeit」をもって根拠づけようと試みた。彼は、行政庁にではなく、行政裁判の事実審のみに判断余地を承認することを考慮の価値あるものと主張する。この考慮は、新学説において如何に強く結果から考えられているかを示す。

以上、著者は諸種の見解に検討を加え、それぞれの見解が、裁量の名の下に異なるものを理解していることを示しながら、所謂裁量と不確定法概念の区別を批判して、いずれの見解にも満足しない。とりわけ新説に関しては、新説の結果すなわち行政裁判所のコントロールの制限の正当化は承認されようが、ウーレ、バッホフおよびイェシュが力説する裁量と不確定法概念との根本的区別は、理論的に根拠がないのみならず、実務上も使用に耐えない。この区別に関して存在する不明瞭は、„Vertretbarkeits“ – Kontrolle および „Beurteilungsspielraum“ のテーゼによって廃棄されずに、拡大されているにすぎない、という。そこで著者によれば、裁量論争の嵐が示した混濁に対して、行為裁量・判断裁量の区別の源泉、すなわちフレーメの行為規範・実体的決定規範の区別に遡るとが必要となる（S.32〜35）。

四　行政関係、行政の任務および行政裁判所の任務

著者自身の所説は、フレーメの行為規範・実体的決定規範の区別を出発点とする。この区別は抽象的に見れば正しいが、ここで問題となる抽象的区別は、「直接市民に権利を与え又は義務を課し、行政によって専ら市民に適用される規範と、唯行政にのみ向けられ、その処置を規定する規範との区別」（S.37）であるとしてフレーメの区別を修正する。ところが、この意味の行為規範・実体的決定規範の区別は、抽象的には正しいが、裁量問題の「行政裁判上の」領域にとっては疑わしい。この場合には常に行政と市民の関係が問題になるから、行政の立法者に対する関係のみを規定する行為規範は、何等の役割も果たし得ない。「市民の権利又は保護に値する利益に何等影響しない行為規範に基づく行政の「純粋」行為は、裁量問題の「行政裁判上の」領域の外に在る。それ

は行政裁判所の権限規定から除外された裁量領域に属する」(S.38) のである。

裁量問題の「行政裁判上の」領域においては常に行政と市民の関係が問題であるが、この関係は、行政の授権と羈束並びに市民の義務と権利によって形成される。この領域における行為規範は、常に市民の法的地位に適用されねばならぬと同様に、実体的決定規範は、常に行政の行為に適用されねばならない。それ故に、この領域においては、「純粋」実体的規範は「純粋」行為規範と同様に存在しえない。従ってこの両者の法範疇間の抽象的区別の価値は、実際の裁量問題にとっては怪しくなる (S.38)。

そこで裁量問題を理解するためには、「個々の語又は概念を越えて規範－範疇にまでだけでなく、規範－範疇を越えて更に全行政関係にまで進まねばならぬ」(S.39) として、著者の行政関係観が述べられる。それが著者の最も基本的なテーゼとなり、そのテーゼから著者の裁量論が展開される。

行政が法律の厳格羈束をうける場合は、この羈束は、実体的決定規範による羈束と同様に行為規範による羈束とも解される。この場合には「純粋」実体的規範と「純粋」行為規範とは実際上一致する。しかし行政側から見れば純粋実体的決定規範は、行政の行為の可能な羈束の終点をなすにすぎない。また租税関係が、内容上完全に法規範によって規定された関係、すなわち「法律関係」と呼び得る場合すら、なお「行政関係」における行政の可能な羈束の終点をなすにすぎない。「原則として行政関係は……何もかも法規範によって規定されない。立法者はむしろ法律の範囲内で政治の指導の下にある行政に対し、立法者が立案した生活領域の規制を現実に移し、かつその際立法者の予測し得ない個々の場合や状況における形成を委任する。行政は法律および法に依る国家課題の実現であり、完全羈束の場合に限り、行政は、「法の適用」となり、或はおそらく実際上法の適用と一致する」(S.40)。要するに、行政関係は行政の行為と形成 (Handeln und Gestalten) によって規定されるとするが、しからば行政の行為と形成は如何なる性格を有するであろうか。

著者によれば、行政の法律適合性の原則に移行して以来、初めは所謂侵害行政 (Eingriffsverwaltung)、次いで民主的立法国においては、全行政にとって法律は、もはや行政の単なる限界でなくして行政の Auftrag und Vollmacht でもある。それ故、「今日ではもはや国家行為と法とを相互に対立するものとし得ない。……行為は規範によって規定されるが、極端な場合に限り〝法の適用〟となる」（S.41～42）。行政－法律適用説に基づいては、法律が行政を同時に羈束しかつ「解放し」得ること、すなわち行政を一定の関係、一定の程度および一定の観点でのみ羈束し得るということが理解されない。法律適用説は、羈束と非羈束との二者択一という対立において、裁量を絶対的 Bindungslosigkeit と定義する。実際にはこの場合にも、次のように色々の方法で羈束されているのである。

1　行政は全面的に憲法に羈束されている。すなわち：

a)　一定の「憲法上の根本原則」、例えば社会国家原則及び平等原則。

b)　基本権。

2　行政は全面的に「法律および法」に羈束されている。すなわち：

a)　恣意禁止および行政法上の特別の形成（Ausformung）における衡平（過度の禁止、手段の比例性等）。

b)　立法者が目的実現のために規定した基準。

c)　授権規範並びに具体的紛争の決定基準となる他の規範。

d)　行政は全面的に一定の手続様式（Verfahrensweisen）に羈束される（S.42～45）。

要するに、行政の行為と形成は一定の根本原則、原則、基準および手続規定の羈束を受けるが、極端な場合のみ「法の適用」となるのである。以上著者の行政関係の本質を要約するならば、「行政関係においては、原則として行政の行為と形成が問題であり、それは極端な場合に限り法の適用となる」（S.45）というテーゼに尽きよう。

このテーゼに基づき著者は、「行政の羈束の形式および範囲における差異に拘わらず、裁量問題は一般的かつ統一的行政法上の問題、すなわち行政裁判上審査し得ない行政の行為自由の問題である。裁量は、法律適用の

defizienter Modus ではなく、行政の本質に属する」（S.45）という。裁量問題を Kann 等規定や不確定概念に限定するのは、行政にあっては、原則として「法律適用」が問題であるという誤れる理論の結果である。従って裁量問題は、Kann 等規定にも不確定概念にも限定されず、「Kann 規定は行政に〞選択の自由〟を、〞不確定〟概念は行政に広範な行為自由を認容し得るし、また〞確定〟概念すら複雑な事実関係に関して、行政に erhebliche Bewegungsfreiheit を許し得よう」（S.45）。要するに著者によれば、裁量は「原則として全行政の特色を示す根本的特質」（S.40）である。

次に行政裁判所のコントロールの範囲が論ぜられる。これは著者の裁量論に対応するので、注目すべき点のみをあげよう。行政裁判所のコントロールの範囲は、個々の語や概念からでなく、「一方における行政の任務、他方における行政裁判所の任務」（S.45）から規定されねばならない。必要な審査の範囲は、法律の規定の範囲内で種々のモメント、例えば権利保護の必要の強さ、当該権利の一般的意義、具体的行政諸関係の種類、行政の形成任務、審査に付された特殊問題の性質、行政行為をした行政庁の法律的及び専門的資格および明瞭な法律解釈と法教育の必要によって規定し得る。その際不確定概念は、法秩序の他の部分においても役割を演じる概念であるか行政の形成任務を表現する概念であるかに応じて、裁判所は自己の審査を拡大したり、あるいは行政の独自の任務を尊重せねばならぬ。行政裁判所は、一方において決して恣意行為を黙認し得ないし、他方決して技術的合目的性の問題に干渉し得ない。両者の間に、differenzerte Lösungen のための広い領域がある（S.46〜47）。要するに、「行政裁判所の目的は、コントロールの最大限ではなくして、市民の権利保護利益と給付行政における市民の利益とを一致させるコントロールの最適（Optimum）でなければならない。この最適は行政の目的でもなければならないから、行政と行政裁判所の関係は、一種の分業的協働と解すべきで、敵対（Gegnerschaft）と解すべきではない」（S47〜48）。

五 おわりに

最後に、著者の裁量論について若干の問題点をあげ感想を述べておきたい。本書における「裁量問題を再び我が公法の一般的かつ根本関係に据える」(S.48) 試みは、著者の自認するごとく„groblinge Lösungsskizze"であるが、著者の基本テーゼおよびそこから展開された裁量論の帰結はきわめて特色あるものといえよう。第一に、通説の主張する裁量・不確定法概念の基本的区別を否認し、裁量問題を統一的問題としたことである。裁量問題の統一性は裁量論の細分化の趨勢に対する再考を促す提唱として共鳴を感じるが、しかし、なお裁量・不確定法概念の区別の否認は疑いなしとしない。ここでは立ち入る余裕もないので、別の機会に論じることとしたい。第二は、裁判所のコントロールの範囲を法の解釈適用の問題としてでなく、「一方行政の任務と他方行政裁判所の任務」から規定し、行政裁判所の目的をコントロールの「最適」とする点である。コントロールの最適は、「市民の権利保護の利益と給付行政における市民の利益とを一致させる」ものであるというが、具体的場合において何が両者の一致、従ってコントロールの最適であるかは、もっぱら裁判官の認定によるほかない。諸種のモメントに応じて、広狭いずれにもなり得ることを認め、確定的一義的判断基準は示されていない。従って裁判官の独善を招来する虞れがないかという疑問が生じよう。

しかし以上の一、二の問題点は、とりわけ著者の「原則として行政関係においては行政の行為と形成が問題であって、行為と形成は極端な場合にのみ法の適用となる」という基本テーゼの妥当性にかかっているのである。このテーゼは伝統的な行政法律適用説に対するアンチテーゼとして主張され、従って本書は裁量論を素材とした行政－法律適用説批判と評価することも可能であろう。フォルストホフが社会経済的政治的発展による行政法の二元構造を唱えて以来、現代行政法の特殊性を所謂形成行政に求める傾向が強い。著者の行政関係観は、行政の行為および形成性格を全行政の分野にまで拡大し、直ちに行政作用は原則として行為性格・形成性格を有する、という結果になっている。著者のテーゼは形成行政または給付行政の分野に限定すべきであり、あるいは、そこでのみ妥当の可能なものと考える。この基本テーゼが疑問であるとすれば、この大前提から展開された裁量論、特に上記の問題点については一層疑問を深くせざるをえない。著者は、行政関係観において立法者は行政に対し形成任務を委任するといって、行政の一般的行為権限を説き、ここから直ちに、「裁量は原則として全行政の特色を示す特質」であるというが、これは行政の一般的権限と裁量概念との区別を失わせる結果になり得るのであって、著者の裁量・不確定法概念の区別の否認に対する疑問の一因をなすと思われる。

以上提出した疑問にも拘らず、本書が必読の価値を有するのは、豊富な文献を駆使し、随所に傾聴すべき見解を示しながら整序された、今日までの Dogmengeschichte の卓抜さにあるといえるだろう。なお、所謂新説の主張者の一人であるイェシュが本書を批評し、当然ながら多くの異議を述べている（AöR, Bd. 86., 1962, S. 491ff.）。脱稿後にこれを知り得たので付記しておきたい。

VI 計画裁量

一 はしがき

現代行政は、侵害行政から給付行政および指導的行政へとその重点を移してきたが、さらにそれにとどまらず、計画行政へと変遷しているといってよい。このような発展の基礎として、社会科学の進歩、巨大な電子計算機の影響および現代生活関係の逼迫といった事実をあげることができよう。例えばピーツナーはいう、「計画は全く現代の流行語となってしまったと思われる。計画が今日の生活の中心概念、また中心課題の一つとなったということは、現代産業社会の科学的－技術的性格の不可避的帰結である。現代の自然科学および社会科学は、社会的および経済的経過の法則性を悟ることによって、ほとんどあらゆる問題の合理的解決を可能にし、または、近い将来において可能とするであろう点にまで到達した。科学的認識と技術とは、ほとんど爆発的に増大することが可能である。科学技術的進歩の速度に不断のかつ急速な社会構造の変革が伴う。その際、歴史的経験は、人間の生活条件の進歩に疑いもなく必然的に伴なう大きな利益と改善には、ほとんど例外なく、つねに直ちに予測できないとしても、同様に大きな危険が照応していることを教える。かつての世界経済危機および環境保護の問題は、その実例である。このことは、ほとんど必然的にわれわれの社会の進歩的な変革は、放任されることなく、計画的な操作を必要とするという認識に導く。将来の社会的発展および国家の任務を予見し、あらかじめ計算できるという可能性とともに、国家には、前もって計画された行動によって、危機を可能なかぎり発生せしめないという義務が生じる。計画は、そのことによって、現代の重要な課題となり、かつ、この課題に対処する行政の能力は、われわれの社会体制の延命にとって、ますます重要なものとなる。計画的な国家活動の必要性の第二の理由は、国家課題のものすごい拡大によって、ますます、人的、物的とりわけ財政的な手段が欠乏するという点にある。専門家は、新らしい課題のために自由に処理できる国家予算の割合を一五％と見積っている。その結果、できるだけ早期に、その予算規模をもって追求できる目標の重要性と優先順位を決定する必要性が生じる」[1]と。

ところで、古典的行政法学の主要な関心は、行政による市民の自由と財産への侵害・制限、いわゆる侵害行政を限定的に規制することに向けられ、そこでは、警察法が中核的地位を占めていたということができる。これに対して、現代においては、行政の重点が侵害行政から給付行政へ、給付行政から計画行政へと移行し、行政の構造が変化してゆくにともない、現代的行政法学の関心も、経済行政法、社会保障行政法、教育法および計画法などの領域に向けられ、その主要な課題は、それぞれの領域におけるすぐれて現代的な特殊的法構造を解明することによって、多様で複雑な現代行政法の特質を浮彫りにすることにあるといってよいであろう。

本章では、右のような問題意識のもとに、計画法における裁量の構造を分析することを目的とする。もちろん、計画法の概念は、まだ必ずしも確立せられたものといえないし、計画法のもとに包括せられる法的素材の範囲も明確ではない[2]。例えば、西ドイツにおける現在の理解によれば、計画法（Planungsrecht）とは、国土開発計画(Raumplanang)に関する規定の総体であって、公法の一部である、といわれる[3]。しかし計画法を国土開発計画に関する法に限定しなくてはならない必然性はないし、現に例えば、経済計画に関する法的研究も次第に盛んになっていることは周知のとおりである。それにもかかわらず、計画法を国土開発計画に関する法とする一般的理解が成り立つのは、もはや増大することのできない国土に対する多くの競合的な要求に直面して、土地利用のための計画策定の必要性がまず認識され承認され、法的規制も比較的整備されているという事情にもとづくということができよう。(4)

さて、計画法における構造的特色の一つは、権利保護が他の公法の分野よりも著しく困難であるということである。計画法における権利保護の欠如ないし不足には種々の原因を考えることができる。その一つは、計画法の領域においては、法が、公的利益と個人的利益との衝突の解決のための十分な内容的基準を用意せず、公益と私益との利害調整は、もっぱら行政の広い裁量に委ねられるということである。(5)しかも計画行政に広汎な裁量がともなうことは、むしろ当然のこととされているといえよう。本章では、このような計画法上の広汎な裁量を、裁判所によるコントロール密度の問題をめぐって種々の問題点を示してくれる西ドイツ法を素材とし、主として行政裁量との対比において、考察しようとするものにほかならない。(6)

（1） R. Pietzner, Einführung in das öffentliche Recht für Nichtjuristen, 1975 (hektographiert), S. 8f.
（2） 計画行政法の構造的特色については、遠藤博也『計画行政法』三一頁以下（昭五一）を見よ。
（3） W. Blümel, Art. Planung III, Sp. 1832, in: EvStL, 2. Aufl. 1975.
（4） W. Blümel, Fn.(3), Sp. 1832
（5） L. Fröhler/P. Oberndorfer, Der Rechtsschutz im Planungs- und Assanierungsrecht, 1975, S. 11.
（6） 計画裁量に関する文献としては、遠藤・注(2)がほとんど唯一でかつ詳しい。

二　判例における計画裁量の展開

(1) 計画裁量という概念が、判例上展開されるようになったのは、主として、連邦建設法による建設管理計画または建設詳細計画の適法性をめぐってである。一九六〇年六月二三日の連邦建設法（Bundesbaugesetz vom 23. Juni 1960 以下、単に連邦建設法という。）は、建設管理計画（Bauleitplan）の策定を市町村の自己の責任であると規定したが（二条一項）[7]、これが市町村に計画高権（Planungshoheit）を認めたものとされている。この計画高権は、計画権のみならず、――必要があるや否やおよび必要の範囲内で――計画義務をも含むものであるが、計画高権の概念は、市町村の規制権限には何らの限界も課せられないということを意味するものではない。計画高権を有するとはいえ、市町村は、当然ながら、憲法規範、一般法原則および連邦建設法による法的拘束をうける。その意味で、計画高権は、まさに、形成的自由と法的拘束との混合状態のなかにあるといえよう[8]。

(2)　市町村が具体的な建設管理計画に着手するかどうか、および、どのような方法でなすのかの決定にあたって、いかなる範囲で、裁量の余地が認められるかの問題については、見解が必ずしも一致していなかった。旧学説は、建設詳細計画（Bebaungsplan）の策定の場合は法の適用が問題なのではなくして、市町村の政策事務（Angelegenheit der Gemeidepolitik）が問題なのであり、したがって、建設詳細計画の決定は市町村の計画者の裁量であるとした。それに対して、バーデン―ヴュルテンベルク上級行政裁判所は、連邦建設法によって規定されている正当な利益の比較衡量および必要性という要件は、いわゆる不確定法概念であって、その解釈は裁判所により完全に審査される、と考えた。この見解は、個人の権利・利益領域への計画による侵害の種類と範囲は、法治国的理由から、できる限り広く法律によって規定しなくてはならない、というテーゼから出発している。したがって、計画の本質により避けられない範囲でのみ、市町村の裁量が認められることになる[9]。その後、連邦行政裁判所の判例を基礎にして、きめ細い考察方法が確立せられた。それによれば、市町村には、連邦建設法第二条第一項において承認された計画高権の結果として、認識、評定および意欲の要素を含む計画者の裁量の余地があるとされる[10]。この裁量の余地は、一部では計画者の形成の自由（planerische Gestaltungsfreiheit）といわれているが[11]、大体はこれを、計画裁量（Planungsermessen）と称している。計画裁量の概念は、連邦行政裁判所の判例を基礎にして確立したということができよう。以下には、連邦行政裁判所の「計画裁量」に関する基本的判例を見ることにする。

(3) 連邦行政裁判所、一九六九年一二月一二日の判決。[12] この判決は、連邦建設法上の建設管理計画（Bauleitplan）について計画裁量という概念を認め、その特質を明らかにしたもので、その後の連邦行政裁判所の判例の原型をなしているものである。判決はいう。「この規定（連邦建設法第一条第一項―筆者注）は市町村の〝計画高権〟を含み、そして計画高権とは、とりわけ、計画裁量（Planungsermessen）の承認を意味する。これは、認めうる限りでは、確かなことである。〝裁量〟という語が計画高権で決定された形成の自由（Gestaltungsfreiheit）を適切に表現しているかどうかは追究しない。裁量の（実体法的）概念については意見の相違がある。しかし、この専門用語上―概念上の問題に対する答えに関係なく、とにかく次のことは確実である。第一に、計画の権限は――他の場合と同様――形成の自由における多かれ少なかれ広汎な余地をふくみ、かつふくまねばならないこと、何故なら、形成の自由なき計画はそれ自体矛盾であるから。第二に、この計画者の形成の自由はある特定の精神作用にもとづくものではなく、――特に認識、評定、評価さらに意欲といった――種々の要素を含むこと。第三に、計画の行政裁判所によるコントロールには、計画と形成の自由との結合から、いやおうなしに制限が生じ、それは、具体的場合に、形成の自由の法律上の限界が越えられたかどうか、あるいは、形成の自由が授権の趣旨にそわない方法で行使されたかどうかの点に制限されること（行政裁判所法第一一四条参照）。最後の第四に、他の行政庁の計画関与は、さまざまの方法で、かつ、全くその時々の既存の形成の自由に対する真の関与としても、予定することができるが、連邦建設法第一一条における認可の必要をもって規定している上級行政庁の関与は、法的コントロールの権利・義務につきること（連邦建設法第一一条三文と第六条第二項）、である。[13]」

さらに、判決は、計画裁量の内容的な限界として連邦建設法第一条第一項、第四項一文および三文、並びに第五項をあげている。判決はいう、「連邦建設法第一条第一項によれば、建設管理計画は、都市建設開発の秩序に資するものでなければならない。……連邦建設法第一条第一項は、一般に（十分重要な）都市建設上注目すべき一般利害が特定の計画を弁護する場合にのみ、満足されることができる。したがって、計画高権の行使がもともと何らかの正当化も必要とせず、それと対立する利害が証明されるまでは、それ自体、正当であると考えるときは、連邦建設法第二条第二項と第一条との関係は、誤認されることとなろう」(14)と。

次に、判決は、連邦建設法第一条第四項および第五項の審査可能性について、つぎのように述べている。「連邦建設法第一条第四項一文および三文並びに第五項に含まれている主旨 (Leitsätze) の執行については、第一に、そこで使用されている概念にあっては、その解釈並びに適用において上級行政庁のみならず行政裁判所の無制限のコントロールに服する、いわゆる不確定法概念であるのかどうかという問題が提出される。これは肯定しなくてはならない。すなわち、例えば何が経済の必要（連邦建設法第一条第五項一文）に属するかについての計画市町村 (planende Gemeinde) の見解、同様に、特定の計画がこの必要に資するという計画市町村の見解は、いかなる種類の優越性も保護も享けない。これに関連して、市町村のために何らかの〝判断余地〟(Beurteilugsspielräumen) を論じることはできない。……市町村の見解および判断の優越性は、問題の答えについて計画市町村が独占的なまたは少なくとも卓越した、それ故に優先的な専門知識をもっている問題が問題になっている場合に考慮することができよう。連邦建設法第一条第四項一文および三文並びに第五項で使用されている概念の場合には、全くそれが欠けている。連邦建設法第一条第四項および第五項は、一部は建設管理計画の外で、市町村の権限にすら入ってない目標設定に関するものである。これは、法律自身が教会の定めた必要性を参照するように指示している〝礼拝および司牧〟について妥当するのみならず、例えば、国防・自然・景観保護および重大な点で交通についても妥当する」(15)(16)。

それに対して、市町村が、その計画策定に際して、正当な利益の比較衡量をなしたかどうか（連邦建設法第一条第四項二文）の問題は、監督行政庁および行政裁判所による無制限の審査に服するものではない。判決はいう、「（適正な）比較衡量そのものが行われないときは、適正な比較衡量要請の違反である。具体的状況により比較衡量に入れなくてはならない利害を比較衡量に入れないときは、適正な比較衡量の要請に違反する。さらに、影響をうける私的利害の意味を誤解し、または、計画にかかわる公的利害間の調整が個別的な利害の客観的重要性と比例しない方法で行なわれたときも、比較衡量の要請に違反する。しかし、そのような限界の内部では、計画の権限ある市町村が、種々の利害の衝突において、ある利害の優先を、したがって当然に他の利害の後退を決定するときは、比較衡量要請の違反ではない」(17)。

(4) 連邦行政裁判所、一九七四年七月五日の判決（板ガラス判決 Floatglas-Urteil）(18)。本件は、工場移転を目的とする建設詳細計画が連邦建設法に違反して無効となるのではないかということが争われたもので、市町村の計画高権の限界いかんという問題として現われたところに本件の重要性があるばかりでなく、工場移転に対する環境保護の問題としても興味のある問題である(19)。

一九六九年一二月一二日の判決では、都市建設開発の秩序と関連する公共的利益が、はじめから、何ら建設管理計画の内容の基礎になっていない場合には、連邦建設法第一条違反となるとして、同条が、建設管理計画の制度上の根拠となるばかりでなく、同時に、建設管理計画に内容的基準をあたえるものであることを明らかにした。本件の板ガラス判決もこれを確認した。すなわち、「はじめから、建設管理計画を正当化しうるにふさわしい公的利害、すなわち、土地法上重要なものとして都市建設開発秩序の要素である公的利害が欠如している場合は、連邦建設法第一条第一項により、建設管理計画のための余地はない。その場合には、そもそも、連邦建設法第一条第四項二文と関連する問題、すなわち、正当な又は不当な比較衡量の存在という問題も開始されない。何となれば、この場合には――比喩的に表現すれば――正当な秤皿には、はじめから、考慮されるべき公的利害が置かれてないからである」(20)。

さて、本件の板ガラス判決は、基本的には、計画裁量に関する原型というべき一九六九年一二月一二日の判決を継承しており、これによって、計画裁量に関する判例理論が確立したといえる。板ガラス判決は、一九六九年一二月一二日の判決を引用して、つぎの点を確認した。第一に、連邦建設法第一条第四項一文および三文並びに第五項に含まれている諸概念の内容的確定および適用は、裁判上のコントロールに無制限に服すること、第二に、建設管理計画によって影響をうける利害の比較衡量は、大体、この利害バランスを相互に調整することにあり、この調整は、基本的には、計画者の形成の自由の表現であり、そしてこの調整は、比較衡量の過程（Abwägungsvorgang）又は比較衡量の結果（Abwägungsergibnis）において、利害の一つがその客観的な意義と比例しない方法で考慮されたときにはじめて、瑕疵あるものとなる、ということである(21)。

しかし、板ガラス判決は、一九六九年一二月一二日判決の基本的定式を改めて確認し、それを不動のものとしただけでなく、連邦建設法第一条第四項二文に規定されている比較衡量の要請（Abwägungsgebot）に重要な意義を認めた点で、極めて注目すべき判決であるということができる。というのは、まず、この板ガラス判決が、本来の計画手続の前に、および、計画手続中になされる事前決定と比較衡量要請との関係という問題を論じているからであり、つぎに、工業地域と住居地域との隣接の問題を、これまた計画法における比較衡量要請の問題として論じているからである。

ここに事前決定というのは、計画手続の結果が、計画主体の意識的・無意識的決定によって先行されていることをいう。この事前決定は例えば、計画の委任、調査の委任および資金的な助成措置、あるいは、約束、とりきめ、契約、建設措置、建築許可などである。このような先行的な事前決定がなされているときは、計画手続は、部分的にせよ全く形式的な問題となってしまい、そのような計画手続そのものが、連邦建設法第一条第四項二文の比較衡量の要請をかなえるといえるかどうかの問題が生じるのである。連邦行政裁判所は、かような事前決定を排除するのは行政を麻痺させることになるという実際的理由から、これを絶対に許されないものとはしなかった。しかし、判決は、このような事前決定は一定の限界内に止まらなくてはならないとする。何故なら、事前決定の先決的効果が連邦建設法第二条第六項の審問手続又は提案手続[22]にまで及ぶことになると、この民主的な国民の権利が挫折することになるからである。連邦行政裁判所は、事前決定の許容性について、つぎの三つの要件をあげた。

「第一に、決定の先取り（Vorwegnahme）が先取りとして――それによって不利となる提案手続という視角からみても――実質的に正当化されるものでなければならない。第二に、先取りに際して、計画法上の管轄秩序が保持されなければならない、すなわち、計画が市町村参事会（Gemeinderat）の責務である場合、事前決定は市町村参事会に（も）帰せしめられることが認められるという方法で、市町村参事会の事前決定への協働が保障されなければならない。最後の第三に、事前になされた決定は――特に計画上の影響を考慮して――内容上非難すべきものであってはならない。事前決定が最終的な比較衡量過程の構成要素としてなされるときは、それが満さなくてはならない要請を満さなければならない。これは、とりわけ、一九六九年一二月一二日の判決の基準にしたがい、連邦建設法第一条第四項二文を考慮した比較衡量、すなわち適正な比較衡量過程並びに非難しえない比較衡量結果の必要ということになる[23]」。

連邦行政裁判所は、右の三要件を、その違反の故に建設詳細計画を無効ならしめるものとして、これを重要視している。

さらに、連邦行政裁判所は、連邦建設法第一条第四項二文の手続法的な意義についてのみならず、その実体法的意義についても、一つの典型を示した。判決はいう、「連邦建設法第一条から派生する計画原則は、住居地域と工業地域はできるだけ隣接させるべきでないということであり、……この（基本的）原則には例外が認められるが、本件の建設詳細計画の工業地域によって、第一に、既存の住居地域が完全に工業地域によって抱きかかえられ、第二に、それによって南側に接するレクリエーション地域が住居地域から遮断されるから、このような例外にはあたらない。……この原則は連邦環境汚染防止法五〇条によって、今日実定法上認められている。……住居地域と工業地域の隣接は、根本的に衝突し易い性質をもつ点で、営業法又は環境汚染防止法で操作すべき現象ではなくて、――なんとか可能なら――計画法で避けるべき現象である」と。[24] 連邦行政裁判所は、本判決で、住居地域と工業地域との隣接は基本的な計画原則、したがって連邦建設法第一条第四項二文に違反することを認め、かつ、計画原則に対する違反は営業法および環境汚染防止法によって解決されるべき問題でないことを強調したのである。

(5)　連邦行政裁判所、一九七四年一一月一日の判決（ハンブルグ駐車場-判決）。[25] 事案は、原告が、自己の所有地に隣接する平地を動物園観覧者のための駐車場にするという、被告の建設詳細計画にもとづく公用開始行為(Widmungsverfügung)を争ったものである。第一審、第二審とも原告が敗訴したが、上告審で、連邦行政裁判所は第二審判決を取消し、訴えをハンブルグ上級行政裁判所に差戻した。

この判決は、計画裁量に関する限りでは、連邦行政裁判所の一九六九年一二月一二日の判決および板ガラス判決の基本路線を確認したものである。煩をいとわず引用しておこう。

「最後にあげた条項（連邦建設法第一条第四項二文――筆者注）の内容を、当裁判所は、一九六九年一二月一二日の判決（BVerwGE 34, 301〔309〕＝DVBl, 1970, 414）およびそれ以来確立した判例において詳細に判示した。それによれば、（適正な）比較衡量そのものが行なわれないときは、適正な比較衡量要請の違反である。具体的状況により比較衡量に入れなくてはならない利害を比較衡量に入れないときは、適正な比較衡量の要請に違反する。さらに、影響をうける私的利害の意味を誤解し、または、計画にかかわる公的利害間の調整が個別的な利害の客観的重要性と比例しない方法で行なわれたときも、比較衡量の要請に違反する。しかし、そのような限界の内部では、計画の権限ある市町村が、種々の利害の衝突において、ある利害の優先を、したがって当然に他の利害の後退を決定するときは、比較衡量要請の違反ではない（Vgl. Urteil vom 5. 7. 1974〔DVBl. 1974, 767 und BauR

1974, 311))。

比較衡量に対する右の要件は、当裁判所が繰返し、なかでも一九七四年七月五日の判決において説示したように、比較衡量過程と同様に比較衡量結果にも向けられている。それによってなされる区別は、計画を策定し判断する際に、一般に、過程としての計画とこの過程の結果としての計画とを区別しなければならないし、連邦建設法第一条第四項二文の比較衡量の要請は、その明文並びにその目的により、比較衡量そのものと同様に衡量されたものにも及ぶという認識から生じる」(26)。

(6) 連邦行政裁判所、一九七五年二月一四日の判決(国道四二号―判決)(27)。事案は、ノルトライン―ヴェストファーレン住宅建設および公共勤労大臣による計画確定決定(Planfeststellungsbeschluß)が争われたものである。この計画確定決定は、ボン―ボイエルとケーニヒヴィンター間の、約八・五㎞の部分につき、国道四二号の新設の計画を確定するものである。原告は、計画された路線から約一七m離れたところに住居をもつ土地所有者である。計画確定手続では、原告および千人以上の利害関係人が、騒音および排気ガスの環境に対する影響により、隣接住民の健康を害することになるとして、異議申立をした。異議申立は認められなかったので、原告が訴えに及んだ。原告は、第一審、第二審とも敗訴したが、上告審たる連邦行政裁判所は、控訴判決を取消し、訴えを控訴裁判所に差戻した。

本判決は、連邦建設法による建設管理計画とその裁判上のコントロールに関する連邦行政裁判所の判例理論を、連邦遠距離道路法(Bundesfernstraßengesetz in der Fassung vom 1. 10. 1974)による道路建設計画についても、これを導入した点で、注目すべき判例である。ここに、連邦行政裁判所による、行政計画に関する一般的なコントロール方式の確認を見ることができよう。

連邦行政裁判所は、第一に、計画決定行政庁に、原則として、広汎な計画者の形成の自由(planerische Gestaltungsfreiheit)があることを認める。判決はいう、「この規定(連邦遠距離道路法第一七条第一項および第一八条の規定――筆者注）においては、むしろ――主として――遠距離道路法上の専門計画に関する計画確定庁の実体的権限が含まれている。この権限の中心的要素は、それと結びついている計画裁量の承認であって、それは――当裁判所が他の法領域における高権的計画について繰返し強調したように――その本質上、計画者の形成の自由という概念によって最も適切に書き換えられる。もちろん、この計画者の形成の自由をあたえられる計画確定庁の決定権限は、連邦遠距離道路法においては、形成の自由という文言をもってもそもそも明文で規定されてはいない。しかし、これは実際上重要でない。計画者の形成の自由は――このような明文の規定がなくとも――計画確定庁に対する計画権限の委譲から生じるのであって、それは、計画の権限が――この場合には他の場合と同様に――形成の自由における多かれ少なかれ拡大された余地を含み、かつ、含まなくてはならないという認識と結びついている。何故なら形成の自由なき計画は、それ自体矛盾であるから」と。(29) これは、連邦行政裁判所、一九六九年一二月一二日の判決による基本的定式を再確認したものにほかならない。

第二は、連邦行政裁判所が、この形成の自由の限界について、四つの視点をあげたことである。「形成の自由に課せられる限界は、計画確定庁が四つの点で服さなくてはならない法的拘束から生じる。第一に、連邦遠距離道路法第一六条第一項により、(30) 連邦交通大臣は、他の機関の参加のもとに、連邦遠距離道路の計画と路線を決定する。第二に、道路法上の計画は、法形成的に第三者の個人的法的地位を侵害し、かつ、計画実施のために必要となる収用の基礎である（連邦遠距離道路法第一九条）(31) ことを考慮して、――基本法第一四条に耐える(32)――正当性を必要とする。第三に、計画は、連邦遠距離道路法および――場合によっては――他の法律の規定に表現されている計画の主旨（Planungsleitsätze）を遵守するものでなくてはならない。そして最後に――第四に――計画確定庁が右の法律上の要件を考慮して計画上決定するものはすべて、比較衡量要請という要件から生じる制約の下にある(33)」。

連邦行政裁判所は、右の四点について、それぞれ詳細な検討を加えている。第一の法的拘束、すなわち連邦交通大臣の基本的な計画決定に対する計画確定庁の拘束については、これを、外部に対して直接的効果を生じない行政機関の内部的拘束であるとし、したがって、国民はこの拘束違反を理由に訴求できないとし、第二の拘束については、連邦建設法の計画に関する、一九六九年一二月一二日の判決およびいわゆる板ガラス判決の二つの指導的判例を引用している。第三の視点について、連邦行政裁判所は、連邦遠距離道路法が連邦建設法第一条第四項一文および三文並びに第五項と比較できるような規定をもっていないとしながら、連邦遠距離道路法の諸規定から、計画の主旨を類推している。第四の視点が本件の主たる争点となったものである。

公的利害と私的利害の比較衡量の要請は、全計画法を支配する基本原則である。判決はいう、「……計画目標からみて正当とされ、かつ、計画の主旨に合致する計画は、上述の計画拘束の第四の視点のもとに、比較衡量要請からの要求に服しているものである。これは、いろいろな計画領域について繰返し判決をした当裁判所の確立した判例から明らかなことであって、すなわち計画によって影響をうける公的利害は、これをそれぞれにかつ相互に(gegeneinander und untereinander)適正に比較衡量しなくてはならないとする要請は、法律の規定の有無にかかわりなく、法治国的計画の本質から生じ、したがって、一般的に妥当するということである(34)」と。さらに判決は、比較衡量要請の内容についていう。「連邦建設法に関して展開され、遠距離道路法上の計画に原則として直ちに転用できる当裁判所の判例によれば、比較衡量の要請は、――第一に――比較衡量そのものが行なわれること、――第二に――具体的状況により考慮されなくてはならない利害を比較衡量の中に入れること、そして――第三に――影響をうける公的利害と私的利害の意義が誤認されず、またそれらの利害の間の調整が、それぞれの利害の客観的重要性と比例しない方法で行なわれないこと、を要求する。しかし、そのような限界の内部では、計画の権限を有する機関が、種々の利害の衝突において、一つの利害の優先、したがって当然に、他の利害の後退を選んだ場合には、比較衡量要請の違反とならない。その点における、計画により影響をうける公的利害と私的利害との調整は、むしろ逆に、計画者の形成の自由の本質的要素であり、そのようなものとして行政裁判所のコントロールに服さない。したがって、行政裁判所のコントロールは、比較衡量の要請の範囲内で、計画確定庁が、比較衡量上重要な視点を、法律上かつ事実上適切に特定したかどうか、および、計画確定庁が――そのように適切に調整された比較衡量すべき素材（Abwägungsmaterial）にもとづき――右に提示した調整の限界を遵守したがどうかの問題に限定される」[35]。これは、判決が明らかにしているように、連邦行政裁判所の一九六九年一二月一二日の判決、板ガラス判決およびハンブルグ駐車場判決の原則を再確認したものである。そしてその際に、連邦行政裁判所は、建設計画法の場合と同様に道路計画法の場合にも、計画過程または比較衡量過程と計画の結果または比較衡量の結果とを区別し、比較衡量に対する法的要求を計画の内容または結果に関するものに限定し、計画の手続に対する効果を承認しなかった。連邦行政裁判所は、適正な比較衡量が事実上最終的な計画のなかに沈澱している場合には十分であるとみている。これは比較衡量要請を理解するうえで注目しなければならない点である。判決はいう、「比較衡量に対する要求は、……比較衡量の過程にも、また、計画に表現される比較衡量の結果にも、要するに、計画確定における衡量それ自体と確定された計画の内容的な衡量の結果（Abgewogensein）との両方に関係する。……原告が、比較衡量の過程について、（十分な）比較衡量がそもそも存在せず、それ故にすでに計画は比較衡量の過程の段階で破綻していると主張するかぎり、それを採ることはできない」と[36]。

判決は、連邦建設法第一条第四項二文を一般的な法思想の表現とみて、これを道路計画法にも適用するが、比較衡量の中に入れられる私的利害については、とくに健康と財産権とを、比較衡量に入れるべき正当な利害であるとした。「……必要な比較衡量の範囲内において遠距離道路法上の計画に対して差し向けることができ、その限りで注意を払うべき私的利害というのは、連邦建設法第一条第四項二文による比較衡量についても重要な、すなわち計画により不利益な影響をうける者のすべての法律上および事実上の利益、特に基本法第一四条により保障された財産権を含む。原告が異議を申し立てた健康上の不利益をもって、特に土地所有権の侵害に関連して、比較衡量上重要な利害を形成する利益が主張されていることについては、何ら疑いがない」(37)。これは、遠距離道路法上の計画にとって、環境汚染防止が重要な衡量上の利害であることを認めた点で注目されるが、特に住居地域その他防止を必要とする地域において、有害な環境影響を最小限にすべしという要請に、計画法上の比較衡量基準としての意義を認めてゆく傾向の現われといえよう。しかし本判決は、健康上の利益の主張を無制約に認めはしなかった。判決は右の引用部分に続けていう、「しかし、原告がそれ以上に、計画によって影響をうける個人のために、他の利害関係人の同種の又は比較できる影響を考慮すべきことを、要するに、いわば、計画に反対して主張する自己の利害の重さが、同様の他人の利害の重さと合計することによって濃縮されるということを要求するかぎり、原告の主張に従うことはできない」と(38)。

(7)　最後に、遠距離道路の計画における計画裁量についての最近の判例をあげておこう。バイエルン上級行政裁判所、一九七七年三月二九日の判決(32)。事案は、原告がバイエルン内務省の最高建設庁が定めたアウトバーンの新設計画を争ったもので、原告は、アウトバーン新設予定路線に対して、計画確定手続において、異議を申し立て、住宅から少くとも六〇mはなれた路線にすべきことを要求した。計画確定庁が経済的および技術的理由から建設予定路線の移動を認めなかったので、原告は計画確定決定の取消しを求めて訴えを提起した。第一審は原告敗訴、上級行政裁判所は訴えを認容した。

この判決は、計画裁量に関しては、連邦行政裁判所の国道四二号-判決に従い、それを引用しているが、重要な利害を比較衡量に入れなかったことを理由に計画を違法とした点で注目される。

「道路法上の専門計画についての計画確定庁の実質的権限は、遠距離道路法第一七条および第一八条に含まれている。これに対して、連邦行政裁判所は連邦行政裁判所判決集四八巻五六頁において、つぎのように判示した。すなわち、この権限の中心的要素は計画裁量の容認であって、それは計画者の形成自由という方が良い。連邦遠距離道路法そのものには規定されていない計画者の形成自由は、計画権限を計画確定庁に委譲したことから生じる。計画者の形成自由は、とりわり、計画によって影響をうける公的利害と私的利害をそれぞれにかつ相互に適正に比較衡量すべき要請において、その限界を見出す。比較衡量の要請は、比較衡量がそもそも行なわれること、比較衡量の中には具体的状況により問題になるすべての利害を入れること、および、問題の公的利害および私的利害の意義を誤認せずまたその間の調整が個々の利害に比例しないことがないということを要求する。計画によって影響をうける利害関係人（Betroffene）は、比較衡量要請の違反を援用して、ただ自己の利害の不利益な影響(Berührung)について裁判による計画の審査を獲得することができるが、しかし全く包括的な計画の審査を求めることはできない。線引きの合目的性、道路の技術的形態およびその環境への影響は、利害関係人により企画に対して申立てることができず、ただ計画確定庁により公的利害として考慮されることができるにすぎない。しかし、公的利害が私的利害と矛盾する場合には、正当で重大な理由が、ある利害を他の利害の背後に後退せしめることを正当化するかどうかを審査しなくてはならない。

右の審査の原則を適用すると……取消しを求められている計画確定は存立しえない。何となれば、行政は原告の重大な利害をその考慮の中に入れることをしなかったからである。すなわち、問題は、計画確定庁が、連邦遠距離道路法第一七条第四項により[39]、道路建設負担者（Straßenbaulastträger）に対して、原告の家屋敷の保護のために環境汚染防止施設を建設し維持すべきことを課するように求める請求権を、原告がどの程度にまで有するかということである。この点においては比較衡量がそもそも行われなかったが故に、計画確定決定は裁量違反(ermessenswidrig)である[40]」。

（7） 連邦建設法第二条第一項「建設管理計画は、必要があるや否やおよび必要の範囲内で（sobald und soweit es erforderlich ist）、市町村により、自己の責任で策定されなければならない。」

（8） K. H. Friauf, Baurecht und Raumordnung, in: von Münch, Besonderes Verwaltungsrecht, 4 Aufl., 1976, S.

(9) K. H. Friauf, Fn. (8) 1 Aufl., 1967, S. 369.
(10) K. H. Friauf, Fn. (8) 4 Aufl., S. 453.
(11) 例えば、K. H. Friauf, Fn. (8) 4 Aufl., S. 453. およびW. Hoppe, Die Schranken der planerischen Gestaltungsfreiheit, BauR, 1970, 15 ff. und ders., Zur Struktur von Normen des Planungsrechts, DVBl. 1974. 644. など。
(12) BVerwGE 34, 301 = DöV 1970, S. 277 ff.
(13) BVerwGE 34, 301 = DöV 1970, S. 278. 遠藤・注（2）八九頁。
(14) BVerwGE 34, 305 = DöV 1970, 278.
(15) BVerwGE 34, 308 = DöV 1970, 279.
(16) ここに、連邦建設法における計画裁量に関連する法の規定を掲げることにする。

一九六〇年六月二三日の連邦建設法

第一条〔建設管理計画の目的と種類〕

① 都市および地方における都市建設開発を秩序づけるために、土地の建設的およびその他の利用は、この法律の基準にしたがい、建設管理計画によって、準備され管理されなければならない。

② 建設管理計画は土地利用計画（準備的建設管理計画）と建設詳細計画（拘束的建設管理計画）である。

③ 建設管理計画は国土整備（Raumordnung）および地方計画（Landesplanung）の目的に適合しなければならない。

④ 建設管理計画は住民の社会的文化的必要、住民の安全と健康を目標にしなければならない。その場合、公的利害と私的利害はそれぞれにかつ相互に（gegeneinander und untereinander）適正に比較衡量しなければならない。建設管理計画は住民の住宅需要に資し、住宅の形での財産形成を促進すべきものとする。

⑤ 建設管理計画は教会および公法上の宗教団体が定めた礼拝および司牧のための必要性を考慮し、経済、農業、林業、青少年育成、交通および国防を顧慮し、並びに自然・景観保護および地方の風致の状態に資するもので

なければならない。農業および林業に利用されている土地は、必要な範囲においてのみ、他の用途に指定し、かつ、これに用いるものとする。

(17) BVerwGE 34, 301＝DöV 1970, 279；遠藤・注（2）一五四頁。

(18) BVerwG, Urteil vom 5. 7. 1974, BVerwGE 45, 309＝DVBl. 1974, 767＝NJW 1975, 70 (m. Anm. v. David)＝DöV 1975, 92 (m. Anm. v. v. Heyl)＝JuS 1975, 257＝JA 1975, ÖR 53. 本件の事案については、遠藤・注（2）一四六頁以下に詳しい。なお、阿部泰隆「西ドイツの行政裁判」公法研究三八号一六一頁（昭五一）を見よ。

(19) 広い住居地域のはずれに工業地域を定めることが、いかなる場合に適法といえるかという問題についての実定法上の規制は、西ドイツでは若干の新しい立法にみられる。連邦環境汚染防止法（Gesetz zum Schutz vor schädlichen Umwelteinwirkungen durch Luftverunreinigungen, Geräusche, Erschütterungen und ähnliche Vorgänge (Bundes－Immissionsschutzgesetz) vom 15. März 1974）第五〇条は、その見出しを計画とし、「国土に関する計画および措置の場合、特定の利用のために予定されている土地は、もっぱら又は主として住居に供される地域並びにその他保護を必要とする地域に対する有害な環境影響を、できるだけ（soweit wie möglich）避けるよう、たがいに並存させなければならない」と規定している。したがって、工業地域と居住地域の並存は、連邦環境汚染防止法五〇条の要件のもとでのみ認められることになる。しかし「できるかぎり」という制約は、必ずしも実効性をもつとはいえない。環境に有害な計画については、例えば他の立地は思うようにいかなかったというような、何らかの止むを得ない理由が用意されていることが多いからである。そこで、工場建設や移転を目的とする計画の適法性は、連邦建設法第一条にもとづいて判断され、それが唯一の審査基準になることが多い。

(20) BVerwG, Urteil vom 5. 7. 1974 (Floatglas－Urteil), BVerwGE 45, 309＝DVBl. 1974, 769. 遠藤・注（2）一五三頁。

(21) BVerwG, Urteil vom 5. 7. 1974＝DVBl. 1974, 768〔Leitsatz 5 und 6〕. 本判決においては、本文に示した一九六九年一二月一二日の判決の比較衡量要請に関する定式がそのまま引用されている（DVBl. 1974, 770.）。

(22) 連邦建設法第二条

⑤　建設管理計画の策定にあたって、公的利害の担当者である行政庁および行政機関は参加するものとする。

⑥　市町村は、建設管理計画の計画案を説明書又は理由書を付して、一ヵ月間公衆の縦覧に供しなければならない。縦覧の場所と期間は、少くとも一週間前に、縦覧期間中に、異議と提案を述べることができる旨を示して、地方慣習により、公告しなければならない。第五項による参加人には縦覧を通知するものとする。市町村は、縦覧期間中に述べられた異議と提案を審査し、その結果を通知する。建設管理計画を上級行政庁による認可のために提出する際は（六、一一条）、考慮しなかった異議と提案を市町村の決定に添付しなければならない。

(23)　BVerwG, Urteil vom 5. 7. 1974＝DVBl. 1974, 772.　遠藤・注（2）一五六頁。

(24)　BVerwG, Urteil vom 5. 7. 1974＝DVBl. 1974, 775.　遠藤・注（2）一五九頁。

(25)　BVerwG, Urteil vom 1. 11. 1974＝DVBl. 1975, 492＝DöV 1975, 101＝NJW. 1975, 841＝JA 1975 ÖR. 121.

(26)　BVerwG, Urteil vom 1. 11. 1974＝DVBl. 1975, 493f.

(27)　BVerwG, Urteil vom 14. 2. 1975＝DVBl. 1975, 713＝DöV 1975, 605＝NJW 1975, 1373＝JA 1975. ÖR. 187.

(28)　連邦遠距離道路法

第一七条〔計画確定〕

①　連邦遠距離道路は、計画があらかじめ確定されている場合にのみ、これを建設し又は変更することができる。計画確定にあたっては、計画により影響をうける公的利害および私的利害を比較衡量しなければならない。計画確定決定においては、他の利害関係人がいかなる費用を負担すべきかについても決定するものとする。

同法第一八条は、聴問手続に関する規定である。九項から成っているが、各項とも長文なので省略する。

(29)　BVerwG, Urteil vom 14. 2. 1975＝DVBl. 1975, 715

(30)　連邦遠距離道路法、第一六条〔計画〕

①　連邦交通大臣は、国土開発整備（Raumordnung）に参加する連邦大臣と協議し、かつ、参加諸ラントの地方計画庁と協調して、連邦遠距離道路の計画と路線を定める。

(31)　連邦遠距離道路法一九条〔収用〕

① 連邦遠距離道路の道路建設負担者は、その任務を達成するため、収用権を有する。収用は、第一八条a第一項により定められた建設計画の実施のために必要であるかぎり、許される。収用の許容性の新たな確定は必要がない。

② 第一八条a第一項により確定された計画は収用手続の基礎であり、かつ、収用庁を拘束する。

②a 参加人が所有権又は他の権利の譲渡又は制限に文書により同意したときは、補償手続を直接実施することができる。

②b 第一項第二項および第二a項は、第一七条aに揚げられている施設に準用される。

③④（削除）

⑤ その他、公道について適用されるラントの収用法が適用される。

(32) ドイツ連邦共和国基本法第一四条〔財産権、相続権および収用〕

① 財産権および相続権が保障される。内容と限界は法律によって規定される。

② 財産権は義務を伴う。その使用は同時に一般公共の福祉に資するものとする。

③ 収用は一般公共の福祉のためにのみ許される。収用は、補償の種類と程度を規定する法律により又は法律にもとづいてのみ、なされる。補償は、公共の利益と関係人の利益とを適正に比較衡量をして定めなければならない。補償額について争いのあるときは、普通裁判所への訴訟の道が開かれる。

(33) BVerwG, Urteil vom 14. 2. 1975＝DVBl. 1975, 715.

(34) BVerwG, Urteil vom 14. 2. 1975＝DVBl. 1975, 717.

(35) BVerwG, Urteil vom 14. 2. 1975＝DVBl. 1975, 717.

(36) BVerwG, Urteil vom 14. 2. 1975＝DVBl. 1975, 717.

(37) BVerwG, Urteil vom 14. 2. 1975＝DVBl. 1975, 717.

(38) BayVGH, Urteil vom 29. 3. 1977＝DVBl. 1977, 865.

(39) 連邦遠距離道路法第一七条第四項。「計画確定決定においては、道路建設負担者に対し、公共の福祉のため又は隣接土地の利用確保のために、危険、重大な不利益又は重大な支障を防止するために必要な施設の建設および維持の義務を課さなければならない。かかる施設が企画と両立せず又はその費用が到達すべき保護目的と比例しないときは、利害関係人は、道路建設負担者に対し、相当の金銭補償を求める請求権を有する。一九七四年五月一五日の連邦環境汚染防止法第四一条および第四二条は影響がない。」

(40) BayVGH, Urteil vom 29. 3. 1977, DVBl. 1977, 866.

三 計画裁量の法的構造

(1) ホッペは、それまでの計画裁量に関する裁判所の基本路線に展望をあたえ、計画および計画確定にあたって、計画担当者および計画確定庁には裁量が認められており、その裁量の特殊性は、普通の行政裁量に対して、広い余地(weiter Spielraum)、広汎な形成自由(weitgehende Gestaltungsfreiheit)、広汎な計画裁量(weitgespanntes Planungsermessen)、広い裁量の枠(weiter Ermessungsrahmen)といった付加的呼称を付して表現され、このような性格づけから、制限された裁判所のコントロールを導いていることを確認した。[41] かくして彼は計画裁量の特殊性、すなわち、その他の行政裁量との差異をつぎの点に求めている。第一は、計画裁量の授権規範には、決定または選択裁量が結びつけられる個別的な法律要件メルクマールが規定されていないことである。計画行政庁は、その管轄領域において、手続を注意しながら直接に具体的なものを計画的に整序してゆく権限がある。このような計画規範の構造からすでに、計画の場合の行政の作用は、法的には、行政裁量の行使の場合よりもあまり強く制限されないということになる。第二は、裁量行使そのものの特殊性である。すなわち、計画裁量の行使は、伝統的な行政裁量行使のモデルにはめ込ませることができるかどうか、および、計画上の裁量行使についての法的限界はどのようなものであるか、の問題である。[42] ここではまず、右の第一の問題を検討することにしよう。

そしてこの点については、バドゥラおよびオッセンビュールの分析が極めて有益でかつ注目に値するといえよう。

(2)　バドゥラによれば、「〝計画裁量〟又は〝計画者の形成自由〟はすべての計画の特徴的な要素である、何となれば、計画は、計画にかかわるすべての権利や利益の比較衡量と調整のもとに、かつ、すべての重要な事情を考慮して、対象領域を、プログラムを作成して形成することを目的とする」(43)。そしてこのような計画裁量の行政裁量に対する特殊性をつぎの三点に求めている。すなわち、バドゥラの立論によれば、第一に、フォルストホフが指摘した、規範定立と規範執行の分離を基礎とする立憲主義的基本定式（konstitutionelle Grundschematismus）はその体系指導的機能を失った。執行部による計画はこのような現象を示すものである。第二に、「その場合、例えば建設管理計画はその性質上決して単なる規範執行に限定せられず、常に創造的形成のモメントを含んでいるという理解だけが問題なのではない。原則的な問題提起にとって決定的なのは、執行部の法律の根拠は、行政庁が裁量によって宣言する法律効果のための法律要件を規定したものではないこと、および、計画は一定の適用場面について法律上の規制を〝執行する〟ものではないことである」。「そして第三に、したがって、計画裁量は、単純に、法律効果裁量と定義される行政裁量の規律に服せしめることはできない」(44)ということである。

計画裁量の特殊性を計画法の規範構造に求める議論は、すでに述べたように、ホッペが指摘したところであった。バドゥラの分析はこの点を一層明確に示したものである。結局、彼の分析の総括的結果はつぎの命題である。「計画の根拠となる法律規範は、法律要件に結びつけられた法律効果という規範構造的シェーマに適合しないが故に、このシェーマにもとづく法律効果裁量論も判断余地論も、計画裁量の理解には、何ら寄与しない」(45)。

(3)　オッセンビュールも計画裁量の特色を計画法規範の構造的特色に求めている。オッセンビュールによれば、「計画法は、その目的指導的部分において、条件的（konditional）にプログラムされたものでなく、目的的に（final）プログラムされている。計画法は、〝かくなるときはかくなるべしという命題〟（Wenn－Dann－Schema）

に基づく法律要件を含まず、目標を定めて目的プログラム（Zweckprogramm）を確定する。従って、法律執行の代りに法実現が登場する。この特色が計画と計画裁量とを従来の一般行政法の全カテゴリーから区別する」。「第一に……なるほどこの行政裁量は、計画裁量と同様に、法により授権され、制限され、そして指導される行政の選択の自由、すなわち、複数の行動様式から選択をする行政の可能性を意味する。だが行政裁量は、計画裁量と違って、逐一的な規範執行（punktuelle Normvollzug）に見合ったものである。行政裁量は、通常具体的場合に、一般的には個人にのみ関するものであり、とりわけ、規範構造上は法律効果面に限定されており、今日では法律効果裁量と解するのが全く支配的である。――それに対して、計画裁量は、具体的場合を指すのでもなく、法律効果の選択にも限定されない。『計画は、計画されるべき措置がその解決のために資することになる必要性、自然的所与、使用できる手段および計画措置が影響をあたえる私的利害や公的利害との対決を要求する。すべての計画要素の把握と評価は、形成されるべき生活領域の種類に応じて、技術的、経済的、法的、社会的政治的知識と経験とを前提とする』[46]。それ故に、連邦行政裁判所は正当に、計画の権限は、形成の自由について多かれ少なかれ拡張された余地を含み、かつ、含まなければならない、何となれば、形成の自由なき計画はそれ自体矛盾である、と強調したのである。第二に、この計画者の形成の自由は、特定の精神的作用（geistig－seelische Vorgang）に還元せしめられず、――特に認識、評定、評価および意欲といった――いろいろの要素を含むということである。それ故に、法実現という特殊な様式としての計画にとって特徴的なのは、包摂的な規範執行と違って、利害と必要の比較衡量および将来の発展の予測である」[47]。

(4) オッセンビュールの立論の基礎になっている条件プログラムと目的プログラムの区別は、N・ルーマンに拠るもので、それをオーベルンドルファーがはじめて国土整備法（Raumordnungsrecht）について導入した仮説である。オーベルンドルファーは、計画法の分野の主要な構成部分である国土整備法の適切な理解のためには、伝来的な行政法の概念構成では不十分であること、この不十分性をN・ルーマンによって展開された決定理論の仮説をかりて処理しようと試みている。

「国土整備の特殊な客観的構造を法律学の手段をもって解明することは、ほとんど期待がもてない。それに対して、……社会科学の理論的構想は、それが立法者又は行政の国土整備の決定を説明するために向けられるときは、非常に実りの多いものであるという気持を起させる。法律学は、この社会科学の説明の試論によって、自己の方向を定め、まさに、国土整備プロセスに固有の事実的機能条件を法的重要性の尺度としなくてはならない。」(48)

N・ルーマンによれば、法とは決定プログラムであり、法の定立はプログラムを作成する決定作用であり、そして法の適用はプログラムされた決定作用であると解される。さらに彼は、決定プログラムの作成には二つの形態のみが存在しうることを強調し、それを、条件プログラム（Konditionalprogramm）と目的プログラム（Zweckprogramm）とに区別した。条件プログラムとは、決定過程を、かくなるときはかくすべしとするシューマ（Wenn－Dann－Schema）にもとづいて規定するプログラムである。これに対して、目的プログラムについては多くの定義がなされており、それは、因果シューマの原因と結果から説明されたり、コンピューターのインプット・アウトプットのモデルから説明されたりするが、その背後には目的－手段のシューマを、そしてさらにその背後には、因果関係を認めることができる。目的プログラムは、もともとあいまいな概念構成なのである。(49)

オーベルンドルファーは、さらに、目的プログラムの決定の前提（Entscheidungsprämisse）というのは発見的に問題提起の機能を任された目的確定であることを強調する。すなわち、「したがって、決定の余地（Entscheidungsspielraum）は、なるほど原則として制限されるが、この限界内では、すべてプログラムにカバーされる、いろいろの決定可能性が開ける。この制限された決定発見における流動性は、まさに、目的プログラムの意義であり、同時に、条件プログラムによる決定には知られない正当性獲得および成果の責任という特殊の問題をもたらす。……将来をめざしている目的プログラムの時相（Zeitaspekt）は、計画過程の規範化について、目的プログラムを使用するに適している」(50)という。

(5) N・ルーマンのシステム理論的に構想された行政理論については、W・シュミットの評がある。彼はいう、「それは、行政学と法社会学との境い目に立っている。それは、ドイツ語の文献において、法概念、プログラム概念および決定概念の接合のために最も広汎になされた構想であって、その概念鋳造（とくに〝目的プログラム〟と〝条件プログラム〟、〝政治〟と〝行政〟の対概念）は、最近ますます論議の対象となっている。それ故に、この理論は行政法学をその理論的独語（Selbstgespräch）から引き出し、行政学との批判的な討論において、固有の基本概念を新たに明示するための機会をあたえるのに、特に適しているように思われる」[51]と。

しかし他方、全法規範を条件プログラム・目的プログラムという対概念でとらえようとするルーマンについては、当然ながら批判もある。エッサーの批判は、結局、条件プログラムと目的プログラムとの分離を強調しすぎるという点にあるといえよう。エッサーはいう、「条件プログラムが目的プログラムに対して区別されるものの基本的誤解は、法規の〝Wenn－Dann〟という条件的シェーマをもってしては、決して、規制類型を本来的に決定させるものとしての規範目的および規範の存在理由（ratio）は把握せられないという点にある。……しかしルーマンは目的に関する決定的問題を誤認した。すなわち、彼は『目的はかような条件プログラムにおいては本質的な機能をもたない、それはむしろ別種の、対立する様式のプログラムである、というのは条件プログラムは発生原因を定めるものではなく、実現すべき作用をコンスタントに定めるものであるから』という。そうではないのだ！」[52]と。エッサーは、条件プログラムにおいても目的は本質的な機能をもつことを認めている[53]。シュミット・アスマンもまた、条件プログラムと目的プログラムの対立は、決定的な対立を示すものではなく、計画は、その中心領域においても、従来の法律学の手法で把握できるとし、エッサーに倣って、圧倒的に条件プログラムで構成されている法律学にとって、目的とのつき合いは決して無縁なものでないことを指摘している[54]。またシュミット・アスマンは、「計画裁量はそれ自体決して統一的な現象ではなくて、法律要件上は条件的に決定した諸関係および目的的に決定した諸関係でさまざまに構成されるものである」[55]という。

いずれにせよ、オッセンビュールは、ルーマンに拠りながら、計画を、「既存の抽象的決定の包摂的執行によってではなく、自己創造的、形成的、法的であっても指導的なイニシアティブと決断とによってのみ実現されうる」[56]ものと捕らえ、包摂的思考（Subsumtionsdenken）[57]はその基礎を失ったものとみたのである。そこから、計画裁量を、法律効果裁量および判断余地をもつ不確定法概念の理論から解放しようとしたことは、すでに述べた通りである。ホッペにいたっては、裁量からの明確な別離のために、彼の著書「道路その他の交通施設の計画における権利保護」において使用した「計画裁量」（Planungsermessen）という用語すら避けようとしている。[58]

(6)　しからば、計画裁量を根拠づけている法律の規制のなかで不確定法概念が使用されている場合、そのような不確定法概念は、どのような法的性質をもつものであろうか。

バドゥラは、計画裁量を根拠づけている法律の規制のなかで確立されている原則や概念を計画裁量を行使するための基準、すなわち、裁量指令（Ermessensdirektive）と解すべきであるとしている。[59]バドゥラのいう裁量指令はオッセンビュールにもとづいているものである。オッセンビュールによれば、裁量指令とは、「具体的場合において正当な法律効果を追求する道標（Wegweiser）」[60]である。彼は、計画規範における法概念を、もともと包摂的部分と自由裁量的部分とには分解せしめられない統一的な計画決定の範囲内における〝裁量指令〟と見ているのである。

したがって、計画および計画法において、つぎのような理論構成をとることになる。すなわち、「計画に関する行政の権限は、法律上、行政に属する任務であり、当然、最終的な拘束力ある形成決定（die letztverbindliche Gestaltungsentscheidung）は行政にのみ属さなくてはならない。これは、裁判官のコントロール可能性、すなわち、行政決定の審査可能性の問題ではなくて、コントロール権限の問題である。行政が法律上の目標指示および手段指示の変動幅（Variationsbreite）のなかで維持されている限り、最後の断（das letzte Wort）は行政に属し、誤りを正す裁判所の判断は排除される」[61]と。

(7) このような立場からすれば、連邦行政裁判所の一九六九年一二月一二日の判決および板ガラス判決が批判をうけるのは当然である。オッセンビュールの批判の第一点は、連邦行政裁判所がまだ包摂思考の方法から完全に解放されていないということである。すでに述べたように、連邦行政裁判所は、連邦建設法第一条第四項一文および第五項で使用されている諸概念、すなわち、住民の社会的および文化的必要、住民の安全と健康、経済・農業・林業・青少年育成・交通および国防の必要といった諸概念について、それらは、判断余地なき不確定法概念であるとし、裁判所が全面的な範囲で審査しうるものであるとした。これに対して、オッセンビュールの批判の第二点は、右のような概念は、包摂可能な、したがって完全に審査可能な不確定概念ではないということである。彼によれば、右の連邦建設法第一条第四項一文および第五項にあげられている概念は、もともと包摂的部分と自由裁量的部分とに分解せしめられない、統一的な決定としてのみ理解されうる計画決定 (einheitliche administrative Planungsentscheidung) の枠内における、典型的かつ特に重要な「裁量指令」である。[62]

(8) ところで、西ドイツにおける行政裁量・不確定法概念およびいわゆる判断余地論については、これをつぎのように整理するとができよう。一方における、法から自由な行為の選択を行政に認める法律の授権＝行政裁量（効果裁量）、他方における、不確定概念の解釈適用による法律の執行＝不確定法概念、同時に、裁量とは区別される法から自由な領域を不確定法概念にも許容すること＝判断余地を有する不確定法概念。[63] このうち、最も議論が集中しているのは判断余地 (Beurteilungsspielraum) の理論である。[64]

周知のように、判断余地の理論は、一九五五年のバッホフおよびウーレの論文にはじまるが、[65] それは学問の創造物であるといってよい。連邦行政裁判所はこの理論を直ちに採用したわけではなく、一般に、不確定法概念は、判断余地がなく、したがって全面的に審査可能な法概念であるとみてきたのである。ただ例外として、連邦行政裁判所は、試験決定、試験類似の決定および公務員法における勤務上の評価の領域において、判断余地を認めたにすぎない。シュミット・ザルツアーは、一九六八年に、判例に現れた判断余地を分析して、いう。「現在の判例は重大な変遷をうけた。例えば、五十年代後期までなお、試験の決定、公務員任用の要件である『公務員たるにふさわしい品位』又は公務員の勤務成績、もしくは、『公の交通の利益』の判断を裁量決定とみて、裁判所は、行政庁に対し、それに対応するコントロールから免れる余地を認めていた。しかし、裁量決定とする資格づけは、新判例では捨てられた。上述の例は、不確定法概念の場合と解され、したがって、その適用は全面的に審査可能でなくてはならないものである。しかし判例は、限定された範囲で、いわゆる判断授権の存在を承認し、それにもとづいて、事実を不確定法概念に包摂することに関して、行政庁に対し、裁判上制限的にのみ審査しうる〝判断余地〟を承認した。もちろん、これはすべての不確定法概念に認められるのではない。むしろ裁判官の審査権の限界は、当該対象領域の独自性、要するに事柄の性質から探究すべきもので、全面的審査可能性という原則の例外が問題なのである。そのような例外的場合として、学校法領域における試験および進級の決定、並びに、官吏法における勤務上の適性判定があげられる[66]」と。

このような連邦行政裁判所の態度は、まず確立されたものとみられてきた。すなわち、判断余地をもつ不確定法概念は、非常に限定された対象および範囲についてのみ、例外的に、認められるにすぎない。一九七二年にオッセンビュールはつぎのように書いたのだった。

「行政判例の最近十年は、とりわけ、裁判所による行政のコントロールの飛躍的な拡大と密度によって特色づけられた。それは、行政部の判断特権（判断授権、判断余地）に対して、すでに数年前に弔辞が書かれるということになった。事実、一九七一年の終りまで、いわゆる不確定法律概念の解釈にあたって、行政に、いわゆる判断余地又は類似のものが留保されるという判決は、許されるべきでなかった。判断余地をもつ不確定法律概念は、あまり遠くない将来において、理論的視界から消え去り、過去の行政法における追憶として教科書でのみ埋もれた存在となるだろうという予測は、年々満たされてゆくように思われる[67]。」

(9)　ところが、連邦行政裁判所一九七一年一二月一六日の判決は[68]、試験法・学校法および官吏法以外の領域においても、判断余地を認めたものであった。したがって、この判決は、連邦行政裁判所の判例変更を示唆するほどの意義をもち、センセーショナルな判決として受けとめられ、判断余地論に新たな論議をまきおこした。判断余地論の提唱者であるバッホフはこの判決を「遅すぎた」[(69)]といい、オッセンビュールは、「思いがけずやってきた」[(70)]と評した。

事案は、青少年有害図書のリストに或る本を登載するという、連邦審査委員会（Bundesprüfstelle）の決定が争われたものである。[(71)]判決は、「リストへの登載は、青少年有害の適性（Eigung zur Jugendgefährdung）を前提とする。この概念は、従来、唯一の正しい決定のみが認められる不確定法概念とみられてきた。しかし（有害図書の――筆者注）指定にあたっては、単に事実の確定とその包摂が問題なのではなく、むしろ、青少年有害の適性という決定は、先見的かつ同時に方針指示的な、評価的要素が混入する判断を含む。青少年有害の適性という概念の適用にあたって、唯一の正しい解決のみが可能であるという概念は、フィクションであることが明らかである」と断定し、さらに、「連邦審査委員会の任命は、ある図書のリストへの登載に関する決定にあたって、多元的社会の各層が効果的に活動できる保証をしている。そのような裁定団体（Sprchkörper）の決定は、その意見形成を他の者が代わることのできないこと（Unvertretbarkeit）を本質とする」と述べている。[(72)]

バッホフとともに判断余地論の源流をなすウーレは、右に引用した判決の前段の部分を、他の法領域における大抵の不確定法概念についても妥当するといい、後段の引用部分についても、青少年保護法の領域に限られるものではないと主張している。[(73)]はたして、この判決によって承認された「判断余地」は、青少年保護法以外の法領域における不確定概念、したがって一般に不確定概念について、行政庁の判断余地を認め裁判所の審査権の制限を承認するという方向を打ち出したものと見るべきであろうか。

連邦行政裁判所一九七一年一二月一六日の判決は、第一部の判決であり、従来、青少年有害の適性なる概念を不確定法概念としていた連邦行政裁判所第五部の判決からの転向を意味するものである。しかしその後の連邦行政裁判所の判決は、必ずしも、右の第一部の判決の「傾向に乗りつつある」[74]ということはできないように思われる。連邦行政裁判所第七部は、一九七四年一月一六日の判決において、旅客輸送法（Personenbeförderungsgesetz）第一三条第二項二号aの適用にあたる認可行政庁には、交通が既存の交通手段をもって十分に利用できるかどうかの問題の審理について、全く判断余地がないとした。[75]連邦行政裁判所第一部も、自己の下した一九七一年一二月一六日の判決に言及することなく、三つの判決（一九七四年五月一五日、一九七四年五月二一日および一九七四年七月九日の判決）において、不確定法概念の全面的な裁判所による審査を肯定したのである。[76]

⑽　一九七四年七月五日のいわゆる板ガラス判決は、連邦行政裁判所第四部の判決である。この判決は、一九七一年一二月一六日の連邦行政裁判所第一部で展開された原則を明確に否認した点でも注目しなくてはならない。判決はいう、「この判決（一九七一年一二月一六日の第一部の判決――筆者注）は、青少年を道徳上危険にする図書の適性という法律要件メルクマールを問題にし、図書は、局外者たる専門家を任命した連邦審査委員会による審査をうけているという決定的な理由で、弱められた行政裁判所のコントロール密度（die verminderte verwaltungsgerichtliche Kontrolldichte）を推論している。その点で、連邦建設法第一条第四項および第五項の問題と比較されるものは何もない。計画をし、その点では良き意味でも悪しき意味でも党派的な市町村の地位と青少年有害図書普及に関する法律第八条以下[77]による連邦審査委員会の地位とは、明らかに、一種の類推という試みがすべて見当違いであるほど、共通性がない[78]」と。

要するに、この判決は、一九七一年一二月一六日の判決が、不確定法概念について行政庁の判断余地を認める新たな拡大的傾向から、建設計画法上の諸概念を除外し、そのような拡大傾向に歯止めをかけたものと評することができる。[79]しかしだからといって連邦行政裁判所が、計画法の領域における計画裁量又は計画者の形成自由の存在そのものをも否認しようとしたものでないことは言うまでもない。それは、連邦建設法第一条第四項および第五項にあげられている諸概念を、全面的に審査しうる判断余地なき不確定法概念であるとし、これが計画裁量又は計画者の形成自由の一つの法的限界をなすとしたのである。いわゆる計画裁量が、判断余地の理論で捕らえることができないことも確かである。

(11) 計画裁量を行政裁量やいわゆる判断余地論では捕らえられない特殊な裁量の類型とみる立場では、計画裁量は、どのように位置づけられることになるのであろうか。いわゆる「自由に形成される行政」(frei gestaltende Verwaltung) とは、いかなる関係にあるかをみることにしよう。

西ドイツの学説は、一般に、「裁量」と「自由に形成される行政」とは類型的に異なる作用であることを認めている。ヴォルフおよびバッホフによれば、「行政機関が多かれ少なかれ覊束された法律の執行の義務を負わない限りで、行政機関に、大きな自由が認められている。その場合、すべての法的行動と同様に、行政機関には、法律要件の設定が委ねられている。これが、実務上広汎なかつもっとも魅力ある、自由に形成される行政の領域であって、それはしばしば実質的には政治となる[80]」と。そして、ヴォルフおよびバッホフは、そのような形成自由は、原則として、いわゆる法律に従属する行政 (sog. gesetzesakzessorische Verwaltung) の領域には存在しない、としたのである[81]。バドゥラもいう、「厳格な意味での裁量といわれるのは、決定の際に執行部に属する選択の可能性が、法律又はその他の規範的根拠にもとづき、かつ、この行為様式に属する決定が直接に行政と国民との法律関係に関する場合である。自由な選択的意志形成の結果生じるが、ただ行政の一般的責務および行政内部的規定からのみ生じ、個人の法的地位に影響をあたえることのない行政決定は、この厳格な概念から除外され、〝形成的裁量〞の行使、又は、用語上の限定をすれば、〝自由に形成される行政〞と称される[82]」と。また、オッセンビュールも、「執行部が„Ob"および„Wie"に関して自律的に決定する場合、すなわち、法律上の基準や指令 (Direktive) が欠如している場合に、執行部は、裁量を行使するのではなくて、自由に形成するのである。……かような目的、目標および手段を自律的に決定する執行部の作用は、とくに政治および自治行政の領域に土着のもの (heimisch) である。しかし、執行部のその他の領域においても、それは、通説により合法なものとして承認され、〝自由に形成される行政〟として法律の執行から除外されている」[83]といって、法律従属的作用としての裁量行使と自由に形成される行為とを明確に区別している。[84]

(12)　「自由に形成される行政」にあたるものを〝裁量〟又は〝行政政策裁量〟(verwaltungspolitiscle Ermessen)と呼び、特殊な裁量類型と考えるものもいる。例えば、ルップは、学校、プール又は道路等を建設する決定に現われる裁量を、「自己のイニシアティブおよび形成力の展開という意味での〝裁量〟」といって、この領域は、行政法学というよりは行政学および行政政策の対象となる領域であるとしている。[85]また、ケルナーも行政政策裁量という用語を使っている。彼はいう、「例えば、新しい道路を建設し又は新しい役所を設立する決定に現われる行政政策裁量(verwaltungspolitische Ermessen)は、裁判所のコントロールを原則として免れる領域として、ルップによっても承認されている。それは、権力分立国家における行政の一般的責務から生じ、もちろんこの国家の憲法秩序において、その限界を見出す。しかしその際、大抵特別規範における具体化が欠如しているから、行政は、この場合特別の自由を享受することになる」[86]と。しかし、自由に形成される行政を、裁量の語で表現するのは、用語上の混乱を招くといえよう。もともと、裁量論は、法律要件と法律効果との条件的な結合としての規範という法規範構造を前提にしているものだからである。[87]

ところでケルナーは、行政政策裁量すなわち自由に形成される行政に関連して、要因説(Faktorenlehre)を展開している。要因説は、いわゆる判断余地論の新しい根拠づけを試みるものとみられている。要因説によれば、裁判所によるコントロールの限界は、不確定法概念の〝前段階から〟生じるのであって、この前線(Vorfeld)には、行政の形成自由(Gestaltungsfreiheit)のための領域がある。具体例をあげよう。連邦建設法第三五条第二項に含まれている[88]〝公的利害〟という概念は、判断余地なき不確定法概念であって、裁判所の全面的な審査に服する。「しかし、具体的場合に……公的利害に合致するか反するかは、市町村の固有の計画(土地利用計画――筆者注)およびその基礎にある構想によって決定的に規定される。この種の不確定法概念には、その具体的な内容が個々の高権担当者（Hoheitsprson）自身により――計画高権の担当者として――比較的広汎な（無制限でないとしても）形成自由にもとづいて規定されるという特殊性がある」[89]。また、官吏の転任の要件の一つとして、〝勤務上の必要〟が存在しなくてはならないが、この〝勤務上の必要〟という概念も判断余地なき不確定法概念であって、裁判所の全面的審査に服する。「しかし具体的場合に、〝勤務上の必要〟があるかどうかは、行政機構の一連の事実（要因）、例えば職務領域、組織、人事問題に依存している。行政組織をどのようにしなくてはならないか、行政の重要な地位は個人的にどのように配置されるかは、――数少ない特別法の規定を捨象すれば――行政の自由な決定に委ねられなくてはならない。行政裁判所が、逐一的な官吏法上の判断によって、必要な行政の改組や人的配置換えに、×印をつけようとするのは、奇怪なことであろう。……しかし裁判所は、官吏が行政機構の客体とされ、恣意が行政上の必要によって偽装されないように注意しなければならない」[90]。

要するに、この要因説によれば、「不確定法概念の裁判所による全面審査の要請には、いわば不確定法概念の前線において、そして事情によっては概念鋳造的に、コントロールを免れる領域か存在しかつ尊重されるという可能性が開かれる」[91]のである。

(13)　さて要因説については、オッセンビュールによる整理が極めて有益である。彼によれば、右の具体例が示すものは、第一に、法実現のプロセスは規範から事実へ一元的に執行されるのではなくて、事実からの諸要因が反射的に規範の内容を決定しうるということ、しかし、これはいわゆる事実の規範力（normative Kraft des Faktischen）とは無関係であること、第二に、行政は、現実のデータや事実を作り又はずらすことによって、不確定法概念によって考えられた法律要件を造り出し、それによって法的決定を決定することができるということである。そして、このような行政の形成自由は、行政裁量論および判断余地論とは共通点がなく、それぞれの問題領域を異にするものである。要因説は、法的に判断される具体的事実の限界をどの程度に引くか、および、いかなる要因――行政が設定した――が包摂に際して注意されるべきであり、いわば〝規範的〟な効果を現わすかという問題を提出しているが、要因説の多くの問題は未解決であるというべきである[92]。この点で、計画法の分野における既成事実と権利保護との構造的関連の問題は、重要な問題提起を含んでいるといえよう[93]。さしあたり、行政部の形成の自由又は行政政策的形成自由の規範性が問われなくてはならない。

(14) 「自由に形成される行政」が一般に承認されているといっても、その範囲および限界は必ずしも明確でない。しかし、自由に形成される行政の領域において、行政は、完全に法外的なものになるのではなくて、そこには一定の法的限界が存在することも一般に承認されている。そしてその場合の法的限界としては、正義公平、過度の禁止、比例原則などの一般法原則のほか、平等原則、恣意の禁止および人間の尊重のような基本的な憲法上の原則があげられる[94]。このような憲法上の原則は、憲法体系におけるもっとも基本的な限界をなすものであるから、広汎な政治的形成自由を認められている立法者も同様に服さなくてはならない法的限界である。そこから、シュテルンやオッセンビュールは、「自由に形成される行政」を、立法部の形成自由とのアナロギーでとらえている[95]。

裁量と形成自由との区別から、計画裁量の本質を明らかにしようとする試みも困難につきあたる。それは計画裁量を統一的な現象をしてとらえることができないことによる。計画裁量の行使は計画の目標、手続等を行政が自律的に設定することであるとみれば、それは、「自由に形成される行政」の一つの場合であることになろう。しかし計画裁量が、法律に基づき、将来の発展の予測や評価を示す不確定法概念をもって規定されている場合には、それは、裁量の特殊な一形態とみることもできよう。いずれにせよ、計画裁量を厳格な意味での裁量の一場合ではなくて、「自由に形成される行政」の一構成要素とみなし、これを立法部裁量とのアナロギーでとらえようとする背景には、行政上の計画決定に対する裁判所のコントロール密度の緩和の要請がある。ブルューメルは、立法部の予測の誤謬（立法部裁量）に関して連邦憲法裁判所が展開した原則を、行政上の計画決定に転用することに反対して、つぎのようにいっている。「行政の領域においては、裁判所による計画のコントロールは、憲法上の基準に法律上の基準および目標指示も加わるが故に、より濃密に出撃しなければならない」[96]と。

このようにみてくると、計画裁量と行政裁量とは、質的に異なる類型としてではなく、両者の間には裁量の幅の広狭、したがって量的な差異があるにすぎないという見方もなりたつことになろう。シュミット・アスマンによれば、「行政裁量と計画裁量とは質的に異なるものと解することはできない、行政裁量と計画裁量は法律上の構成要件において区別せられないが故にすでに、そう解することができるという、二つの型はともに、行政作用は関係ある視点のすべてを包括的に調査し比較衡量としてのみなすことができるという、格率のなかに見出される。合理的行為一般の法的符号としての、すなわち、法律指導的行政の本質的なものとしての比較衡量！　計画裁量と行政裁量との量的差異は、存在する法律規定の精確性および予想される比較衡量結果の予測性にある」[97]のである。裁量領域の広狭の点に計画裁量と行政裁量との差異を求めるときは、問題の重点は、計画裁量の構造的特質の分析よりは、計画裁量の法的限界の問題ないし計画裁量に対する法的コントロールの方式の問題に移行することになろう。

(41)　W. Hoppe, Rechtsschutz bei der Planung von Straßen und anderen Verkehrsanlagen, 1971, Rdnrn. 140, S. 53 f.

(42)　W. Hoppe, Fn. (41), Rdnrn. 149 ff., S. 56 ff.

(43)　P. Badura, Das Verwaltungsvefahren, in : Erichsen/Martens. Allg. VerwR., 1975, S. 292

(44)　P. Badura, Das Planungsermessen und rechtsstaatliche Funktion des Allgemeinen Verwaltungsrechts, in : Verfassung und Verfassungsrechtsprechung, Festschrift zum 25 jährigen Bestehen des bayrischen Verfassungsgerichtshof, 1972, S. 167.

(45)　P. Badura, Fn. (44), S. 174, Vgl, W. Hoppe, Zur Struktur von Normen des Planungsrechts, DVBl. 1974, 641. 遠藤・注（2）九一頁以下を見よ。

(46) K. Kodal, Straßenrecht, 2 Aufl, 1964, S. 511.

(47) F. Ossenbühl, Welche normativen Anforderungen stellt der Verfassungsgrundsatz des demokratischen Rechtsstaates an die planende staatliche Tätigkeit ?, Gutachten für den 50. DJT, Bd. I (Gutachten) 1974, Teil B. 185.

(48) P. Oberndorfer, Strukturprobleme des Raumordnungsrechts, Die Verwaltung, 1972, 257 ff.

(49) N・ルーマンの目的プログラム・条件プログラムについての説明は、彼の多数の論文でなされているが、本章では、W・シュミットの整理にしたがった。W. Schmidt, Die Programmierung von Verwaltungsentscheidungen, AöR 96 (1971) 331 f. なお、村上・六本訳『N・ルーマン 法社会学』二五〇頁以下（昭五二）を見よ。

(50) P. Oberndorfer, Fn. (48), S. 262.

(51) W. Schmidt, Fn. (49), S. 327 f.

(52) J. Esser, Vorverständnis und Methodenwahl in der Rechtsfindung, 1972, S. 145.

(53) J. Esser, Fn. (52), S. 148.

(54) Schmidt－Aßmann, Planung unter dem Grundgesetz, DöV 1974, 546.

(55) Schmidt－Aßmann, Verwaltungsverantwortung und Verwaltungsgerichtsbarkeit VVDStRL 34 (1976), 252. Anm 106

(56) F. Ossenbühl, Fn. (47), B. 163.

(57) オッセンビュールは、通説たる行政＝法律適用説を三つのメルクマール、すなわち、静態的な法律概念、包摂思考という方法および決定を下される具体的事案、によって示している。しかし、この三つの基準は、計画および計画決定の法的コントロールという問題を考えるうえで、すべて根本的に疑問になったという（F. Ossenbühl, Fn. (47), B 161 ff.）。法律適用説については、すでにエームケが批判を加えている。Vgl. H. Ehmke, „Ermessen“ und „unbestimmter Rechtsbegriff“ im Verwaltungsrecht, 1960. なお、本書V「紹介：エームケ・行政法における〝裁量〟と〝不確定法概念〟」一〇五頁以下を見よ。

(58) W. Hoppe, Fn. (45), S. 644. und Anm, 51.
(59) P. Badura, Fn. (44), S. 174.
(60) F. Ossenbühl, Verwaltungsvorschriften und Grundgesetz, 1968, S. 319.
(61) F. Ossenbühl, Fn. (47), B 186.
(62) F. Ossenbühl, Fn.(47), B 186 ff.
(63) 本書Ⅳ「裁量の瑕疵」八九頁。
(64) 判断余地の理論については、田村悦一『自由裁量とその限界』一〇二頁以下（昭四二）に詳しい。なお、宮田三郎『行政法（学説判例事典）』七四頁以下（昭四九）を見よ。
(65) O. Bachof, Beurteilungspielraum, Ermessen und unbestimmter Rechtsbegriff, JZ 1955, 97 ff ; C. H. Ule, Zur Anwendug unbestimmter Rechtsbegriff im Verwaltungsrecht, Gedächtnisschrift für W. Jellinek, 1955, S. 309 ff. それ以来、判断余地に関しては実に多数の論文が発表されてきた。ヴァイゲルによれば、判断余地の根拠づけに関する理論には一八の説があるとされ、それぞれについて検討を加えている。H. J. Weigel, Beurteilungsspielraum oder Delegationsbegriff ?, 1971. S. 86 ff.
(66) J. Schmid－Salzer, Beurteilungsspielraum der Verwaltungsbehörden, 1968, S. 26 f.
(67) F. Ossenbühl, Zur Renaissance der administrative Beurteilungsmächtigung, DöV 1972, 401.　なお、田村悦一『行政訴訟における国民を権利保護』八四頁（昭五〇）を見よ。
(68) BVerwG, Urteil vom 16. 12, 1971＝DVBl. 1972, 388＝DöV 1972. 419＝NJW 1972. 596＝JuS 1972. 414.　遠藤・注（2）八八頁。
(69) O. Bachof, JZ 1972. 208.
(70) F. Ossenbühl, Fn. (67), S. 401.
(71) 青少年有害図書普及に関する法律（Gesetz über Verbreitung jugendgefährdender Schriften. In die Fassung vom 29. April 1961）第一条第一項一文は、「青少年を道徳上危険にさらすに適している図書は、リストに載せなければならない。」と規定している。

(72) C. H. Ule, Verwaltungsprozeßrecht, 6. Aufl. 1975. S. 11 f; H. U. Erichsen/W. Martens, Das Verwaltungshandeln, in: Erichsen/Martens, Allg. VerwR. 1975 S. 150 f.

(73) C. H. Ule, Fn. (72), S. 11.

(74) 遠藤・注（2）八八頁。

(75) 旅客輸送法第一三条第二項

路面電車交通、トロリーバス交通および自動車による路線交通については、認可は、つぎの場合に拒否しなければならない。

二 申請された交通により、公の交通の利益が害される場合、とくに

（a） 交通が既存の交通手段をもって十分に利用できる場合

(76) Vgl. C. H. Ule, Fn.(72) S. 12.

(77) 青少年有害図書普及に関する法律第九条によれば、連邦審査委員会の構成は、議長、邦の委員および美術、文学、書籍販売業、出版業、青少年団体、青少年福祉事業、教員および教会、宗教団体などの八グループから各一名、合計一二名から構成される。

(78) BVerwG, Urteil vom 5. 7. 1974 = DVBl. 1974, 774.

(79) 田村教授は、西ドイツの裁量学説が要件裁量説として展開されるであろうという、かつての展望をみずから改め、要件裁量の終焉の可能性を示唆しているが（田村・注（64）八四頁および八六頁注（47））、そのような予測をたてることはむづかしい。要件裁量説ないし判断余地論の動向はつねにこれを見まもる必要がある。要件裁量説ないし判断余地論あるいはそれらの変型は、判例における現われ方には消長がみられるにせよ、つねに裁量理論の基底に存在していると考えたい。

(80) H. J. Wolff/O. Bachof, Verwaltungsrecht I, 9 Aufl., 1974, § 31 III, S. 203.

(81) H. J. Wolff/O. Bachof, Fn. (80), S. 203.

(82)　P. Badura, Fn. (44), S. 203.
(83)　F. Ossenbühl, Fn. (60), S. 315.
(84)　「自由に形成される行政」の司法的統制については、田村・注（67）八九頁以下に詳しい。
(85)　H. H. Rupp, Grundfragen der heutigen Verwaltungsrechtslehre, 1965. S. 209.
(86)　H. Kellner, Einiges zum behördlichen Ermessen, DöV 1969, 311 f.
(87)　Vgl. P. Badura, Fn. (44), S. 172.
(88)　連邦建設法第三五条第二項、「その他の計画は、具体的場合において、その執行又は利用が公的利害(öffentliche Belange）を害さない場合に、これを認めることができる。」
(89)　H. Kellner, Fn. (86), S. 312.
(90)　F. Ossenbühl, Ermessen, Verwaltungspolitik und unbestimmter Rechtsbegriff, DöV 1970. 88.
(91)　H. Kellner, Fn. (86), S. 312.　なお、ケルナーは、具体例として、本文の二例のほか、集団住宅法における〝公益〟と〝秩序ある都市建設の開発〟という概念をあげている。
(92)　F. Ossenbühl, Fn. (90), S. 88 ff.
(93)　Vgl, W. Blümel, Raumplanung, vollendete Tatsachen und Rechtsschutz, in : Festgabe für Forsthoff, 1967, S. 132 ff.
(94)　F. Mayer, Das Opportunitätsprinzip in der Verwaltung, Band 14 der Schriftenreihe der Hochschule Speyer, 1962, S. 18 ff.　田村・注（67）九九頁以下。
(95)　K. Stern, Ermessen und unzulässige Ermessensausübung, 1964, S. 23 FN 64.; F. Ossenbühl, Fn. (60), S. 315. FN 147.
(96)　W. Blümel, Planung und Verwaltungsgerichtsbarkeit, DVBl. 1975, 699.
(97)　E. Schmidt－Aßmann, Fn. (55), S. 251 f.

四　むすびに代えて

計画行政および形成行政の作用の構造は、事実関係を規範の下に包摂し規範に合致する行政行為を発布するという包摂の仕組み（Subsumtionsmechanisums）を基礎とする伝統的思考方法をもってしては、把握できない。現代行政における行政の形成的機能の増大は従来の行政法学の理論的体系の変革ないし修正を迫まらずにはおかない。ブロームは、侵害行政・給付行政という分類よりも、執行的機能と形成的機能という視点を強調し、行政の形成的機能についてつぎのようにいう。「行政の形成的機能の意義の増大は、法律と行政、目標設定と執行、憲法と行政法の限界を、行政作用の領域においても、ぼやけさせる。この形成的機能に対し、技術的効果のみならず法治国的かつ社会国的デモクラシーにふさわしい効果をも与える、形式、類型および原理を形成するという点に、現在の行政学および行政法学の主要な問題がある」と。[98] 行政の形成機能の問題は、これまで計画法においては、主として法律適合性と個人の権利保護という伝統的な行政法学の関心との関連で論ぜられてきた。しかし計画上の形成という問題の解明には、行政決定過程の構造、行政の目標設定の合理性あるいは二者択一の可能性からの最善の選択などに関する問題についての分析も深められなくてはならない。[99] このような問題提起ないし要請にこたえるものとして、バドゥラ、オーベルンドルファーおよびオッセンビュールなどによる計画法の分析は注目すべきであり、これらの分析にもとづいて、計画規範の特質を、つぎのように整理しておきたいと思う。

計画規範の特質は、第一に、包摂的仕組みにもとづく法律の執行が問題にならないという点にある。計画規範は、事実関係を特定の処分（法律効果）に結びつけられている法律要件として捕らえていないし、それを規定したものでないということである。何となれば、計画は、秩序維持のための事実関係に対する単なる反作用ではなく、一つの構想にもとづき与えられた事実関係を創造的－主導的に改造することである。[100] 計画規範の特質の第二は、計画規範が計画目標を展開する手続を構成するものであるという点にある。伝統的な包摂規範にとっても目標は必ずしも無縁なものではない。しかし包摂規範のなかには、すでに行政作用の目的ないし目標が一緒に含まれており、あるいは、少くとも黙示的に規定されており、このような目的ないし目標が、法適用の過程で、特別に具体化されるという段階は存在しない。(四) これに対して、計画規範の計画規範たる特質は、そこに計画目標を展開するための形式的および実質的〝手続〟が配置され、その適用が規定されているという点にある。すなわち、計画規範は、法律効果を規定するのではなく、〝手続〟を構成するものであるということが特に重要である。かような手続は具体的にはつぎの諸点を含むものでなくてはならない。形式的には、計画策定に対する参加権および参加義務の問題など、実質的には――例えば、一方においては上位計画との斉合性、企画に対する諸要請および企画によって満されるべき利益など、他方においては企画に関する障害および企画に対立する利益など――計画目標を決定する諸要因の指定およびこれらの諸要因の評価と比較衡量に関する規定がそれである。

右のような分析によれば、計画法上の計画裁量は行政裁量（効果裁量）の概念で把握することができない。行政裁量については、行政が法律上認められている複数の措置のうちから一つの措置を選択するにあたって、行政に認められている自由の限界を遵守したかどうかという点で、裁判所によるコントロールを受ける。しかし計画行政についての裁判所のコントロールの重点は、むしろ、計画が法律によって規定された手続にしたがって展開されたかどうか、すなわち、計画が、法律に規定されている行政手続において、かつ、法律上定められた行政目標の決定諸要因によって、確定されたかどうかという点を審査することにあるといわなくてはならない。したがって、計画裁量に対する法的コントロールについても、計画裁量の手続法的理解がとくに重要視されなくてはならない。計画裁量の限界およびその法的コントロールに関する連邦行政裁判所の判例は、すでに繰り返し引用したとおり、確立したものとなっている。この連邦行政裁判所の判例理論が、どのような構成をとっているか、従来の裁量瑕疵論とどのような関係にあるか、また、それが計画裁量についての独自のコントロール基準と方法を示したものといえるかどうか、さらに、計画裁量に対する裁判所のコントロール密度いかん、などの諸点についての考察は次の章で試みることにしたい。それによって、計画裁量の具体像が一層明確になるであろう。とりわけ、実定法上の規定の有無にかかわりなく、法治国的計画の本質から生じる法原則を抽出することが、次の課題でなければならない。

(98)　W. Brohm, Die Dogmatik des Vewralungsrechts vor den Gegenwartsaufgaben der Verwaltung, VVDStRL 30 (1971), S 212 (Leitsatz 20), 塩野宏「O・バッハオフ、W・ブロームの行政の現代的課題と行政法のドグマティク」法協九一巻二号八五頁以下（『公法と私法』三二八頁以下・平元）を見よ。

(99)　W. Brohm, Fn. (98), S. 261 u. 308 (Leitsatz 7).

(100)　F. Ossenbühl, Fn. (47), B 163.

(101)　本書IV「裁量の瑕疵」九九頁。

Ⅶ　計画裁量の限界

一　はじめに

国家的レベルでの計画であれ、地方自治体レベルでの計画であれ、およそ法治国家における計画は、法治国的原理に即して、これを評価することが必要である。U・ショイナーの簡潔な定義によれば、「法治国家とは、それ自体の中に、国民の個人的かつ政治的自由の保護並びにすべての公的権力行使の抑制と法的拘束を具体化しているものである」[(1)]。計画法は、そのような法治国原理を考慮しながら、計画手続および計画内容を規制するものでなくてはならない。すなわち、計画者の形成の自由には、明確な法治国的限界が課せられているはずである。このような計画規範の特質は、計画規範が計画目標を展開する手続を構成するという点にあり、それは、形式的には、計画策定に対する参加権および参加義務の問題（住民参加の問題など）、および、実質的には、計画目標を決定する諸要因の指定およびこれらの諸要因の評価と比較衡量に関する規定を、含むものでなくてはならない[(2)]。西ドイツの連邦建設法は、この点について、比較衡量要請に重要な意義を認めており、それは計画裁量の限界をなす最も重要な法原則であるとの立場をとっている。計画裁量の限界の問題は、一般的にいえば、行政上の計画と法治国的原理との対決の問題であり、その背後には法治国家と社会国家（福祉国家）との関係に関する問題が在るということができる。国家は、法治国家としては権利保護国家であるべきであり、他方、社会国家（福祉国家）としては、積極的な社会政策および経済政策を実現すべき任務を有する。行政計画は、そのような積極的な社会的および経済的形成を実現するための行政上の手法であり、計画裁量の限界ないしは計画行政に対する裁判所のコントロール密度の問題は、根本的にいえば、右の二つの基本的立場の衝突ないし調和の問題であるということができよう。(3)

本章は、計画裁量の限界の問題を論じる。ここに限界というのは、計画の権限、手続、形式といった形式上の限界ではなくして、主として、実質的な限界である。計画裁量の構造についての分析と同様に、ここでも、西ドイツ法が素材となるのは、計画裁量に関する学説・判例の集積がみられるだけでなくて、計画法一般の法的構造と特質を考究するうえに、有益な視点と参考にすべき問題解決が提供されているからである。

(1)　U. Scheuner, Die neuere Entwicklung des Rechtsstaat in Deutschland, in: E. Forsthoff (hrsg.), Rechtsstaatlichkeit und Sozialstaatlichkeit, 1968, S. 490f.

(2)　本書Ⅵ「計画裁量」一六一頁。

(3)　Stelkons/Pagenkopf, Rechtliche Bindung und gerichtliche Kontrolle planender Verwaltung im Bereich des Bodenrechts, DVBl. 1977, 669.

二　西ドイツの判例理論

計画裁量の法的限界に関する西ドイツ連邦行政裁判所の判例理論は、連邦建設法の解釈適用にさいして展開された判例の集積に基づき、さらにそれが、連邦遠距離道路法のような他の計画法の領域にも導入された結果として、形成されたものであるといってよい。この判例理論は、大体、次のように整理することができる。

(1)　基本的人権を侵害する計画は、計画そのものとして正当性を有するのではなくて、必らず法律の根拠に基づく正当化を必要とする。連邦行政裁判所一九七四年七月五日のいわゆる板ガラス判決は、連邦建設法第一条一項が、建設管理計画の制度上の根拠となるばかりでなく、同時に、建設管理計画に内容的基準をあたえるものであることを確認した。(4)判決はいう、「はじめから、建設管理計画を正当化しうるにふさわしい公的利害、すなわち、土地法上重要なものとして都市建設開発秩序の要素である公的利害が欠如している場合は、連邦建設法第一条一項により、建設管理計画のための余地はない」(5)と。同様に、遠距離道路計画は、遠距離道路法第一条一項により、広域交通に資する関連交通網の形成のため必要でなければならない。連邦行政裁判所一九七五年二月一四日のいわゆる国道四二号判決は、(6)広汎な計画者の形成の自由を認め、その形成の自由の限界として四つの視点をあげているが、そのうち、第二の視点は道路法上の計画の正当性に関するものである。判決はいう、「第二の視点の下に前提されている道路法上の計画の正当性は、……高権的計画はその正当性をそれ自体の中に有するものでなく、計画から発する第三者の権利に対する影響を考慮して、その時々の具体的な計画措置について正当化を必要とするという考慮から生じる」として、連邦行政裁判所一九六九年一二月一二日の判決と一九七四年七月五日の板ガラス判決を援用し、「建設管理計画は、連邦建設法第一条一項により、都市建設発展の秩序と関連し、かつ、連邦建設法第二条第一項により、計画の権限を有する市町村の計画者としての構想により必要である場合にのみ、連邦建設法による建設管理計画策定のための余地がありうると同様に、連邦遠距離道路法による道路法上の計画も、それが法律をもって一般的に追求される公的利害の実現を成就し、かつ――具体的な企画との関連で――必要である場合のみ、存続する」(7)と。もちろん、連邦行政裁判所はそのような要件が存在するか否かの審理を、裁判所が無制限に審査することのできる法律問題としたのである。

(2)　計画決定の核心は、計画目的と計画により影響を受ける利害とを、計画主旨（Planungsleitsätze）により、比較衡量することである。公的利害と私的利害との比較衡量の要請は、全計画法を支配する基本原理であるが、この点について、連法行政裁判所一九七五年二月一四日の国道四二号–判決は、「計画によって影響を受ける公的利害は、これをそれぞれにかつ相互に適正に比較衡量しなくてはならないとする要請は、法律の規定の有無にかかわりなく、法治国的計画の本質から生じ、したがって、一般的に妥当する」[8]と判示している。つぎに、連邦行政裁判所一九七四年七月五日の板ガラス判決が判示しているように、比較衡量の要請は、比較衡量の過程並びに比較衡量の結果の両方に関連することを明らかにしたことが重要である。[9]

(3)　比較衡量の要請については、次のような要件が判例法上課せられており、それに違反する場合は、比較衡量の要請に違反するものとなる。

ⓐ比較衡量脱落（Abwägungsausfall）　比較衡量がそもそも行なわれなくてはならない。比較衡量がそもそも行なわれてないときは、比較衡量違反である（連邦行政裁判所の板ガラス判決など）。

ⓑ比較衡量の不足（Abwägungsdefizit）　比較衡量の中には、計画の主旨および具体的状況により重要なすべての利害を入れなければならない。重要な、比較衡量をすべき利害が欠けているときは、計画は違法となる（バイエルン上級行政裁判所一九七七年三月二九日の判決）。[10]

ⓒ比較衡量における誤った評価（Abwägungsfehleinschätznug）　計画者は利害の内容と意義を適切に判断し評価しなくてはならない。したがって、例えば計画者が「有害な環境影響に対する住居地域の保護に属している高い地位」[11]（連邦行政裁判所一九七四年一一月一日の判決）をそれにふさわしいように考慮しなかった場合には、利害の評価における瑕疵となる。

ⓓ比較衡量における不均衡（Abwägungsdisproportionalität）　個々の利害は、計画–主旨に対しおよび相互に関連させ評価しなければならならない。その結果、衝突する利害についていかなる利害を優先させ、いかなる利害を後退させるかの決定が可能となる。この判断は計画担当者の裁量にあり、原則として、裁判所による法的コ

ントロールに服さない。しかし、計画によって影響を受ける公的利害の調整が、個々の利害の客観的重要性とバランスがとれない方法でなされたときは、違法性が存在する（板ガラス判決、国道四二号判決など）[12]。ただ実際上は、明白な不均衡がある場合に比較衡量は違法とされるから、これを〝明白性の留保（Evidenzvorbehalt）〟または〝明白性コントロール（Evidenzkontrolle）〟ということができる[13]。

パピーアによれば、「第一および第二段階の比較衡量瑕疵（比較衡量脱落および比較衡量不足）は、計画手続の順序正さ、すなわち計画の過程に関するもので、計画の所産または結果に関するものでない。それは、計画によって影響を受ける者の民主的－形式的、手続的保護の表現である。計画策定は、機能欠如の形式主義の故に、条例を制定する市町村代表の手にあるべきでなく（連邦建設法第一〇条を見よ）、民主的に正当と認めらる市町村機関の挿入は、それがあらゆる重要な利害を知り考慮に入れることの自由な意思決定の表現である場合にのみ、その意義を実現する。このような連邦建設法第一条四項二文違反の〝比較衡量脱落〟又は〝比較衡量不足〟は、とくに、市町村がその計画目的の本質的要素に関する決定を、あらかじめ、計画者の比較衡量過程の外部において、かつ、影響を受ける利害を比較して考慮することなく、なしたということに基づいていることがある。

これに対して、判例が受け入れた第三および第四段階の比較衡量違反（〝比較衡量における誤った評価〟と〝比較衡量における不均衡〟）は、計画の内容したがって（また）比較衡量過程の結果に関する。この場合、判例は、手続的なコントロールのみならず、内容的なコントロールも要求する。この場合には、計画の影響を受ける者の民主的－形式的保護ではなくて、法治国的実質的保護が問題であり、ここには、市町村の計画高権と司法の計画コントロールとの衝突状況が存在する」[14]と。

(4)　判例理論は、一方において、計画主旨（Planungsleitsätze）の執行について、そこに使用されている概念が包摂可能な法律要件メルクマール、すなわち、その解釈適用は裁判所の無制限なコントロールに服する不確定概念であると解した。連邦行政裁判所一九六九年一二月一二日の判決はいう、「例えば何が経済の必要（連邦建設法第一条五項一文）に属するものであるかについての計画市町村の見解、同様に、特定の計画がこの必要に資するという市町村の見解は、いかなる種類の優越性も保護も享けない。これに関連して、市町村のために何らかの〝判断余地〟（Beurteilungsspielraum）を論じることはできない」[15]と。他方において、比較衡量における計画者の形成の自由とは、種々の利害が衝突する場合に、一つの利害の優先を、したがって必然的に他の利害の後退を決定する計画担当者の権限であって、裁判所の審査権から免れるものをいう。右の連邦行政裁判所の判決も、その点について、「そのような限界の内部では、計画の権限ある市町村が、種々の利害の衝突において、ある利害の優先を、したがって当然に他の利害の後退を決定するときは、比較衡量要請の違反でない」[16]と述べている。そしてこれは連邦行政裁判所が繰り返し確認したところである。[17]結局、判例理論は、パピーアが指摘するように、計画規範の性格をつぎのように把握しているといえよう。すなわち、「計画規範は、法律要件面における不確定であるが全面的に審査しうる法概念（〝計画主旨〟）に、〝比較衡量要請〟に含まれている計画者の（法律効果―）裁量を結びつけた〝混合規範〟として現われる」と。[18]

（4）　BVerwG, Urteil vom 5.7.1974, BVerwGE. 45,309＝DVBl. 1974, 767. 本書Ⅵ「計画裁量」一二七頁以下。
（5）　本書Ⅵ「計画裁量」一二七頁。
（6）　BVerwG, Urteil vom 14. 2. 1975, (B42－Urteil) DVBl. 1975, 713. 本書Ⅵ「計画裁量」一三一頁以下。
（7）　BVerwG, Urteil vom 14. 2. 1975, DVBl. 1975, 716.
（8）　BVerwG, Urteil vom 14. 2. 1975, DVBl. 1975, 717. 本書Ⅵ「計画裁量」一三二頁以下。
（9）　BVerwG, Urteil vom 5. 7. 1974, DVBl. 1974, 768. 本書Ⅵ「計画裁量」一二七頁以下。
（10）　BayVGH, Urteil vom 29. 3. 1977, DVBl. 1977, 866. 本書Ⅵ「計画裁量」一三五頁以下以下。
（11）　BVerwG, Urteil vom 1. 11. 1974, DVBl. 1975, 496.
（12）　本書Ⅵ「計画裁量」一二七、一三二、および一三六頁。

(13) Abwägungsausfall, Abwägungsdefizit, Abwägungsfehleinschätzung および Abwägungsdisproportionalität という名称はW・ホッペに拠るが（W. Hoppe, Die Schranken der planerischen Gestaltungsfreiheit, BauR 1970, 17)、一般に承認されているといってよい。Vgl. E. Pappermann/M. Gubelt, Fälle zum Wahlfach Bau－und Raumordnungsrecht sowie Straßenrecht, 1976, S. 2f. H. J. Papier, Fälle zum Wahlfach Wirtschaftsverwaltungsrecht, 1976, S. 88f.

(14) H. J. Papier, Die rechtliche Grenzen der Bauleitplanung, DVBl. 1975, 461f.

(15) BVerwG, Urteil vom 12. 12. 1969, DöV 1970, 279. 本書VI「計画裁量」一二六頁。

(16) BVerwG, Urteil vom 12. 12. 1969, DöV 1970, 279. 本書VI「計画裁量」一二七頁。

(17) 本書VI「計画裁量」一三〇、一三三頁。

(18) H. J. Papier, Rechtliche Bindung und gerichtliche Kontrolle planender Verwaltung im Bereich des Bodenrechts, NJW 1977, 1714.

三　計画法の構造

行政上の計画に対する法的コントロールが困難である理由の一つは、法的コントロールの基準となる法律の規定の構造にこれを求めることができる。もちろん、計画法の法規範には、伝統的な行政法規範の構造の理解でとらえることのできるものが多数ある。これは、いわゆる „Wenn－Dann“ シェーマ、すなわち、A、B、Cの要件が存在するときは、Fという法律効果が生じるという条件的シェーマに基づいて構成されている法規範である。しかし、計画法の通常の法形式は、このような構造をもつ法規範ではない。

D・シュマルツの整理に従えば、計画を規制する規範にとって典型的なのは、つぎの三点であることを指摘している。すなわち、第一に、計画規範は一定の目標と利害を表示し、その達成又は保護を計画の目的としていること、第二に、種々の目標および利害が明らかに矛盾し、要するに目標衝突が、〝いっしょにプログラムされている〟（"mitprogrammiert"）場合に、その目標および利害そのものの間の順位が確定されてないこと、そして第三に、計画法の規定は、明瞭に限定された法律効果を含まず、考慮しなければならない（"zu beachten"）すなわち、（単に）比較衡量の中に入れなければならないものとされていること、である。そして、このような構造を有する規定は計画主旨（Planungsleitsätze）、計画原則（Planungsgrundsätze）計画基準（Planungsleitlinien）などと呼ばれ、それは、計画の基本である比較衡量を、〝指導し、舵をとり、誘導する〟ものとされる。[19]

(2)　右の第一の点については、例えば、連邦建設法第一条、国土整備法第二条をあげることができる。W・ホッペは、連邦建設法第一条において計画目標として確定されている公的利害を、計画一般に関する主旨（Leitsätze）と個別的な計画に関する原則（Grundsätze）とに区別して、つぎのように整理している。すなわち、(A)主旨は次の二つである。(aa)建設管理計画の上位の主要な目的設定は都市建設開発の秩序である（連邦建設法第一条一項）。(bb)建設管理計画は住民の社会的文化的必要、住民の安全と健康を目標としなければならない（同法第一条四項一文。Muß規定）。(B)特別に追求すべき公益として連邦建設法第一条四項および五項にあげられているのは、次のとおり。(aa)建設管理計画が資すべきものとする住民の住宅需要（Soll 規定）、(bb)住宅の形での財産形成の促進（Soll 規定）、(cc)教会および公法上の宗教団体が定めた礼拝および司教のための必要性の考慮（Muß 規定）、(dd)経済、農業、青少年育成、交通および国防の顧慮（Muß規定）、(ee)建設管理計画が資すべきものとする、自然・景観保護および地方の風致の状態の利害（Muß規定）、(ff)できるだけ農業に利用されている土地を保護すること（Soll 規定）。[20] また、フリーアウフは、建設管理計画が従わなければならない、連邦建設法第一条に定められている一連の計画目的を次のように分類している。一つの基本主旨、四つの主要主旨および一連の次順位の主旨がそれである。すなわち、基本主旨は、建設管理計画が都市および地方における都市建設開発を秩序づけなければならないことを、規定している。（秩序原則、連邦建設法第一条一項）。その場合、建設管理計画は、(1)社会的および⑵文化的必要により、住民の⑶安全と⑷健康を目標にしなければならない（四つの主要主旨、同法第一条四項一文）。右の範囲内において、建設管理計画は、住民の住宅需要に資し、住宅の形における財産形成を促進〝すべきものとし〟、教会が定めた宗教勤行の必要を考慮し、経済、農業、林業、青少年育成、交通および国防を顧慮し、並びに自然・景観の保護の利害および地方の風致の状況に資するものでなければならない（単なる主旨、同法第一条四項三文および五項）。(21)

また、国土整備法（Raumordnungsgesetz 一九六五年八月八日）第二条は、国土整備の原則（Grundsätze der Raumordnung）を掲げているが、この原則は国土整備政策の原則を再現したもので、その内容も多種多様である。この原則は、国土整備法第二条の一号から九号までにあげられており、不等質の目的観念を描き出している。すなわち、あるものは社会政策または国土整備政策に動機づけられ、他のものは主として専門計画上の利害に合致している。大抵は一般的に連邦全域に適用されるが、部分領域にのみ関係するものもある。全原則は相互に同順位であるが、四号にあげる原則には優位を認めている。国土整備法第二条一号は、国土開発に関する一般原則である。それによると、健全な生活・労働条件並びに精選された経済的、社会的および文化的諸関係を有する地域の空間的構造は確保され、さらに発展すべきものとする。このような構造が存在しない地域においては、構造改善のための措置がなされるものとする。第二号は、健全な生活・労働条件並びに精選された経済的、社会的および文化的諸関係を有する空間的構造を創造しまたは維持するために寄与する住宅および労働地の健全な密度を要請している。第三号は、連邦領土の一般的開発の背後に後退している地域に関する構造政策の措置を規制する。第四号は、周辺地帯の優先的な助成措置を予定している。周辺地帯は、その他の連邦領土の経済的、社会的および文化的構造と同等の構造を維持するものとする。第五号は、農業および林業の土地利用の保護に関する特別の規定で、地方の地域からの過度の移住は阻止されるものとする。第六号は、大密集中心地における生活・労働条件の健全化に作用する。第七号は、非常に一般的な形式で風土と森林の維持、保護および管理、リクリエーション地域の確保と形成、水の清浄維持と水供給の確保、空気の清浄維持と騒音に対する公共の保護を問題にし、これらを配慮しなければならない旨規定する。第八号は、国土整備が同郷関係の結合並びに歴史的および文化的諸関係を考慮すべきことを規定する。最後に第九号は、民間および軍隊の国防の必要の顧慮を規定している。[22]

(3)　さて、判例理論は、すでにみたとおり、計画の主旨を不確定法概念として処理し、その解釈適用は裁判所の無制限のコントロールに服するものとした。このような判例理論に対し、一部学説は、強い批判を示している。それは、一方における法律要件面における不確定ではあるが全面的に司法審査の可能な法概念と他方効果裁量の区別を、計画法に転用するのは、計画規範の特別の構造と計画行政の特殊性を見誤ることになる、というものである。そのもっとも代表的なものの一人であるオッセンピュールによれば、「計画法は、その目的指導部分において、条件的（konditional）にプログラムされたものでなく、目的的（final）にプログラムされている。計画法は、〝かくなるときはかくなるべしという命題〟（Wenn－Dann－Schema）に基づいて構成される法律要件を含まず、目標を定め、目的プログラム（Zweckprogramm）を確定する。従って、法律執行の代りに法実現が登場する。この特色が計画と計画裁量とを従来の一般行政法の全カテゴリーから区別する」。[23]

条件プログラム・目的プログラムという対概念は計画法の構造的特質を浮彫りにするという点で有益であるが、もちろん、このような理論についても有力な批判があり、まだ一般的な承認を受けているとはいえない。[24]例えばパピーアはいう、「計画規範を、目的プログラムの行為規範の範囲に、多かれ少なかれ機械的に属させることから、規範的行為指導と裁判官の行政コントロールの程度に関する最終的確定をしないように、強く警告しなくてはならない」[25]と。パピーアによれば、こうである。すなわち、法律要件——法律効果シェーマによる規範構造は、通例多くの決定要因を提供するが、しかし法律要件の不確定性と法律効果裁量の広さの故に、規範目的だけが行政の規範的な行為を指導する場合もある。また他方、目的－手段を規範的に結合している規範構造の場合は、目的設定が特殊的で明確であればあるほど、それだけ目的実現の過程は一義的に決定される。しかし建設管理計画のような、内容的に包括的な計画の場合には、計画目標が多数あること、それが単なる枠構造をなしていること、計画目標が抽象的であることおよび目標や手段が衝突する場合は、その解決のためにさらに具体化した下位目的を設定する必要があることのために、目的の拘束を受ける手段選択は、規範的にはほとんど予定することができない。決定要因における不完全性の程度は様々なのである。結局、目的プログラムされている規範構造というだけでは、法的コントロールの範囲は決定できない。(26)

(4)　つぎに、シュマルツの整理による第二点は、目標衝突の問題である。この点についてもパピーアの指摘が有益である。彼によると、建設管理計画の舵とりをする連邦建設法第一条の計画規範および国土整備計画に関する国土整備法第二条の規定の特殊性は、高度の不確定概念を使用して目標の規定をしている点に在るのではなく、決定的なことは、これらの規範の中に、具体的場合に行動する計画担当者の統一的な目標プログラムの作成一般が欠如していることである。この確認は、計画規範が多数の目的設定を含んでおり、それが立法者によって整序されていないことに基づく。要するに、目標および目標の衝突が〝いっしょにプログラムされている〟のである。(27)P・オーベルンドルファーもいう、「計画者の決定は、……法律上確定された基準となる計画目標から一義的に推論せられない。すなわち、国土整備は、多数の目的設定となる、構造の複雑性によって、その特徴が示される。そこから計画者の形成の自由が明らかになる。その場合、裁量理論の訓練を積んでいる行政法律家に容易に譲歩する誤解を予防しなくてはならない。すなわち、行政法理論において〝不確定法概念〟としてよく普及した、法律上確定された計画目標の概念上の不確定性、すなわち、国土整備の任務を述べる文言の漠然たる輪郭が、具体的な計画行為の一義的な推論可能性の欠如のために責任があるものとされるのではない。反対に、国土整備原則の法律上のカタログの性質が印象深いものであればあるほど、すなわち、その形成が包括的で苦労の多いものであればあるほど、さしあたりは一義的に特定された計画行為という錯覚を呼び起すかもしれないが、具体的計画についての立法者の言明は未決定である」(28)と。

連邦建設法は、すでにみたように、一つの基本主旨、四つの主要主旨および一連の次順位の単なる主旨又は特殊目的という目的体系で確立しているようにみえるが、実際上は、目的衝突の解決は単純ではない。例えば、国防の利害を四つの主要主旨の特殊目的と解するのは困難であろう。

なお、シュマルツの整理による第三点は、比較衡量に関する問題であるので、これは別に論じることにしよう。

(5)　以上の計画法の構造的特質の検討をふまえたうえで、計画行政に対する法的拘束と裁判所のコントロールを強化するための可能性を探ることにしよう。この点については、パピーアに拠って、さしあたり、二つの手掛りについて検討することにしたい。(29) 第一の手掛りは、計画目的の順位の規範的な協調、限定およびとりわけ確定を目ざすものであり、第二は、計画担当者のために侵害の限界を規範化することである。

まず第一の方法は、高度に複雑な計画の場合は、非常に限定的にしか通用しない。というのは、この場合には多数の規範的目標設定が必要であり、かつ、その時々の計画における具体的な計画目標と目標の衝突状況が立法者にとっては予見し限定することができないものであるからである。しかし、あまり複雑でない専門計画の場合は、限定的な計画目標を法律で調整し、明確にし、等級をつけることによって、法的拘束したがって裁判所のコントロールを強化することができる。いずれにせよ法律における並列的で同価値的目標を列挙しているのは、計画法そのものから目標の衝突についての決定を取り出すことができず、これが目標を具体化する計画手続および計画担当者に移されるということの決定的理由の一つである。したがって、計画目的の順位の並列、限定および確定については、判例法の機能に重要な意義を認めることができよう。

①連邦行政裁判所一九七四年七月五日の判決（板ガラス判決）。この判決では、工場移転と環境問題を扱っているが、計画目的の抽象的なランク付けを示している点でも興味深い。すなわち、住宅地域と工業地域はできるだけ隣接させるべきでないことを、都市建設計画の基本的原則として認め、具体的場合におけるこの計画原則違反は、原則として計画決定を瑕疵あるものとするというように、この原則に高い順位を認めている。(30)

②連邦行政裁判所一九七五月二月一日（国道四二号―判決）。この判決は、解釈の方法によって、遠距離道路法の拡張目標と環境汚染防止との間に抽象的な等級づけをし、前者の計画目的に、環境保護の考慮よりも基本的に高い順位をあたえた。すなわち、環境汚染防止は、遠距離道路法上の計画にとっては重要な比較衡量すべき利害であるが、計画主旨として、道路計画の目標を規定するものではない、と判示した。(31)

③連邦行政裁判所一九七二年三月一六日の判決（ヴュルガッセン判決）。この判決は、原子力法が法律の目的として第一順位にエネルギーの研究、開発および利用の助成目的をあげ、生命、健康および財産の保護目的を第二順位に規定していたのを、右の保護目的が助成目的に優先することを判示したものである。(32)

第二は、計画法において、それに違反する場合には計画決定を違法にし、したがってそれを無効又は取消し得るものとする、計画決定による侵害の限界を規定することである。その一つは、基本法第一四条の所有権保障である。計画が基本法第一四条三項にいう収用という侵害効果を有するときは、許容される所有権の拘束の限界を踰越することになる。計画決定が収用に該当するときは、法律による補償がなければ違法となる。所有権保障は、侵害に対する最も外部的な限界である。他は、それぞれの法律により課せられる内容的な限界で、例えば連邦遠距離道路法第一七条四項をあげることができる。(33)また計画確定手続により実施される計画については、行政手続法が右の連邦遠距離道路法第一七条四項と同内容の、第七四条二項の規定を置いている。(34)これらの規定は、要するに、計画確定が、計画をもって追求する目的実現のために、隣接土地に対し、危険、重大な不利益又は著しい支障、若しくは、他人の権利に対する不利益となるような確定を必要とするときは、企画の担当者は、物質的・現実的な保護予防手段によって、この計画の結果を避けなくてはならないのである。ただ一定の要件のもとでのみ例外が認められ、その場合は、利害関係を有する隣人は、相当の金銭補償を求めることができる。

以上が計画裁量または計画者の形成の自由に対する外部的な限界ということができる。計画法は常に目的的にプログラムされる部分と、条件的にプログラムされる部分とから構成されており、条件的プログラムと目的的プログラムは行政学の理想類型であるということができる。(35) 計画法の構造的特質は、そのような計画目標を設定し、目的プログラムを確定すること、および、計画目標を決定する諸要因を挙げ、これらの諸要因のそれぞれの評価と比較衡量をすることにある。計画法の構造的特質については、それぞれの点について若干の考察をした。そこで残された問題は、計画裁量の限界について重要な意義を有する比較衡量要請に関する考察である。それが次の問題である。

(19)　D. Schmalz, Planung und Plan – Die wichtigsten Rechtsfragen, JA 1978, 31f.

(20)　W. Hoppe, Bauleitplanung und Eigentumsgarntie – Zum Abwägungsgebot des §1 Abs. 4 S. 2 Bundesbaugesetz, DVBl. 1964, 169.

(21)　K. H. Friauf, Baurecht und Raumordnung, in : von Münch, Besonderes Verwaltungsrecht, 4 Aufl., 1976, S. 452.

(22)　K. H. Friauf,Fn. (21) S. 530/532.

(23)　F. Ossenbühl, Welche normativen Anforderungen stellt der Verfassungsgrundsatz des demokratischen Rechtsstaates an die planende staatliche Tätigkeit ?, Gutachten für den 50. DJT, Bd. 1 (Gutachten) 1974, Teil B. 185. 本書VI「計画裁量」一四三頁以下。

(24)　条件プログラムについては、本書VI「計画裁量」一四三頁以下を見よ。

(25)　H. J. Papier, Fn.(18), S. 1715.

(26)　H. J. Papier, Fn.(18), S. 1715.

(27)　H. J. Papier, Fn.(18), S. 1715.

(28)　P. Oberndorfer, Strukturprobleme des Raumordnungsrechts, Die Verwaltung, 1972, 265f.

(29)　H. J. Papier, Fn.(18), S. 1717 f.

(30)　BVerwG, Urteil vom 5. 7. 1974, DVBl. 1974, 767 (775). 本書Ⅵ「計画裁量」一二九頁以下。
(31)　BVerwG, Urteil vom 14. 2. 1974, DVBl. 1975, 713, 716. 判決の結論については、もちろん異論がありうるが、ここでは、それは問題でない。
(32)　BVerwG, Urteil vom 16. 3. 1972 (Würgassen－Urteil), DVBl. 1972, 680. 塩野宏「西ドイツ原子力訴訟の特色」ジュリスト六六八号五〇頁（『行政過程とその統制』・三八九頁・平元）、宮田三郎「原子力行政の法律問題―原子力発電所の設置許可を中心として」専修大学社会科学年報一三号（昭五四）。
(33)　連邦遠距離道路法第一七条四項については、本書Ⅵ「計画裁量」一四〇頁注（39）を見よ。
(34)　行政手続法第七四条（計画確定決定）
②計画確定決定において、計画確定行政庁における審議の際に一致を得られなかった異議申立について決定する。計画確定行政庁は、企画の担当者に対し、公共の福祉のため又は他人の権利に対する不利益な影響を避けるために必要な予防手段若しくは施設の建設及び維持の義務を課さなければならない。かかる予防手段又は施設が実行不可能であるか若しくは企画と両立しないときは、利害関係人は、相当な金銭補償を求める請求権を有する。
なお、西ドイツの行政手続法については、宮田三郎「西ドイツ行政手続法」専修法学論集二四号一三三頁以下（昭五二）を見よ。
(35)　H. J. Papier, Fn.(18), S. 1717.

四　比較衡量要請の原則

(1)　計画規範の一つの特殊性は、すでにみたとおり、それが多数の目的設定を含んでおり、しかも立法者によって目的順位が必ずしも整序されていない点にある。したがって目標衝突がある場合には、一つの目標の追求は必然的に他の競合する目標を無視または後退させることになる。この場合に必要な優先決定こそ、計画者の形成の自由の根本的な構成要素である。この目標衝突の場合には、形成の自由、したがって計画裁量の法的限界は、計画主旨から生じるのではなくて、比較衡量要請から生じるのである。(36)

(2)　比較衡量要請は、計画裁量の限界を構成するものであるが、それは、計画によって影響を受ける公的利害および私的利害がそれぞれにかつ相互に適正に比較衡量されなければならない、ことを内容とする。

西ドイツの計画に関する法律には、比較衡量の要請の原則を明文で規定するものが多い。例えば、連邦建設法第一条四項二文（一九六〇年六月二三日、一九七七年一月一日の改正で現在は七項）「その場合、公的および私的利害は、それぞれにかつ相互に、適正に比較衡量しなければならない。」、連邦遠距離道路法（一九七四年一〇月一日）第一七条一項二文「計画確定にさいして、企画によって影響を受ける公的および私的利害が比較衡量されなければならない。」、国土整備法（一九六五年四月八日）第二条二項「国土整備の原則は、第三条に掲げる機関により、それに属する裁量の範囲内で、それぞれにかつ相互に第一条の基準により、比較衡量しなければならない。」、市町村における都市建設上の整備および開発措置に関する法律（都市建設促進法――一九七一年七月二七日）第一条四項三文「相手方、とくに所有権者、賃借人および借地人の利害並びに公共の利害は、適正に相互に比較衡量しなければならない。」、耕地整理法（一九五三年七月一四日）第三七条一項一文「耕地整理地域は、その時々の地形の構造を考慮し、相互に比較衡量すべき関係人の利益に適合し、かつ、公共の福祉が要求するように、新たに造成しなければならない。」などがあげられよう。

すでに述べたように、このような計画法上の比較衡量要請は、連邦行政裁判所により、法治国的計画の本質に内在する法原則であるとされ、法律の規定の有無にかかわりなく、一般的に妥当するものであるとされたことに注目しなくてはならない。この点については、学説も一般的に承認をあたえているといってよいであろう。(37)例えば、バドゥラはいう、「計画によって影響を受ける公的および私的利害は、それぞれにかつ相互に、適正に比較衡量しなくてはならないという要請は、法治国的計画の本質から生じる。それは法治国的計画の本質に内在する原則である。何となれば、計画においては通常、多かれ少なかれ多数の、その関係相互で複雑な利害関係の調整が問題であり、そのうえ、そのような利害関係は、独特の状態で相互にもつれており、従って一種の連鎖反応で、他の多数の利害関係にかかわることなしには、一つの利害関係を何ものも承認することができない。具体的な計画を策定するために必要な調整、すなわち、必要な妥協は、しばしばある必要に認められないものは同時に他の必要にもならないということを、ひき起す。その結果要求される優越性および優先性に関する決定のなかに、計画の特性が、現われかつ証明される。計画裁量の行使に内在する法治国的比較衡量の要請は、その時々の比較衡量原則に従って計画目標の実現を支配する法原則である」と。[38]

(3)　比較衡量においては、決定発見の手続が問題であって、その手続においては、衡突する利害又は論拠が互に評価的に関連させられ、それを基礎にして、決定発見においては衝突する利害又は論拠のうちから若干のものが他のものに対して選び出される。この点は、連邦行政裁判所もすでに確認したところで、連邦行政裁判所一九六九年一二月一二日の判決は、「計画は――さしあたり私的利害を捨象すれば――種々の公的利害間の調整または妥協を要請し、しばしば計画の特質には、同時に他の必要を考慮することなくしては、ある必要に対しても何ものも承認できない、[39]そしてその結果要請される優越性および優先性に対する決定において、計画がまさに計画として現われかつ証明される」という判断を示している。[40]

比較衡量の要請が、計画法においては極めて重要な意義を有することは無論であるが、しかし、それは計画にだけ特殊な現象ではない。W・イェリネックは、裁量の瑕疵を論じ、裁量の瑕疵の一種として、「行為の理由と反対理由の比較衡量に際する慎重さの欠如」をあげている。[41]ここでは、瑕疵なき裁量行使の前提として、当該利害関係または衝突する行為の論拠の十分な比較衡量が考慮されている。要するに、比較衡量は、行政裁量一般の前提にあるのであって、計画にだけ特殊な現象ではないのである。ただ、比較衡量が、計画過程と結びつくことによって、計画に特殊な比較衡量となりうるということができよう。[42] そしてこのような計画者の比較衡量の特殊性は、裁量行使の場合に一般にいわれる、〝理由と反対理由との比較衡量〟ではない。バイロイターがいうように、「いわばモザイクを組み立てるような、一見すでに確実となった部分的結論をも繰り返し問題にする考慮と新たな比較衡量が、計画者の比較衡量の特質を示すものである」。[43]

(4)　W・ホッペによれば、比較衡量は三つの段階、すなわち、調査－確認の事象（Ermittlunngs–und Festellugsvorgang）、評価の事象（Bewertungsvorgang）および本来の比較衡量の事象（eigentliche Abwägungs-vorgang）で実現される。[44]

まず、比較衡量には、論理的にも時間的にも、それに先行する比較衡量すべき素材の収集または調査がある。計画担当者は、具体的場合に関係する公的利益および私的利益を明らかにし、それを調査し確認しなければならない。連邦行政裁判所のいわゆる板ガラス判決および国道四二号判決は、これを、比較衡量すべき素材の収集と呼び、二つの要素から成るという判断を示している。板ガラス判決はいう、「あらゆる比較衡量には比較衡量すべき素材の収集（Zusammenstellung des Abwägungsmaterials）が前提されている。これは、第一に、比較衡量上重要である視点の抽象的－概念的（法律要件的）限界づけと、第二に、いかなる具体的事情がこの概念の下に包摂せられるかという決定を含む。二つの事象においては、連邦建設法第一条四項二文（およびそれと関連する同法第一条四項一文および三文並びに五項の規定）における法適用が問題であり、それ以外の何ものでもない。市町村が、概念の解釈に基づいて、比較衡量上重要であるとし、あるいは、比較衡量にさいして評価したものは、上級行政庁に対しても建設管理計画の審査を行う裁判所に対しても拘束力を根拠づけるものではない」[45]と。

このような連邦行政裁判所の見解に対しては、W・ホッペの批判がある。例えば、建設詳細計画の場合、比較衡量すべき素材は、大体連邦建設法第一条に規定する計画の主旨（Planugsitsäze）から生じる。そこで、連邦行政裁判所のいうように、比較衡量すべき素材の収集のプロセスに、比較衡量上重要な視点の抽象的・概念的限界づけと具体的事情のこの概念への包摂という二つの段階があると見ると、それは、比較衡量すべき素材の収集・整理の事象を条件的に構成された法規範の適用における包摂の事象と見ていることになる。[46] 例えば、建設詳細計画の場合に、連邦建設法第一条の全視点を比較衡量すべき素材として、具体的に収集するとすれば、「たくさんの視点、素材、資料および事実は、包摂によって、ほとんど際限のないものとなる」。したがって、「計画としての計画にとって決定的なのは、計画の主旨の下に包摂することによって無制限に増大する素材を収集することではなくて、計画にとって本質的な視点に制限し、計画目標の基準により計画にとって重要な視点を選択することである」[47] と。このようにみてくると、比較衡量すべき素材の収集は比較衡量からほとんど切り離すことができないということができよう。

調査・確認の段階に続く、評価の事象というのは、利害の客観的内容および重要性の確定、個別的な利害の優先または後退の際に生じる結果の認識である。そして以上の段階の後に、調和的利害と対立的利害との調整を行う本来の比較衡量が始まる。[48]

(5)　本来の比較衡量は、計画決定の核心をなすものであり、それは、計画目標および計画によって影響を受ける利害を計画の主旨にしたがって比較衡量することである。かような比較衡量要請が、あらゆる法治国的計画について妥当し、比較衡量が明示に法律に確定されているかどうかにかかわりなく妥当することについては、すでに繰り返し述べたとおりである。

比較衡量要請については、連邦行政裁判所が、それを、計画過程（計画手続）と計画結果とに等しく関係することを判示した点に注目しよう。もともと国家行為は、憲法、法律などで規定されている一定の手続で成立していないことを理由に、また、それが内容的に法秩序の規定に　致しないことを理由に、瑕疵あるものとなる。したがって計画の場合にも、形式的・手続的違法と実質的・内容的違法の区別が存在するのは当然である。計画裁量についても、計画裁量の手続に関するものと、計画裁量の内容に関するものとを区別することができる。しかし、実際には、行政手続とそれに接続する決定とは不可分の関係のために、両者は多くの場合区別せられない。連邦行政裁判所は、比較衡量の手続または過程と比較衡量の内容または結果の区別を改めて明確にした点に意義がある。連邦行政裁判所一九六九年一二月一二日の基本判例では、計画のいかなる段階に比較衡量の要請が働くかについて明言していないが、いわゆる板ガラス判決はこの点を明確にしたのである。板ガラス判決はいう、「計画を判断するに際しては、──これは全く一般的であるが──過程としての計画とこの過程の結果としての計画を区別しなければならない。この区別は、計画を表決することと、この計画の表決されたものとの区別として……、同様に、計画の利害の比較衡量と内容的に比較衡量されたものとの区別として……、計画のほとんどあらゆる構成部分において繰り返し生じる」(49)と。

(6)　計画裁量は無制限ではない。計画裁量は比較衡量の要請により重大な制約を受ける。連邦行政裁判所の判例法上、比較衡量に課せられた四つの要件、すなわち、比較衡量脱落、比較衡量の不足、比較衡量における誤った評価および比較衡量における不均衡にあたる場合には、比較衡量の瑕疵となる。

右の要件のうち、とくに比較衡量の不足については、いわゆる事前決定と比較衡量の不足との関係という問題に注目しなくてはならない。計画手続の外部においてなされ、計画主体たる市町村参事会をその比較衡量において拘束し、そして、参事会の形成の自由を制限する事前決定について、連邦行政裁判所一九七四年七月五日のいわゆる板ガラス判決は、具体的事情に応じて、計画を無効とする比較衡量の不足を認めたのであった。(50)この場合の具体的事情とは、計画の内容により、事前決定の対策により、事前決定より生じる──法的であれ事実上であれ──拘束の種類と強度により、また計画手続の経過および特に提案手続の成果により、具体的場合において、法律により要求されている比較衡量過程の省略という結論が正当とされるかどうか、ということである。連邦行政裁判所は、事前決定の許容性、すなわち比較衡量の不足は、三つの累積的な要件のもとで連邦建設法の規定する比較衡量要請に違反しないことを認めた。すなわち、決定の先取りの客観的必要性、事前になされた決定の帰属性および事前になされた決定の瑕疵なき比較衡量がそれである。[51]「事前決定は、とくに、それが最終的な比較衡量過程の構成要素としてなされるときは、それが満たさなくてはならない要請を満たされなければならない」。[52]W・ホッペによれば、「最終的な、改正連邦建設法第一条七項の要請に服する比較衡量の事前になされた決定の構成要素が重要であるという認識が、そういう結論にさせる。このように決定の構成要素を分割する場合はすでに、形式的提案手続が放棄され、かつそのうえ、このように分割すると、時間的延期の結果として決定の客観的基礎が変化することを甘受しなくてはならないとすれば、少なくとも、目下のところ事前決定がそれによって影響を受ける利害についてみたものの、改正連邦建設法第一条七項にふさわしい、比較衡量が行なわれることが固執されなければならない（事前決定における比較衡量要請の尊重）」と。[53]

さらに、ミュンスター上級行政裁判所一九七六年一一月二五日の判決によると、計画者の決定の許されない先取りによる比較衡量の瑕疵は、治癒されることができる。その要件は、建設詳細計画策定の権限を有する機関が、重大な計画者の決定の許されざる先取りを理由とする計画の瑕疵を知っていたこと、瑕疵を知っていたことにより、それに続く計画手続の部分から計画委員会が今や事前決定に拘束されず、その影響を受けない法的に重要な利害の比較衡量を行なったことが十分確実に推定されなければならないこと、そして最後に、以上の結果なされた決定そのものが、適正な比較衡量過程からも、比較衡量結果からも、比較衡量要請を満たすものでなければならないこと、である。[54]

(7)　最後に、比較衡量の瑕疵と行政裁量の瑕疵・比較衡量に対するコントロールと裁量コントロールを比較検討してみよう。[55]

行政裁量の場合、裁判所のコントロールは、つぎの点の審査に限定される。(a)行政決定が適切な事実上の根拠を有するかどうか、(b)具体的場合には唯一の決定のみが正しいというように、裁量の余地がゼロに収縮するかどうか、(c)裁量がそもそも行われたかどうか、(d)裁量行使が法律目的に適合する方法でなされたかどうか、(e)裁量

の法律上の限界が守られたかどうか等である。(56)

さて、計画行政の構造は、事実関係を規範の下に包摂し規範に合致する行政行為を発布するという包摂の仕組みを基礎とする思考方法をもってしては、把握しきれないとすれば、計画法上の計画裁量も、包摂の仕組みの要素としてのみ理解する行政裁量の理論で把握することはできない。(57)しかし、計画裁量に関する基本判例である、連邦行政裁判所一九六九年一二月一二日の判決は、明瞭に従来の裁量瑕疵論に拠ることを明言したものであった。判決はいう、「計画者の形成の自由は、ある特定の精神作用に基づくものではなく、――特に認識、評定、価値さらに意欲といった種々の要素を含む。……計画の行政裁判所によるコントロールには、計画と形成の自由との結合から、いやおうなしに制限が生じ、それは、具体的場合に、形成の自由の法律上の限界が超えられたかどうか、あるいは、形成の自由が授権の趣旨にそわない方法で行使されたかどうかの点に制限される（行政裁判所法第一一四条参照）」と。(58)連邦行政裁判所の判例理論による比較衡量瑕疵論は、行政裁量の裁量瑕疵論と同じ考え方に基づいて、展開されたといってよい。(59)一般に比較衡量を行なわないこと、比較衡量の不足、比較衡量の過程において考慮すべき利害を比較衡量に入れないことなどは、行政裁量においても瑕疵原因となろう。

連邦行政裁判所が、計画裁量について、「形成の自由なき計画はそれ自体矛盾であり、……認識、評定、評価さらに意欲といった――種々の要素を含む」」、複雑な「精神的作用（geistig－seelische Vorgang）であるという正当な判断を示しながら、その複雑な精神的作用から、追執行の可能でない決定（nicht nachvollziehbare Entscheidung）の領域を抜き出し、それを、追執行の可能な、したがって審査の可能な包摂の部分から切り離す点に、疑問が残るのは確かである。したがって計画裁量の本質論からすれば、計画裁量、要するに計画行政に対する裁判所のコントロールには、独自のコントロール基準と方法が必要であるということができよう。

(36)　H. J. Papier, Fälle zum Wahlfach Wirtschaftverwaltungsrecht, 1976, S. 88.

(37)　P. Badura, Das Planungsermessen und die rechtsstaatliche Funktion des Allgemeinen Verwaltungsrechts, in : Verfassung und Verfassungsrechtsprechung, Festschrift zum 25 jährigen Bestehen des Bayrischen Verfassungsgerichtshof, 1972, S. 179f.; W. Blümel, Art. Planung III, Sp. 1834 in : EvStL, 2 Aufl. 1975 ; F. Weyreuther, Die Bedeutung des Eigentums als abwägungserheblicher Belang bei der Planfestsellung nach dem Bundesfernstraßengesetz, DöV 1977, 419.

(38)　P. Badura, Fn.(37), S. 179f.

(39)　F. Weyreuther, Fn.(37), S. 419.

(40)　BVerwG, Urteil vom 12. 12. 1969, DöV 1970, 279.

(41)　W. Jellinek, Gesetz, Gesetzanwendung und Zweckmäßigkeitserwägung, 1913, S, 337 ff.　田村悦一『自由裁量とその限界』一八八頁（昭四二）、本書IV「裁量の瑕疵」七九頁。

(42)　F. Weyreuther, Fn.(37), S. 420.

(43)　F. Weyreuther, Fn.(37), S. 421.

(44)　W. Ernst/W. Hoppe, Das öffentliche Bau－und Bodenrecht, Raumplanungsrecht, 1978, S. 116f.

(45)　BVerwG, Urteil vom 5. 7. 1974, DVBl. 1974, 773f.　遠藤博也『計画行政法』一五八頁（昭五一）。

(46)　W. Hoppe, Die》Zusammenstellung des Abwägungsmaterials《und die》Einstellung der Belange《in die Abwägung》nach Lage der Dinge《bei der Planung, DVBl. 1977, S. 138.

(47)　W. Hoppe, Fn.(46), S. 139 ; D. Schmalz, Fn.(19), S. 32f.

(48)　W. Ernst/W. Hoppe, Fn.(44), S. 117.

(49)　BVerwG, Urteil vom 5. 7. 1974, DVBl. 1974, 769.　遠藤・注（45）一五三頁、なお、連邦行政裁判所一九七四年一一月一日の判決（ハンブルグ駐車場判決）も同様、本書VI「計画裁量」一三一頁。

(50)　BVerwG, Urteil vom 5. 7. 1974. DVBl. 1974, 772.　遠藤・注（45）一五六頁、本書VI「計画裁量」一二八頁以下。

(51)　W. Ernst/W. Hoppe, Fn.(44), S. 118

(52) BVerwG, Urteil vom 5. 7. 1974, DVBl. 1974, 722.
(53) W. Ernst/W. Hoppe, Fn.(44), S. 118.
(54) W. Ernst/W. Hoppe, Fn.(44), S. 118 に拠る。
(55) 行政裁量の瑕疵論については、本書Ⅳ「裁量の瑕疵」七七頁以下に詳しい。
(56) J. Schmidt－Salzer, Der Beurteilungsspielraum der Verwaltungsbehörden, 1968, S. 9.
(57) 本書Ⅵ「計画裁量」一六〇頁以下。
(58) BVerwG, Urteil vom 12. 12. 1969, DöV, 1970, 278. 本書Ⅵ「計画裁量」一一五頁。
(59) M.Schröder, Die richterliche Kontrolle des Planungsermessen, DöV 1975, 310.

五　コントロール密度の問題

(1)　コントロール密度の問題はとくにK・レデッカーによって提起された。彼は、静態的不確定法概念と形成的法概念とを区別し、計画法における多くの静態的な不確定法概念については、裁判所の全面的な審査を肯定するが、行政の固有の形成的機能が表明されている概念の場合には、コントロール密度も変わることを強調したのである。この場合には、「認識、評価および決断を含み、複雑である、法律要件たる概念が問題であって、それ故その執行は裁量の踰越および裁量の濫用という普通のカテゴリーをもってしてはコントロールできない」[60]。結局、「独立の専門委員会または計画決定が問題である場合には、……裁判所の規範解釈と規範包摂は制限または変更を受ける。この場合には、裁判所は、第一に、行政が選択した概念解釈が代替できるものかどうかを審査しなくてはならない。第二に、計画決定の場合には、裁判所は、不確定法概念の代替できる解釈と具体的場合におけるその代替できる適用が比較衡量要請の要求をも考慮したものかどうかをコントロールしなくてはならない」[61]

というのである。実は、コントロール密度の問題とは、裁判所によるコントロール密度の緩和の要請にほかならないのである。

しかし、連邦行政裁判所は、いわゆる板ガラス判決において、計画主旨を判断余地なき不確定法概念であるとし、比較衡量の結果についての裁判所の審査が問題である限り、そのようなコントロール密度の緩和の要請をはっきりと拒否し、以後、計画主旨の解釈・適用に対する全面的審査可能性は判例理論として確立したのであった。

(2)　計画の主旨を判断余地なき不確定法概念とみる判例理論に対して、反対学説の代表ともいえるF・オッセンビュールは、計画規範における法概念を〝裁量指令〟(Ermessensdirektive) と解釈している。彼はいう、「連邦建設法第一条四項一文および三文並びに五項に使用されている概念は……統一的行政計画決定、すなわち、本来、包摂的部分と裁量的部分とに分裂せられず、ただ統一的決定としてのみ把握できる計画決定の枠内における、典型的かつ重要な〝裁量指令〟である」と。(62)

裁量指令については、二つの問題が提起されている。一つは、この裁量指令について、いかなるコントロール・シェーマが適用されるのかという問題である。すなわち、行政裁量に対するコントロール・シェーマ、立法部裁量に対するコントロールのシェーマおよび特殊のあるいは独自のコントロール基準および方法、これらのうちのいずれが適用されるか。計画裁量をもともと特殊なカテゴリーとみる学説では、当然、計画裁量のコントロールについても特殊の基準と方法を展開しようと試みる。判例理論は、一方においては行政裁量の裁量瑕疵論に基づき、他方において比較衡量瑕疵論を展開している。しかし、裁量瑕疵論と比較衡量瑕疵論との類似性については、すでに指摘したとおりである。

ところが、M・シュレッダーは、両者の類似性と同時に相違点を指摘し、そこから立法部裁量とのパラレルの可能性を見出している。すなわち、「行政裁量の場合には、抽象的に定められている個別的法律効果を比較衡量し、その際通常、公益と私的個別的利益を調整するが、計画者は、多数の衝突している私的利益と公的利益とにかかわり、個別的法律効果ではなく、形成される全体秩序について調整しなければならない。この認識が、コントロール・シェーマについて、全体秩序をめざす比較衡量的決定、すなわち、いわゆる立法部裁量とのパラレルを考えることを可能にする」[63]と。かくして、シュレッダーは、あらゆる計画にとって等しい瑕疵論ではなく、計画の類型によって異なる瑕疵論、例えば国家レベルの計画の場合は網の目が大きな過度の禁止と基本権保護にのみ服するが、その他の計画の場合は憲法上の基準のほかに法律上の基準や目標指示がコントロールの基準として加わる、という方法を示唆している。[64]

(3)　裁量指令についての、もう一つの問題は、いわゆるコントロール密度の問題である。この問題について、学説はもちろん一致しているわけではない。

P・バドゥラは、計画裁量を根拠づけている法律の規制のなかで確定されている原則や概念を、計画裁量を行使するための基準、すなわち、裁量指令と解すべきであるとし、[65]裁量指令の意義や内容は行政裁判所の無制限の審査に服するという。すなわち、「建設管理計画にとって、標準となる比較衡量基準は連邦建設法第一条四項および五項に規定されている。この規定は、建設管理計画の基本原則、主旨、目標、原則および基準であって、そこには立法者の価値概念が表現されている。計画市町村がこれらの基準を、一般的にかつ具体的な計画の事実について適切に理解し、計画裁量の行使の際に考慮したかどうかは、――無制限の行政裁判所の審査に服する」[66]と。

これに対して、F・オッセンビュールは、連邦建設法第一条四項および五項の裁量指令のコントロール、「行政がそれをその意味内容とその結果（Tragweite）において根本的に誤解してないかどうかという点で」のみコントロールが可能であるという。[67]

また、シュミット・アスマンは、コントロール密度の問題について、つぎのように述べている。「裁判所のコントロールの強度に関する問題は、不動の定式をもってしては答えられない。むしろ決定的なのは、その時々の法律要件の精密さ、並びに当該領域における特殊な権利保護の必要および行政の全体的責任である。この三つの関係のあいだで、コントロール密度は、時代においても、変化する。判断余地と法律効果裁量とは、法律上厳格に拘束される行政について作り出された区別であって、この領域においては依然として有意義である。それに対して、計画行政においては、この区別は維持せられない。計画行政の法律上の指令にとって特徴的なのはプログラム概念である。それは、最終責任ある引き続くプログラム展開（定義、概念構成、方法の選択）に関する行政権限を、示している。規範的－一般的展開行為は、裁判上、それが法律の枠を保っているかどうかの点のみが審査される。計画行政の法律上の指令は、さらに、比較衡量条項によって示される。それは、行政に対し、調和できない部分目標の下において、優位を規定し、能力を配分し優先を定める権限を与える。この比較衡量は、裁判所により、手続的な点でのみ全面的に審査され、その他の点では、重要な利害の評価および損害－利益－関係が明白に誤っているかどうか（明日性の留保）の点だけが審査される」[68]。

要するに、計画裁量に固有の瑕疵論、独自のコントロール基準および方法は、まだ統一的な確立をみていないということができる。学説の主張は、判例理論を追放するほどの、方法論的に新しい見解を示しているものではない。むしろ一部の学説にほぼ共通して認められる傾向は、裁判所のコントロール密度の緩和をめざしているということができよう。

(4)　計画の主旨の領域における全面的審査を断念しようという要請、すなわち、あるプロジェクトが、実際に、公的利害および私的利害、例えば経済の必要など、に適合するかどうかを、もはや全面的に審査しないという要請には、いろいろな論拠が考えられるが、ここではそれを二つに整理しておこう。

第一は、計画主旨の適用は、評価と予測を必要とするということである[69]。評価や価値判断については、裁判所の判断をもって行政庁の判断に置き代えることの不可能もしくは不適当であるということがいわれる。しかし、何故に、裁判所は自己のいわゆる主観的評価を行政庁の主観的評価の代り置くことが許されないのかの理由は、必ずしも明らかになっているとはいえない。ヴァイゲルがいうように、「裁判所が、高権行為の適法性について、行政の適法性判断と異なる見解を判示したとしても、すべての人は、これを当然許されるものとみる。裁判所は、その中立性により、保護機能を行使している。何故に、行政の危険な主観的意見の領域においても、裁判所のこの機能が減らされずに存在してはならないのか、という理由の説明が欠けている。裁判所の主観的評価は、裁判官の中立性のために、利害関係に拘束される行政の評価よりは、広い客観性を有しているのである」[70]と。

計画主旨を判断余地なき不確定法概念とする判例と、「青少年に有害な」図書の指定に関する連邦行政裁判所一九七一年一二月一六日の判決との間には、確かに一種の矛盾がある。しかしだからといって、この後者の判決を、多少とも予測的な、評価的要素を含む行政決定の全領域についてまで一般化すべきではあるまい[71]。

コントロール密度緩和の要請の第二の論拠は、計画主旨が包摂的部分とそれから分離できない裁量的部分を含み[72]、それ故に裁判所は、例えば、「建設詳細計画が経済の必要または住民の社会的必要に適合するかどうかを、客観的かつ拘束的に、したがって最終決定として、定める状態」[73]にないし、計画担当者よりも良い専門知識をもっているわけでもない、という点にある。しかし裁判所は、専門知識をもたなくてはならないことをどこからも要請されているわけではないし、極めて高度の科学技術的専門知識については、行政も、それをもたないのである[74]。特定の必要性が、あるプロジェクトによって充足されるかどうかの判断は、確かにむづかしい問題であるが、しかし、だからといって全く審査の不可能な行為ではない。

さらに、コントロール密度の問題については、法政策的見地から、その緩和に反対する示唆に富む指摘に注目しなくてはならない。W・ブルューメルはいう、「——行政と行政裁判との緊張関係をいちだんと解消し解放する——行政、市民運動および行政裁判所の新しい三角関係における行動と反動とのあいだの現在の混乱したいたちごっこ（Wechselspiel）は、その結果をまだ予測できない[75]」と。裁判所の権利救済に幻滅の悲哀を感じた計画決定の相手方が市民運動の助けを求めることを阻止することはできまい。

（60）F. Redeker, Fragen der Kontrolldichte verwaltungsgerichtlicher Rechtsprechung, DöV 1971, 761.

（61）F. Redeker, Fn.(60), S. 762.

（62）本書Ⅵ「計画裁量」一四七頁。

（63）M. Schröder, Fn.(59), S. 310.

（64）M. Schröder, Fn.(59). 310f.　立法部裁量とのパラレル論については本書Ⅵ「計画裁量」一五四頁。

（65）P. Badura, Fn.(37), S. 174.　本書Ⅵ「計画裁量」一四六頁。

（66）P. Badura, Fn.(37), S. 179.

（67）F. Ossenbühl, Fn.(23), B. 188.

（68）E. Schmidt-Aßmann, Verwaltungsverantwortung und Verwaltungsgerichtsbarkeit, VVDStRL 34(1976), S. 272f. (Leitsätze 20, 21, 22 und 23).

明白性の留保（Evidenzvorbehalt）というのは、例えば、〝比較衡量における不均衡〟は明白に認識できる非比例性と解されなければならないことである。〝比較衡量における誤った評価〟の場合にも、明白な誤りが問題であって、それは、裁判所が拠りどころにすることができる比較衡量をすべき利害の客観的な順位が存在しないからである。明白性の留保は、複雑な措置に対する裁判所の決定について、事実関係と評価を見通すことができる場合に徹底的なコントロールをしても持ちこたえることのできる賢明さ（Einsichtigkeit）を、保証する。E. Schmidt－Aßmann, Fn.(68), S. 258, Anm. 125, Vgl. H. J. Papier, Fn.(14), DVBl. 1975, 464. f.

（69）W. Hoppe, Verwaltungsverantwortung und Verwaltungsgerichtsbarkeit, DVBl. 1975, 691.

（70）H. J. Weigel, Beurteilungsspielraum oder Delegationsbegriff?, 1971, S. 149f.

（71）連邦行政裁判所一九七一年一二月一六日の判決の意義については、本書Ⅵ「計画裁量」一四八頁以下を見よ。

（72）F. Ossenbühl, Fn.(23), B. 185.　本書Ⅵ「計画裁量」一四七頁。

（73）F. Redeker, Fn.(60), S. 759.

（74）この点については、宮田・注（32）に詳しい。

(75) W. Blümel, Planung und Verwaltungsgerichtsbarkeit, DVBl. 1975, 697.

六　おわりに

最後に、以上の考察に基づき、まとめの意味で次のことを再確認し、未解決の問題についてはさらに今後の課題としておきたい。

(1) 高権的な計画を策定するにあたって、計画策定の権限を有する機関は、種々の利害が衝突する場合に、ある利害の優先を、したがって必然的に他の利害の後退を決定せざるを得ない。この場合、計画によって影響を受ける公的利害と私的利害の比較衡量は、計画者に認められる形成の自由の本質的要素であって、この点について裁判所のコントロールを受けない。

(2) しかし、計画裁量は、無制限ではない。計画裁量の限界として法治国的比較衡量要請の原則が働く。この原則は、計画により影響を受ける公的利害および私的利害を、それぞれにかつ相互に、適正に比較衡量すべしという要請であるが、これは法治国的計画の本質から生じるもので、実定法上の法律の根拠の有無にかかわらず、一般法原則として妥当する。

(3) 計画裁量の場合、裁判所は、行政裁量の場合と同様に、計画裁量の法律上の限界が守られているかどうか、および、計画裁量が授権の目的に従って行なわれたかどうか、という点だけを審査する。比較衡量の瑕疵は、比較衡量の過程または手続に関するものと比較衡量の結果または内容に関するものとに区別できるが、その具体化として、比較衡量の脱落、比較衡量の不足、比較衡量における誤った評価、比較衡量における不均衡という視点が重要である。ただこのような基準によるコントロールは、瑕疵の明白性に限定される。

(4) 計画法における規範構造の特色は、計画目的を定める目標や利害を指定していること、目標や利害の優先順位を定めていないこと、および計画に関する法の規定には明確な法律効果を定めていないことである。したがって、高権的計画に対する権利保護の要請からすれば、計画決定についての必要な法的拘束性、したがって裁判所によるコントロールの可能性を強化する解釈論的方法を、一層模索し検討し、展開しなくてはならない。

(5)　計画目標を決定する諸要因が不確定概念をもって指定されている場合には、このような計画主旨、計画原則および計画基準などは、判断余地なき不確定法概念と解すべきであって、裁判所による全面的審査を受ける。わが国の計画行政にあっては、いわゆる「権利保護の肥満」(Hypertrophie des Rechtsschutz) などといわれるような、裁判所によるコントロール密度の緩和を要請しなくてはならない情況は全く存在しない。

(6)　しかし、計画裁量の限界を画するためには、何よりもまず、立法者に対する法治国的要請が実現されなくてはならない。バドゥラはいう、「計画裁量に対する法治国的要請は、まず、立法者に対してなされなくてはならない。個人の法的地位に対する計画者の侵害の種類と範囲は、法律で規律されている計画の特性に基づいて、避けられない点でのみ、計画裁量に委ねることができる。計画主体の規定（管轄権）、計画手続の順序、計画課題の定義および計画者の比較衡量の基準となる原則を定めること（計画裁量行使の基準）は、計画授権の法治国的ミニマムに数えなくてはならない」[76]と。さらに重ねていう、「計画を規制する法律に対する法治国的要請は、行政庁の計画者の形成の自由の領域を、計画目標に不可欠なものに限定し、計画課題をできるだけ確定的に定義し、そして計画裁量の行使のための基準をできるだけ精確に詳細に定めることである」[77]と。

(76)　P. Badura, Fn.(37), S. 175.

(77)　P. Badura, Das Verwaltungsverfahren, in: Erichsen/Martens, Allg. VerwR, 3 Aufl. 1978, S. 331.

Ⅷ　補論：計画裁量と裁量統制の問題

一　はしがき

一九八〇年代においてドイツの学説は、計画裁量についての議論を深化させた。それは比較衡量要請の構造に関連する問題、とくに計画裁量の性質および比較衡量過程のコントロールについて展開された。(1)

通説は、計画裁量と通常の行政裁量は質的に異なるという考え方をとっている。両者の質的相違の根拠は、とくに計画規範の目的的構造（Finalstruktur）、計画作用の創造―形成的かつ将来指向的性格および計画に典型的に必要な対立する利益の調整という点に、求められている。しかし七〇年代後半から八〇年代になって、計画裁量と行政裁量の質的相違を疑問とする学説が支持されるようになって来ている。

また、連邦行政裁判所の判例は比較衡量要請について比較衡量過程コントロールと比較衡量結果コントロールとを区別したが、この両者の関係は十分明らかではなかった。この点についても八〇年代にいたって、いろいろの考え方が主張された。

これらの議論は、裁量の本質および裁量統制の在り方を考えるうえに、興味深い視点を提供している。以下にそれを紹介しておこう。

（1）　八〇年代における比較衡量過程のコントロールに関する学説については、なお高橋　滋『現代型訴訟と行政裁量』一一二頁以下（平二）も見よ。

二　計画裁量と行政裁量の区別

（1）　シュミット・アスマンはいう、「行政裁量と計画裁量は質的に異なるものと解することはできない、それは法律要件において区別せられないからである。行政作用は関係のあるすべての視点の包括的な探究と比較衡量においてのみ行うことができるという原則の下では、行政裁量と計画裁量という二つの類型は一緒である。合理的な行為そのものの法的符合としての、すなわち法律に指導される行政の本質としての比較衡量！　計画裁量と行政裁量の量的違いは、法律の言明の精確性および可能な比較衡量結果の透明性にある」[2]と。

計画裁量と行政裁量（効果裁量）の相違は、法律の基準の密度の違いの結果として、質的なものではなく、量的なものであるというシュミット・アスマンの見解は、ベックマンによっても支持されている。ベックマンは、裁量を自律的な基準設定であり、裁量は規範構造上法律効果面に限定されるものでないといい、このような立場にたって、行政裁量と計画的形成の区別はぼやけたものになるという[3]。

（2）　ルーベルも、計画裁量と行政裁量とは質的に異なるとする通説の見解を根本的に批判している。ルーベルによれば、計画裁量を認める法律の規定はその規範構造において行政裁量規範と区別されない。通説のいう条件プログラムと目的プログラムの対立は外見上の対立にすぎない。計画裁量規範は、強制規範や行政裁量規範と同様に、〝条件的〟である。両者の相違は段階的な種類のもので、計画裁量の質的相違を示すものではない。規範構造上の境界線は、むしろ一方における強制規範と他方における行政裁量および計画裁量の間にある。したがって規範構造からは、計画裁量を行政裁量とは質的に異なる独自のカテゴリーとすることにはならない。

次にルーベルは、通説のいう包摂と比較衡量および法律執行と法律実現という対立を問題にする。包摂－比較衡量という対概念では、一方における強制規範と他方における計画裁量規範・行政裁量規範との境界線が確認されるが、計画裁量規範と行政裁量規範の境界線は確認されない。さらに、法律が〝執行〟されるためには立法者が全体として価値決定をすることで十分であるということから、計画規範も〝執行〟できるという結論に到達する。法律執行－法律実現という対概念も計画裁量決定と行政裁量決定の質的区別を根拠づけるには適切でない、という。(4) このような見解は、ベルガーによって基本的に支持されている。(5)

（2）E. Schmidt-Aßmann, Verwaltungsantwortung und Verwaltungsgerichtsbarkeit, VVDStRL 34 (1976), S. 251f.; Vgl. H.-J. Papier, Rechtlich Bindung und gerichtliche Kontorolle planender Verwaltung im Bereich des Bodenrechts, NJW 1977, S. 1715.

（3）M. Beckmann, Verwaltungsgerichtlicher Rechtsschutz im raumbedeutsamen Umweltrecht, Beiträge zum Siedlungs－und Wohnungswesen und zur Raumplanung, Band 114, 1987, S. 146f.

（4）R. Rubel, Planungsermessen, 1982, S. 61f.

（5）M. Börger, Genehmigungs－und Planungsentscheidungen unter dem Gesichtspunkt des Gesetzsvorbehalts, Beiträge zum Siedlungs－und Wohnungswesen und zur Raumplanung, Band 111, 1987, S. 147ff.

三　比較衡量過程の統制

（1）一九八六年一二月八日の建設法典（Baugesetzbuch）一条六項による比較衡量要請は比較衡量過程と比較衡量結果という二つの構成要素を含んでいる。この二つの要素は連邦行政裁判所がその確立した判例で区別してきたもので、立法者もこの区別を建設法典二一四条三項二文（＝連邦建設法一五五条b二項二文）で受け継いだ。しかし比較衡量の審査における比較衡量過程コントロールと比較衡量結果コントロールの関係は必ずしも明らかではなかった。同一の瑕疵に基づいて比較衡量を二度審査する必要があるのか、あるいは比較衡量過程に瑕疵があれば自動的に結果も瑕疵あるものになるのか。結果のみを審査すべきであるか、または過程のみを審査すべきであるか。これらの点は十分明らかではなかったといえよう。

一九八〇年代において学説は、この問題に大体次の三つの答えを用意した。（1）比較衡量コントロールは過程だけを対象とすべきである。（2）比較衡量コントロールは比較衡量結果にのみ限定すべきである。（3）比較衡量瑕疵の審査は過程と結果に分けられなければならない。(6)

（2）　コッホは、比較衡量コントロールは原則として比較衡量過程の審査に尽きるのであって、比較衡量結果は例外的にのみ独自のコントロールに服するという見解である。彼は、過程コントロールを計画決定の理由づけ（Begründung）の審査、結果コントロールを計画決定の理由づけの可能性（Begründbarkeit）の審査であると解し、そこから、瑕疵なき理由づけ（＝瑕疵なき比較衡量過程）は、通常、瑕疵なき理由づけ可能性（＝瑕疵なき比較衡量結果）を含むという結論を引き出し、そして逆に、瑕疵ある理由づけは原則としてそれに続く理由づけ可能性コントロールを不必要にする。理由づけ可能性コントロール（＝結果コントロール）が意味があるのは、瑕疵ある理由づけに拘らず、決定結果が事情により維持される場合だけである、という。(7)

（3）　ハインツは、比較衡量過程に独自の意義を認めることに反対している。彼によれば、比較衡量要請の憲法上の根拠としての法治国原理は、単に基本法に違反する自由の制限を禁止するだけで、行政措置の特定の成立も特定の理由づけも命じているのではない、したがって比較衡量過程には専ら行政内部的な命令という効果があるにすぎない、という。(8)

（4）　イプラーは、比較衡量過程と比較衡量結果の審査は基準同一の累積的審査であると主張している。その理由は主として結果コントロールと過程コントロールはコントロール対象を異にするという点にある。比較衡量結果コントロールは図面と文書による建設管理計画の確定を対象とするが、それに対し、比較衡量過程の審査は、議事録、比較衡量手続における意見表明、計画案の理由書、専門家意見書およびその他の説明書類のような計画策定手続の付属書類に及ぶ。過程のコントロールは、主たる結果コントロールが比較衡量瑕疵を認めるにいたらないときに、補充的に行なわれるコントロールであって、それは結局、比較衡量結果の審査となるというのである。(9)

（5）　エルプグートは右の見解と異なる立場を展開している。彼によれば、コッホと違い、常に比較衡量過程と比較衡量結果を審査しなければならないが、イプラーとも違って、それは同一の審査基準に基づくのでない。むしろ、比較衡量の中に入れられる利害間の適切な調整は客観的重要性に従ってなされなければならず、その比較衡量瑕疵は比較衡量不均衡となるという原則は、比較衡量結果だけを対象にしている、という。この見解は、過程としてのを比較衡量を比較衡量過程の所産としての結果の比較衡量から厳格に区別すること、すなわち比較衡量要請の動態的な要素と静態的な要素との区別を基礎としている。これを出発点として、比較衡量瑕疵がそれに対応している個々の比較衡量の段階は、訴訟的な比較衡量過程か、または静態的な比較衡量結果に分類される。比較衡量がそもそも行なわれること、比較衡量の中には具体的状況によりそれに入れるべきあらゆる利害が入れられること、および入れられた利害は正しく評価されること、以上の原則は比較衡量過程という訴訟的性格を有する。これに対して、前もって評価された公的および私的利害の適切な調整を行なうべしとする原則は、専ら比較衡量結果に関連する、という。(10)

（6）　ハインツの立場は賛成を得られない。法治国原理は予測可能で追行できる行政作用を要求する。しかし比較衡量過程が外部法的拘束性を欠いている結果として、適法な計画決定が偶然の所産となるとすれば、法治国原理に適合する計画決定は保障されないことになろう。まさに計画に固有の形成の自由およびそれに根拠を有する比較衡量結果の限定的な裁判所のコントロール権限は、比較衡量過程に独自の意義を認めることを必要とするのである。[11]コッホの見解については、イプラーやブルーメンベルクの批判がある。イプラーは、どうして裁判所のコントロールにおいて比較衡量過程と比較衡量結果の区別が理由づけと理由づけ可能性の区別に一致するのかという点を疑問とし、結果コントロールは理由づけ可能性コントロールとしてのみ理解すべきものでない、また比較衡量瑕疵が建設詳細計画や計画確定裁決など結果から認識することが困難な場合には過程のコントロールはもはや重要ではない、という。[12]また過程のコントロールで十分であるとするテーゼについて彼自身が認める例外が原則－例外関係に合致しない範囲にまで及んでいるので、コッホの理論には説得力がない、という指摘もなされている。[13]

エルプグートの見解についても批判がある。イプラーによれば、比較衡量瑕疵の種類を示した連邦行政裁判所はエルプグートのいう比較衡量瑕疵の分類に従っていない、瑕疵類型を動態的要素と静態的要素に分類し、または過程と結果に分類することは、連邦行政裁判所の瑕疵の種類と一致しない、すなわち利害の調整は、エルプグートによれば結果に属することになるが、それは比較衡量の結果だけでなく、決定過程すなわち動態要素として比較衡量過程に属するといえるし、またエルプグートによれば動態的要素したがって過程に属するとされる利害の評価は、比較衡量の結果が存在するやいなや静態的性格を有する、という。[14]

判例・通説の立場に立つイプラーの見解についても批判がある。ブレーメンベルクによれば、過程コントロールと結果コントロールはコントロール対象を異にするというのは正しいが、コントロール対象の相違は比較衡量過程と比較衡量結果の判断基準の同一的な審査という結果にならない、比較衡量過程と比較衡量結果の本質的な相違はむしろそのような基準同一的なコントロールに対立する。すでにシュミット・アスマンが、比較衡量過程の瑕疵は内容の瑕疵であり、計画策定の手続的瑕疵は本来の比較衡量コントロール以前の法的枠条件の審査であることを指摘しているが、[15]ブレーメンベルクも同様の立場に立ってエルプグートを支持し、比較衡量過程は計画策定手続の内容であって、計画策定を準備するものであり、したがって形式的適法性審査の対象となる手続ではない、比較衡量過程は計画策定手続の内容的補充であるということから、その動態的または訴訟的性格が明らかであり、それはこの過程の所産である静態的な比較衡量結果と区別される、という。[16]

しかし比較衡量過程と比較衡量結果とは判断基準を同じくする審査に服するのではないという共通の立場に立ちながら、シュミット・アスマンとエルプグートとでは、具体的な比較衡量瑕疵の位置づけを異にしている。シュミット・アスマンによれば、比較衡量過程の瑕疵は適正な決定発見という基本基準違反であり、比較衡量欠落、比較衡量不足が比較衡量過程の瑕疵に属し、書類、計画手続の調書、計画理由書などが重要である。比較衡量結果の瑕疵は適切な調整の原則に対する違反であり、比較衡量不足とくに比較衡量における誤った評価および比較衡量不均衡がそれに属する。[17] これに対してエルプグートによれば、比較衡量欠落、比較衡量の不足、比較衡量における誤った評価は、比較衡量過程に関連し、比較衡量不均衡は比較衡量結果に関してのみ審査されるという。[18]

(6)　M. Ibler, Die Differenzierung zwischen Vorgangs－und Ergebniskontorolle bei planerischen Abwägungsentscheidungen, DVBl. 1988, S. 470.

(7)　H－J. Koch, Das Abwägungsgebot im Planungsrecht, DVBl. 1983, S. 1126ff.

(8)　Ch. Heinz, Das planungsrechtliche Abwägungsgebot, NVwZ 1986, S. 89f.

(9)　M. Ibler, Fn.(6), S. 472f.

(10)　W. Erbguth, Neue Aspekte zur planerischen Abwägungsfehlerlehre?, DVBl. 1986, S. 1233ff.; derselbe, Rechtsdogmatische Grundfragen des Umweltrechts, 1987, S. 352.; H. Blumenberg, Neuere Entwicklungen zu Struktur und Inhalt des Abwägungsgebots im Bauplanungsrecht, DVBl. 1989, S. 89.

(11)　H. F. Funke, Die Lenkbarkeit von Abwägungsvorgang und Abwägungsergebnis zugunsten des Umweltschutzes, DVBl. 1987, S. 512.; M. Ibler, Fn. (6), S. 471. ; H. Blumenberg, Fn. (10), S. 88.

(12)　M. Ibler, Fn. (6), S. 471.

(13) H. Blumenberg, Fn. (10), S. 90.
(14) M. Ibler, Fn. (6), S. 471.; H. F. Funke, Fn. (11), S. 513.
(15) E. Schmidt－Aßmann, in: Maunz/Dürig/Herzog/Scholz, Grundgesetz, 1985, Art. 19 Abs. 4 GG, Rdnr. 214.
(16) H. Blumenberg, Fn. (10), S. 90.
(17) E. Schmidt－Aßmann, Fn. (15), Rdnr. 214. und 216.
(18) W. Erbuguth, Fn. (10), Neue Aspekte, S. 1233f.; Rechtsdogmatische, S. 354.; H. Blumenberg, Fn. (10), S. 90.

四　裁量統制の問題――オッセンビュールの整理

（1）　コントロール密度という概念は、一方における行政と他方における裁判所の権限ないし責任領域の限界の問題を背景にもっており、したがって行政裁量または計画裁量についてのコントロール基準および方法は、統一的に確立されておらず、それについて多様な考え方ないし視点がある。オッセンビュールは、コントロール問題の解決のための重要な手掛かりとして、その視点ないし出発点を、①法律の機能と構造、②行政決定の種類、③規範的授権論、④機能法的手掛かり、および⑤伝統的言いまわし（Topoi）の五つの立場に整理して、次のように説明している[19]。

（2）　第一は、法律の機能と構造である。規範理論的または規範論理的な立場は、コントロール問題を法律の機能と構造に求める。その場合、法律の条件プログラム構造と目的プログラム構造という区別がコントロールの範囲について重要な意味をもっている。しかし条件的プログラム構造と目的的プログラム構造の二分論に固執することはできない。薬品法（Arzneimittelgesetz）や遺伝子法（Gentechnikgesetz）のように、法律では非常に漠然たる目標が与えられ、行政決定は、専門委員会、行政庁、薬品メーカー、企業の協働において、試行錯誤の原則により、行われる場合もある。

この立場は、法律が裁判所のコントロールの範囲を規定するという前提から出発している。裁判所のコントロール密度は法律の規制密度に依存するというテーゼは、説得力があり筋が通っているように見えるが、実体法の規制をどのような密度のものとして解釈するかはコントロールを行う裁判官の手中にあり、したがって問題解決になっていない。

（3）　第二は、行政決定の種類を分類することである。例えば、高度に個人的な判断（試験決定、官吏法上の判断、専門家の鑑定）、道徳的、倫理的または芸術的価値判断、予測決定および計画決定という区別がなされる。これに対する批判としては、いろいろの決定のタイプを分類することは、コントロール問題の解決に、いかなるメリットをもたらすかということである。

オッセンビュールによれば、「概念思考から決定思考への転換」が必要である。裁判官がコントロールすべき行政の決定は、常に包摂的な法律執行行為の中に現われているのではなく、それはしばしば様々の決定内容の複合体である。コントロール問題の場合には、単に概念ではなく、決定内容に対応することが有益で、現実的でかつ前進的である。

概念の代わりに決定に目を向けると、第一に、行政が何をしているかを強く意識する。行政は事実関係を与えられた概念と比較するだけでなく、評価をし、比較衡量をし、決定の選択を審理し、優先順位を定める等、沢山のことが明らかになる。第二に、考察の方法を「決定」に集中することで、コントロールの場合何が問題であるか、すなわち、すでに有権的になされ、決定機関が結果責任を負う高権的決定の事後審査が問題であることが強く意識される、という。

（4）　コントロール問題について判例・学説が一致して認めているテーゼは、裁判官のコントロール密度の縮少、したがってそれに対応する行政の自由領域は、行政が実体法により最終的決定権の授権が認められている場合にのみ、存在するということである。これを規範的授権理論（normative Ermächtigungslehre）という。[20] コントロール問題を法律構造や行政決定の種類からアプローチする立場は結局規範的授権理論に行き着く。法律構造および決定構造は問題解明的、問題解決にとって刺激的かつ方向指示的意義を有するが、コントロールからの自由は法律に根拠があるという立場から解放されていない。

規範的授権理論は平凡で問題解決にはあまり役に立たない。規範的授権理論は、コントロール密度は実体的規制密度に依存するというテーゼに似ている。それに対する懸念や異議も同様に妥当する。例えば、いかなる場合に不確定法概念は「判断余地」を含むかの問題は解決されない。それは当たり籤のようなもので、コーヒーおりの占いとあまり隔たりがない。学説は裁判官の「抑制」に対して訴えかけ注意を喚起する以外殆ど反応できない。

（5）　コントロール問題の考察方法の機能法的手掛かり（Funktionellrechtlicher Ansatz）は、法律の解釈と法律の適用およびこれに対応する裁判所のコントロールにおいては、認識事象が問題なのではなく、それ故にコントロール密度は解釈学および方法論の基準だけでは規定できないというテーゼを基礎にしている。むしろコントロール問題は国家の機能秩序の関連で考えられ、したがって権力分立の部分問題であると解される。機能法的解釈は、決定事象をその構成要素に分解し、精確には認識が中止し評価が始まる場所を確定するための分析を試みるのではなく、機能法的解釈は、この機関がその構成、その正当性、決定を行う手続、その問題処理能力等により、そもそも問題の決定をなすに適しているかどうかを問題にする。機能法的方法は特に憲法において承認され、しばしば適用されている手続である。

機能法的手掛かりはコントロール問題にとってどのようなメリットがあるか。解答は規範的授権理論の場合とあまり違いがない。それは問題意識を鋭くするが、抽象的レベルでそうなのであって、同時に具体的な日常の紛争を説得力をもって決定できるものを手にすることはない。これはその時々に選択された手掛かりに基づいて具体的な Topoi に到達したときにのみ可能である。

（６）　コントロール問題の考察の規範理論的および機能法的手掛かりは、問題理解と問題意識を鋭くするが、具体的、合理的に追行し得る基準を求める努力を免ずるものではない。この点で、その価値ついて意見が対立している一連の基準、すなわち、重要な専門知識の問題、法律上与えられた行政の形成委任、結果責任の問題、行政手続の形成および「機能適合的な機関構造」という基準がある。これらの基準は相互に孤立して並立しているのではなく、部分的に相互に関連し相互に交差している。

（ａ）　裁判所のコントロールは、行政側に重要な専門知識が存在する場合には、退かなければならないという考え方は、最も多くの批判を受けた。しかし専門知識は、様々の行政領域、とくに環境法（例えば環境汚染防止法、原子力法）およびリスク行政（例えば薬品法、危険素材法、遺伝子法）における自然科学的な認識について、行政訴訟においても実際上重要である。この領域において行政には大抵のケースで「情報の優位」があり、問題は、裁判官がいかなる範囲で自然科学的な争点に侵入することができるかである。この問題は法律問題でないということでは答えにならない、困難な自然科学的問題は何らかの法的決定基準（例えば「危険」、「適正」など）の下で法律問題でありうるからである。法律が規定した行政の決定プロセスの形成いかんにより、複雑な行政手続を裁判手続によっていわば繰り返すことが、意味があり許されるかという問題が生じる。さらに行政裁判所は、行政決定を内容上全面的にコントロールする権限を有するか、行政決定の正しさを保障するために法律が規定したメカニズムをキチンと守ったかのみを審査すべきかという問題が生じる。

（ｂ）　この問題は直接「行政手続の形成」および「機能適合的な機関構造」という基準の問題となる。行政手続の形成は、とくに実体的－内容的コントロールが事実上の限界に突き当たる場合に、代償的機能をもつ。とくに機能法的手掛かりに結びついている「機能適合的機関構造」という視点からすれば、法律が行政の問題ある決定について、それに相応しい決定委員会を有する特別の行政手続――それはその時々の問題の形成において決定発見が適切で既に権利保護の質の本質的な要素を考慮している――を制度化している場合には、裁判所のコントロールは退かなくてはならないというテーゼとなる。しかし行政手続に委員会があるときは何時でも裁判所のコントロールに直接の影響があるのではない。決定的なことは、この委員会がその構成において、なすべき決定について特定の質を示し、行政手続が権利保護確保をも含んでいることである。委員会が指令拘束を受けず独立性があり客観性が保障されているときは、これはコントロール問題に重大な意義がある。何故なら、この手続要素で憲法の権利保護の質が行政手続に移行しているからである。

（c）　最後に、決定の種類により、立法者が特定の決定または行政決定の特定の要素を行政による最終的に拘束力のある規定に委ねようとしていることが、法律から推論できることがある。これはとくに、行政の形成の自由を認める計画法の場合、並びに、とくに予測決定の場合のように、行政に評価特権を認める法律の場合である。この場合裁判所のコントロールは後退する。

（7）　結局、オッセンビュールによれば、コントロール問題の解決のための合理的基準はなく、あらゆる手掛かりが司法抑制にたどり着くから、統一的な方向を形成することはできない、という。しかし注目に値する新しい手掛かりを示すものとして、二つの判例を挙げている。一つは、有名で多くの論議の対象となった年少者有害図書指定に関する連邦行政裁判所の判例である。[21]これは判断余地論の復活といわれ、コントロール縮少の主要な考え方、すなわち行政手続における独立の委員会の制度化を視野に入れた判決である。もう一つは、連邦行政裁判所のヴィール判決である。[22]この判決で、規範を具体化する行政規則は行政裁判所について規範が定める限界内で拘束力があることを認めた。行政は法律執行の際に一定の規範具体化の余地が認められたのである。この二つの判決は、裁量理論、ひいては伝統的な行政法理論にとって画期的な意義を有するという。

（19）　F. Ossenbühl, Gedanken zur Kontrolldichte in der verwaltungsgerichtlichen Rechtsprechung, in : Rechtsstaat zwischen Sozialgestaltung und Rechtsschutz, Festschrift für K. Redeker zum 70. Geburtstag, 1993,

S. 59ff.
(20)　E. Schmidt－Aßmann, Fn.(15), Rdnr. 185.
(21)　本書Ⅵ「計画裁量」一四八頁以下を見よ。
(22)　本書Ⅹ「行政規則による不確定法概念に具体化」二三一頁以下を見よ。

五　コントロールの状況

(1)　一九七六年の行政裁判所法四七条の改正により、建築詳細計画（Bebaungsplan）に対する直接の規範統制訴訟（Normenkontrolle）が可能になった。[23]ピュッツナーの報告によれば、一九七七年から一九八三年までに上級行政裁判所が扱った規範統制訴訟についてのドイツ都市学研究所（Deutsches Institut für Urbanistik）の調査結果は、次のとおりである。

規範統制訴訟は全部で八九八件で、調査はその約九〇％を基礎にしたものである。通常の建築事件では行政側が事件の約八二％で勝訴し、わずか一八％で敗訴しているが、規範統制訴訟では様子が違う。すなわち訴訟が取下げやその他の方法で解決されず、要するに判決に至った場合に、破棄を求められた建築詳細計画の殆ど半分が破棄（四〇・六％が全面破棄、六・四％が一部破棄）、申立の五一・七％が棄却となっている。

破棄の理由は、三分の一までは、形式瑕疵、比較衡量瑕疵、その他の瑕疵である。また建築詳細計画の瑕疵のうち、その二九％だけが瑕疵を治癒され、瑕疵の五八％は瑕疵の治癒が否認され、五％が懸案のままになっている。さらに裁判所によっても違いがある。マンハイムＶＧＨは申立の六七・四％を棄却したが、ミュンスターＯＶＧは事件の三五・四％を棄却し、審査した計画の六〇％以上を無効と宣言した。上級行政裁判所から連邦行政裁判所への送付（Vorlage）[24]の数は何処でも非常に少ない。

以上の数字に基づいて、ピッツナーは次のようなコメントをしている。建築詳細計画が監督行政庁の認可を受けていること、要するに行政のコントロールフィルターを通っていることを考慮すると、破棄率は著しく高い。形式瑕疵については立法者がゲマインデに過重の要求をしているし、比較衡量瑕疵については裁判所がコントロール密度を甚だしく拡大しているのではないかという問題が提起される。建築詳細計画のわずか三〜五％が規範統制訴訟の対象になっていることを考慮しても、研究調査の結果は非常に考えるべきものを与えている、という[25]。

（2）　一般に計画裁量は通常の行政裁量よりも裁量の幅が広いといわれている。裁量の幅が広ければ、それだけ裁量権行使に際して行政が考慮すべき事項も多様で多岐に亙ることが多い。したがってそれに対応して、裁判所が、行政判断の過程および結果の両面から裁量決定についてコントロールを加える可能性も拡大するといえよう。連邦行政裁判所が形成し確立した比較衡量瑕疵論はまさにその例証ということができる。

裁量の幅の狭広は裁量コントロールの密度の濃淡に対応するものではないことに留意する必要があろう。

（23）　土地利用計画（Flächennutzungsplan）は、条例として発せられていないので、それに対する規範統制訴訟は許容されない。

ドイツ行政裁判所法第四七条［上級行政裁判所の管轄―規範統制］①　上級行政裁判所は、その裁判権の範囲内において、申立てにより、次の法規の有効性について裁判する。

一　連邦建設法および都市建設促進法の規定により発せられた条例ならびに連邦建設法第一八八条第二項および都市建設促進法第九二条第二項の規定により発せられた法規命令

二　ラント法が定める限りにおいて、ラント法律の下位に属するその他の法規

（24）　ドイツ行政裁判所法第四七条　⑤　次の場合には、上級行政裁判所は、自己の法解釈に基づいて、上告審にお

いて審理できる法の解釈の裁判をさせるため、事件を連邦行政裁判所に送付する。

一　事件が原則的意味をもつとき。

二　上級行政裁判所が、他の上級行政裁判所、連邦行政裁判所または連邦の最高裁判所の合同部の裁判と意見を異にするとき。

送付についての決定は、関係人に通知することを要する。連邦行政裁判所は、法律問題についてのみ、裁判をする。

(25)　G. Püttner, Handlungsspielraume der Verwaltung und Kontrolldichte gerichtlichen Rechtsschutzes, in: Götz/Klein/Strach, Die öffentliche Verwaltung zwischen Gesetzgebung und richterlicher Kontrolle, 1985, S. 136f.

IX　再入国不許可処分における裁量

一　はじめに

本章では、ルイ神父事件における法務大臣の裁量権行使の問題を論じる。

事件の概要。ルイ神父は、昭和三一年に来日し、我が国で宣教活動に従事して、昭和八年には永住許可を取得した。フランスにいる母が昭和六一年八月一日に死亡したため、葬儀および埋葬式に出席するため、八月四日に法務大臣に対し再入国許可の申請をした。同申請は、同月五日不許可処分（第一次処分）となった。そこで昭和六一年八月二五日に、母の追悼式（ミサ）をフランスでカトリック司祭として司式することを旅行目的として、あらためて再入国許可の申請をした。法務大臣は、ルイ神父の指紋押捺拒否を理由として、同月二七日付けで再入国不許可処分（第二次処分）をした。ルイ神父は、二つの不許可処分の取消および国を被告とする国家賠償を請求して、昭和六一年九月一九日に訴訟を提起した。これが、いわゆるルイ神父事件である。

私は、本件の原告の訴訟代理人弁護士であった更田義彦・河野　敬氏の依頼をうけ、平成二年六月二二日に、本件再入国不許可処分の違法性について「鑑定意見書」（東京地裁昭和六一年（行ウ）第一三五号）を東京地方裁判所民事第二部に提出した。本章二以下が「鑑定意見書」の内容である。本件は七月二日に結審し判決を待つばかりであったが、七月二〇日に裁判所〔裁判長・涌井紀夫〕の和解勧告に基づき、原告の再入国不許可処分の取消請求を認める内容の和解が成立し、ここに事件は解決を見たのである。和解条項は次のとおりである。

「　和解条項

第一　原告と被告法務大臣との間で、次の事項を確認する。

一　被告法務大臣は、原告の昭和六一年八月二五日付けの再入国許可申請に対して被告法務大臣が同月二七日にした不許可処分を取り消した。

これを受けて、被告法務大臣は、原告の右再入国許可申請に対し、改めてこれを許可する処分をし、本日、右処分結果を原告に対して通知した。

二　被告法務大臣は、原告の昭和六一年八月四日付けの再入国許可申請に対して被告法務大臣が同月五日にした不許可処分を取り消した。

これを受けて、原告は、本日、右再入国許可申請を取り下げた。

第二　本件に関し、原告は、被告国に対する損害賠償の請求をしない。

第三　原告と被告らは、本件訴訟を終了させることを合意する。

第四　訴訟費用は各自の負担とする。」

なお、本件に関する文献として、神長　勲「再入国不許可処分における裁量」（青山法学論集三三巻三・四号、平三）および更田／河野法律事務所編『ルイ神父と裁判報告資料集』（平三）がある。

二　入管法二六条に定められた再入国許可処分に関する法務大臣の裁量権について

（1）　入管法二六条一項前段は、「法務大臣は、本邦に在留する外国人がその在留期間（在留期間の定めのない者にあっては、本邦に在留し得る期間）の満了の日以前に本邦に再び入国する意図をもって出国しようとするときは、法務省令で定める手続によりその者の申請に基づき、再入国の許可を与えることができる。」と規定している。本規定は、法務大臣が再入国の許可を与えることができる旨を規定するだけで、再入国の許可処分の処分要件については何らの規定もしていない。また入管法二六条以外に、入管法には、法務大臣の再入国許可処分および不許可処分の処分要件を定めた規定は存在しない。

（2）　入管法二六条一項の規定は法治国原理に反する規定なのではないか。法治国原理によれば、いかなる場合にいかなる処分を行なうことができるかは、法律に留保されなければならない。法治国原理は、行政庁による高権的侵害をできるだけ予測可能なものにすることを、要求する。人の権利や自由をいかなる場合に規制し侵害することが許されるかは、法律の明確な規定によるべきであって、これを行政に全く委ねてしまうことは許されない。法律が規制的な行政処分の処分要件について何ら規定していない場合、そのような規定は、法治国原理に照らし、これを無効と考えるべきであろう。

入管法二六条一項は、授益的な行政処分すなわち再入国許可処分について、「……することができる。」という規定をしている。「……することができる。」という規定は、通説によれば、立法者が行政庁に処分の選択の自由（処分をする、またはしないこともできる自由）を認める規定である。規制的行政処分の場合に、「……することができる。」規定は、国民の権利や自由の制限・侵害（＝規制的行政処分）を放棄する自由、つまり行政が規制的行政処分を思い止まる場合があることを認めるという意味で、しばしば国民側にとって有利に働く。しかし授益的行政処分の場合、処分要件を行政が自由に設定し、授益的な処分や権限行使をしない自由を認めることは、法治国原理からみて、問題であるといわなければならない。

（3）　下級審の判例（東京地判昭六一・三・二六判時一一八六号九頁＝森川キャサリーン事件、東京地判平元・四・二八判時一三二一六号六二頁＝チオエ牧師事件および福岡地判平元・九・二九判時一三三〇号一五頁＝崔善愛事件を見よ。

以下、この三つの判例を「下級審の判例」という。）は、入管法二六条一項の規定を再入国の許可不許可の判断を法務大臣の裁量に委ね、その裁量の範囲を広範なものにする趣旨の規定であると解している。このような法解釈は、同一の事由がある場合に、許可処分と不許可処分との正反対の二つの処分を同価値の処分として選択する自由を行政庁に与え、また本質的に異なる事由がある場合に同一の処分を画一的に行う怠慢を行政に許容するものであって、不合理な解釈といえよう。

むしろ入管法二六条一項の規定は、「すべての人の出入国の公正な管理」（入管法一条）という目的に従い、出入国管理行政に弾力性を与え、もって出入国の管理行政の最適な実現に資するべき規定であると解すべきであって、これを、裁量の範囲が広範であることにより、処分をするもしないも、またどのような処分をするも、自由で適法であるというように、出入国管理行政の怠慢さえも許容する規定であると誤解してはならない。再入国の許可を与えることのできる権限は、入管法の目的のために、これを適正に行使しなければならないのである。

したがって入管法二六条一項前段の規定は、具体的事情の特殊性にかんがみ、再入国許可処分をめぐるあらゆる利害を、比較衡量により、正当に評価し、解決をすべきことを指示した権限規定であると解すべきであろう。

（4）もっとも「下級審の判例」も、在留外国人の再入国許可処分について、法務大臣の恣意的判断を許容しているのではない。すなわち、下級審の判例が正しく判示しているように、「入管法は、再入国許可処分については、被告法務大臣に当該外国人の経歴、性向、在留中の状況、海外渡航の目的、必要性等極めて広い範囲の事情を審査してその許否を決定させようとしているものというべきであり、……被告法務大臣は、再入国の許否を決するに当つては、適正な出入国管理行政の保持という見地に立って、申請自体の必要性、相当性のみならず、当該外国人の在留中の一切の行状、国内の政治・社会情勢・外交関係など諸般の事情を斟酌した上、的確な判断をすべきものである……」。法務大臣は、再入国の許可を与えることのできる権限を適正に行使するために、極めて広い範囲の事情を十分に審査しなければならない。その場合、審査すべき事情が広い範囲にまで及ぶことと裁量権の範囲が広いことを混同してはならないのである。

問題は、裁量権の範囲が広いか狭いかではなく、裁量権の行使が十分にかつ合理的になされたかどうかにある。被告法務大臣は、法律によって与えられた裁量権を、十分にかつ合理的に、行使する義務を負うものといわなければならない。

三　裁量統制の基準および密度について

（1）　行政事件訴訟法三〇条は、「行政庁の裁量処分については、裁量権の範囲をこえ又はその濫用があった場合に限り、裁判所は、その処分を取り消すことができる。」と規定している。しかし、いかなる場合に裁量権の範囲逸脱があり、またはその濫用があつたといえるかについては、何ら規定するところがない。

最高裁判例は、裁量統制の基準として、法律要件における不確定概念の認定につき（＝要件裁量につき）、「その判断が……社会通念上著しく妥当性を欠くことが明らかである場合に限り、裁量権の範囲をこえ又はその濫用があったものとして違法となる……。」といい、また、行政処分を発動することができるかどうかという効果裁量について、「裁量権の行使に基づく処分が社会観念上著しく妥当を欠き、裁量権を濫用したと認められる場合に限り違法であると判断すべきものである。」という（最判昭五三・一〇・四民集三二巻七号一二二三頁＝マクリーン事件および最判昭五二・一二・二〇民集三一巻七号一一〇一頁＝神戸税関事件を見よ。）。右の定式では、「社会通念」ないし「社会観念」という概念が裁量統制の基準として機能しているように見える。かつてドイツの古典的理論において「社会観念」は、多義的不確定概念の裁量性を排除するために、積極的に機能した。しかし最高裁判例では、これらの概念の具体的内容が何であり、何に基づいてどのようにしてそれが探究されるかといった点について、何ら明らかにされていない。法律要件ないし処分要件について法律が規定をしていない場合またはそれが不明確な場合に、「社会通念」のような実体のない概念幻影を依りどころにして裁量統制を行なうことは、裁判所のコントロール機能に対する信頼を失わせる虞があるといえよう。

裁量統制の基準としては、現在、重大な事実誤認、目的違反ないし動機の不正、平等原則違反、比例原則違反、他事考慮、裁量判断の方法の過誤などが、判例・学説によって認められている。裁判所は、問題の行政庁による裁量権の行使が、それらのうちのどれに当たるか、あるいは当たらないかを明確に判示しなければならない。

（2）つぎに裁量統制の密度について、最高裁判例は、「その判断が……著しく妥当性を欠くことが明らかである場合に限り、……」といい、「下級審の判例」もまた、「……事実に対する評価が明白に合理性を欠くこと等により、右判断が……著しく妥当性を欠くことが明らかであるかどうかについて審理し、……」といっている。このような司法審査の方式は、裁量統制を明白な目的逸脱または著しい比例原則違反などに限定しようとするもので、これを明白性コントロールの方式ということができる。明白性コントロールは、いわば目に余るものでない限り、行政庁の裁量権の行使の結果を容認しようというものに他ならない。

しかし裁量統制の密度ないし強度は、決して不変なのではなくて、問題領域の特殊性、権利保護の必要性などに応じて変化する。裁量権が十分にかつ合理的に行使されたかどうか、裁量権の行使の過程ないし方法に過誤がないかどうかが問題である場合に、明白性コントロール方式はほとんど機能しない。このような場合には、一歩踏み込んで、裁量判断ないし比較衡量の方法の合理性ないし説得性を問題にし、合理性コントロールの方式をとるべきである。

（3）裁量統制は、行政庁に与えられた裁量権が、法律の授権の目的に従い、十分にかつ合理的に、行使されたかどうかという視点から行なわなければならない。裁量判断にとって重要なのは、行政処分、例えば許可処分・不許可処分の決定についての比較衡量である。行政処分をめぐるあらゆる利害、すなわち行政処分にとって有利な論拠と不利な論拠、または行政処分についての公的利害と私的利害を、比較衡量により、正当に評価し、裁量決定を行なわなければならず、このような裁量判断の過程ないし方法は、裁判所によっても追行できるように、行政処分の理由づけにおいて明らかにされていなければならない。それによって初めて、裁量決定は、合理性ないし説得性をもつことになろう。不十分な比較衡量による裁量決定は、裁量判断の方法に瑕疵があるものとして、違法となる。

なお、裁量統制において、裁判所が、目的違反、動機の不正、他事考慮および比例原則違反などがないかどうかを審査しなければならないのは、いうまでもない。

（4）出入国管理行政の領域における裁量権の行使については、とくに外国人に対する親切で思いやりのある対応が要請される。いかなる場合に人の権利や自由を侵害することが許されるかは、法律の明確な規定によるべきであるという法治国原理の要請は、外国人に対する侵害についても妥当する。在留外国人の管理行政や出入国の管理行政について、我が国が「警察国家」であることは許されない。国際化時代における出入国管理行政は、単に治安の維持や犯罪の防止など警察法にいう社会公共の安全と秩序の維持という視点だけで問題を処理するのではなく、広く、経済的、社会的、政治的状況および国際情勢、外交関係などを考慮し、とくに定住外国人に対しては、親切で思いやりのある対応をするものでなくてはならない。このような要請は、行政庁の裁量を排除するものではないが、裁量権の行使のあり方を制約する効果を有する。

四　再入国不許可処分の違法性について

（1）法務省入国管理局では、昭和五七年一〇月ころ、外国人登録法（以下、外登法という。）に基づく指紋押なつ拒否者に対しては、再入国を許可しないという方針を決定し、指紋押なつ拒否者の再入国許可申請については、地方入国管理局内で処理せず、本省の方針で処理するよう指示した。それ以後、指紋押なつ拒否者に対して再入国許可処分がなされた例はない。法務省入国管理局による右決定は、「行政庁内部の事務取扱についての方針を決定したもの」であり、一般的ケースについては裁量基準たる意味を有する。しかしその実態からみれば、再入国の許可についてケースの特殊事情を考慮し、これを比較衡量により、評価的に判断すべきことを強制した入管法二六条一項の規定の趣旨・目的を否定するものとして運用されており、また本件について右の行政方針が機械的に適用されたことは明らかであるから、本件再入国不許可処分は、入管法二六条一項によって与えられた裁量権を十分に行使してなされたものでない（いわば半分しか行使されていない）という意味において瑕疵があり、違法な処分であるということができる。

（2）　原告は、母の追悼式（ミサ）を故人の最後の住所地においてカトリック司祭として司式し、挙行することを目的として、昭和六一年八月二五日に再入国許可申請をした。これに対し被告法務大臣は、原告が指紋押なつを拒否していることを唯一の理由として、再入国不許可処分をした。この点について「下級審の判例」は、「外登法に基づく外国人登録行政と入管法に基づく狭義の出入国管理行政は相互に密接に関連している……。そうすると、外登法に基づく指紋押なつを拒否していることを理由として入管法に基づく再入国不許可処分をしたとしても、これをもって直ちに、その判断が著しく妥当性を欠くということはできない」と判示している。しかし入管法は、すべての申請者について、「海外渡航の目的、必要性」や「申請自体の必要性、相当性のみならず、……諸般の事情を斟酌した上、的確な判断をすべき」ことを要請している。それにもかかわらず被告法務大臣は、指紋押なつ拒否者の再入国の許可申請について、申請者の具体的事情を何ら考慮した形跡もなく、既定の行政方針に基づき、機械的な法の適用をしたように思われる。

もっとも被告法務大臣は、指紋押なつ拒否者について一律に再入国を不許可とする方針は法の趣旨・目的に照らし著しく妥当性を欠くものであることを認めざるをえなかったためか、近年では、指紋押なつ拒否者の再入国許可申請については原則としてこれを不許可とし、例外的に、「人道上真にやむを得ない必要性及び緊急性が存在し、かつ、我が国の再入国許可がなければ当該在留外国人の出国自体が事実上制限される結果が生じるという特段の事情が存在する場合には」、許可を与える方針であるという説明をし、原告の事案は右の例外的場合には該当しないという（被告側、準備書面（七）平成元年一月二四日）。

しかし、再入国を事前に法的に保障することはできないが、出国したいなら〝勝手にどうぞ〟という場合、我が国の在留地を生活の本拠とする永住許可取得者にとって、出国の自由は存在しない、あるいは、まさに「出国自体が事実上制限される結果」となるような場合である、ということができる。何故に、指紋押なつ拒否者であっても、例外的に再入国許可を認めることのできる対象者を、「①現に有効な旅券又は渡航文書を所持していないため、我が国政府から再入国許可書の交付を受けなければ出国できない者、②我が国から出国するに先立ち渡航先国から我が国への再入国許可を要求されている者」に限定（被告側、準備書面（七）平成元年一月二四日）しなければならないのか。何故に、永住許可取得者を例外的措置の対象に加えることができないのか。被告法務大臣の解釈は、入管法の規定の趣旨・目的を意図的に限局するものであろう。

（3）　裁量判断にとって重要なのは、行政処分をめぐる公的利害と私的利害との適正な比較衡量である。比較衡量において考慮されるべき具体的事情は、主として、次のような事情である。

原告の具体的事情

原告の経歴‖フランス国籍を有するカトリック司祭で、昭和三一年来日以来、我が国において宣教活動に従事し、昭和五八年に永住許可を取得した。

在留中の行状‖潮見カトリック教会の主任司祭として、地域社会における宣教活動および社会教育の場である同教会の運営にあたっている。昭和六〇年九月の外国人登録証明書の切替えの際、自己の宗教上の信条および地域社会における宣教師としての立場から、良心に従い、外登法に基づく指紋押なつを拒否した。

海外渡航の目的、必要性‖母の埋葬式および追悼式（ミサ）を故人の最後の住所地においてカトリック司祭として司式し、挙行する目的で再入国許可申請をした。すなわち、昭和六一年八月四日、母の葬儀および埋葬式に出席するため法務大臣に対し再入国許可申請をしたが、不許可処分となったので、改めて、母の追悼式を司式することを目的として、同年八月二五日に法務大臣に対し再入国許可申請をしたのである。

類似の事件との比較＝本件原告の事情は、渡航目的および法的地位という点で、「下級審の判例」の場合とは異なり、本件を右の三つの事件と同様に処理することはできない。「下級審の判例」は、いずれも、指紋押なつ拒否者の再入国許可申請に対して、不許可の処分をしたものである。一つは、原告が、昭和四八年留学者として来日し、その後日本人の夫と婚姻し、昭和五七年のクリスマス休暇を利用して韓国旅行を計画し、再入国許可申請をした事件であり、もう一つは、原告が、昭和二九年六月ころ勉学のため日本に不法入国し不法に滞在していたが、昭和四四年一一月に特別在留許可を受け、昭和五七年一一月にソウル特別市で開催される会議に出席するため、再入国許可申請をした事件であり、さらに他の一つは、原告が出生以来日本に居住し昭和四四年一〇月に協定永住許可を受け、昭和六一年五月アメリカに留学することを目的として、再入国許可を申請した事件である。

本件の場合、渡航目的の重大性を考慮すると、とくに慎重かつ的確な判断が要請されるといえよう。

被告法務大臣側の具体的事情

本件処分当時の指紋押なつ拒否者の状況＝本件再入国不許可処分を行なった昭和六一年八月現在において、指紋押なつ拒否者は八八二名を数え、これを看過できる状態ではなかった、と被告法務大臣は判断していた。

指紋押なつ拒否者に対する法務省の行政方針＝右のような違法状態の解消のために、法務省は、当初指紋押なつの説得を行うという方針をとっていたが、説得の効果が芳しくないので、何らかの強化された規制手段を模索していたところ、たまたま北九州市に在住する指紋押なつ拒否者からの再入国許可申請案件があり、これを契機として、昭和五七年一〇月ころ、指紋押なつ拒否者の再入国許可申請に対しては、これを不許可とするとの方針が決定されたのである。本件各再入国不許可処分当時これを維持することを相当と判断していた。

（4）　右の諸事情は、被告法務大臣が再入国許可処分の許否を決定するにあたり、審査し考慮しなければならない事項であり、これらの事項に関する法的評価は、法律の目的に従って、適正になされなければならない。

まず、原告の具体的諸事情のうち、原告が在留期間三〇年の長期にわたり我が国で創り上げてきた社会的生活の基盤は、法的にこれを保護するに値するものであり、また永住許可を取得して我が国に永住することを法的に承認されている原告の法的地位は、とくに重要であることを見逃がしてはならない。

被告法務大臣は、「原告が有する永住許可は、外国人が我が国において在留するために有しなければならない在留資格（法四条一項）の一つにすぎず、ただ、永住許可の性質上在留期間の定めがない点を除けば、その余の在留資格を付与された外国人と何ら異なるところはなく、仮に、退去強制事由に該当すれば、我が国から退去を強制される」（被告側、準備書面（七）平成元年一月二四日）という。しかし永住許可取得者については、仮に退去強制事由（入管法二四条）に該当する場合であっても、退去強制に関する裁量権に法的制約が働き、重大な退去強制事由がない限り、退去強制をすることはできないと解すべきである。永住許可取得者たる原告の既得の法的地位は、被告法務大臣が再入国の許否を決定する際に、十分に評価さなければならず、その意味において被告法務大臣の裁量権を制約する効果を有するといえよう。

また原告の海外渡航目的および必要性は、再入国許可のための理由としては、それ以外のいかなる理由も対抗することができない絶対的な理由である。人間の尊厳を基盤とする民主的かつ平和的法治国家においては、右の理由を踏みにじることのできる行政目的ないし公益的理由はほとんど考えることができない。とくに原告が永住許可取得者であることを考慮すれば、原告が右の理由による一時的海外旅行ののちに従前と同一の条件による在留の継続を希望している場合に、これを阻止しようとする行政措置には人道上許し難いものがあり、法律上も到底これを容認することができないものといわなければならない。

つぎに、被告法務大臣の具体的事実に対する評価を見よう。被告法務大臣は、本件再入国不許可処分の理由およびその背景として、次の事情を強調している。すなわち、原告は、昭和六〇年九月七日、外国人登録の確認申請をする際に、外登法一四条一項で義務づけられている指紋押なつを拒否し、依然として右の違法状態を継続しており、「原告の右の行為は、外国人登録制度の基本的秩序を乱すものであり、ひいては、我が国における外国人の公正な入出国や在留の管理を危うくするものであるから、外国人が滞在国において許される在留活動の範囲を逸脱した悪質な行為であって在留管理上の規制を受けることは極めて当然である。」（被告側、準備書面（七）平成元年一月二四日）というのである。

さて被告法務大臣が、本件再入国不許可処分によって得られる公的利益および再入国許可処分によって失われ害される公的利益とはどのようなものであるか。再入国不許可処分をめぐる具体的な公的利益の比較衡量が本件処分の適法性の決め手であるのに、この点に関する被告法務大臣の理由づけは極めて貧弱であって、ただ、一般的な法治主義の維持をいうにすぎない。再入国不許可処分が、指紋押なつ拒否という違法状態の解消のために、効果的な行政措置であるとの調査報告もないようである。本件再入国不許可処分に説得性がない所以である。

それに反して再入国不許可処分は、指紋押なつ拒否者に対する報復措置として受け止められたため、違法状態の解消どころか、行政に対する一般的信頼を失い、法制度の目的・理念を歪める結果をもたらした。再入国不許可処分によって失われ害された公的利益ないし価値は大きいといわなければならない。

以上を要約すれば次のようにいうことができる。被告法務大臣は、原告の具体的諸事情を考慮するにあたり、当然尽くすべき審理を尽くさず、その結果、最も重視すべき原告の法的地位および海外渡航の目的、必要性を軽視し、かえって、比較衡量をすべき一要素にすぎない指紋押なつ拒否という事実を過大に評価し、あたかもそれが再入国不許可の絶対的な処分要件であるかのように重視し、また指紋押なつ拒否者のそれぞれの具体的事情の相違を考慮することなく、これを無視し、既定の行政方針をただ機械的に適用した。

このような判断は、適正な比較衡量に基づく判断であるということはできず、裁量判断の方法に重大な誤りがあるものとして、本件再入国不許可処分は、著しく妥当性を欠いた違法な処分であるというべきである。

（5）　原告は、良心に従い神の声に従って、指紋押なつを拒否した。違法状態の解消は当該法律が予定している法的手段によるべきである。しかし、そのような手段に訴えることが躊躇される事情がある場合に、たまたま当該外国人が再入国許可申請をしなければならなくなった機会をとらえ、手続上容易な再入国不許可処分をもって制裁手段としたことを疑われるような選択をしたことは、報復ないし制裁の目的のために、行政権を濫用したものといわれても仕方がないであろう。再入国不許可処分を外登法に付属する処罰手段であるというように誤解してはならないし、そもそも再入国の許可・不許可の決定は、制裁ないし懲罰という目的で行なわれるべきものではないのである。本件再入国不許可処分は、行政権の著しい濫用によるものであって、違法な処分である。

「下級審の判例」は、前述のとおり、外国人登録行政と出入国管理行政は密接に関連しているから、指紋押なつ義務違反をもって再入国不許可処分の理由とした本件処分は、入管法の目的違反に当たらないと解している。しかし問題は、再入国の許可に関する裁量権が、入管法一条に規定する法律の目的に違反して行使されたかどうかにあるのではなくして、裁量権を授権した入管法二六条一項の規定の目的に違反して行使されたのではないか、という点にある。

再入国許可制度（入管法二六条）は、日本国に在留する外国人がその在留期間の満了前に、再び日本国に入国する意図をもって外国に出国しようとするときに、右再入国の際の入国・上陸の手続を簡略化する目的で定められたものであって、その実質は、日本国における在留地を生活の本拠とする外国人について、当該外国人が一時的海外旅行ののちに、従前と同一条件による在留の継続を認める制度である。したがって、入管法二六条一項によって授権された裁量権は、再入国の際の入国・上陸の手続を簡略化し当該外国人の既得の法的地位を実効的に保障するという再入国許可制度の趣旨・目的に従って、行使されなければならない。

（6）　原告は永住許可を受けて我が国に定住している外国人である。永住許可取得者に対する再入国不許可処分は、当該外国人にとっては、出国を断念するか、あるいは再入国を断念して出国しなければならないか、という二者択一の選択を迫る行政措置として受け止められており、原告もまた、そのような深刻な選択を迫られたのである。

このような事態に対して、被告法務大臣が、手続上もっとも簡略な再入国許可を拒否しているにもかかわらず、原告が再入国許可を取得しないままに出国しても、「後日再び我が国に入国を希望するときは、在フランス日本大使館等の在外公館において入国申請の手続をとることができ、我が国への入国の方途は存している」（被告側、準備書面（七）平成元年一月二四日）などといって、事態を冷たく、かつ、軽くあしらうような対応は、到底これを容認することができない。

原告に対する行政の対応には、警察国家的行政への逆戻りを疑わせるものがあり、被告法務大臣が、国際協調の精神に基づき、親切で思いやりがあり、かつ弾力的な法の運用をすべきことを意識し、それによって出入国管理行政を執行していることを窺うことができる事情は何もない。出入国管理行政における行政権の行使には、心の広さよりは心の深さが、要求されるのである。

本件再入国不許可処分の申請からその許否の決定にいたるまでの法務省の対応および被告法務大臣の裁量権の行使の方法は、親切で思いやりのある対応をすべしという要請に反し、著しく妥当性を欠くものといわなければならない。

X　行政規則による不確定法概念の具体化

一　はしがき

伝統的な行政法理論によれば、行政規則は行政庁の下級行政庁に対するまたは上司の部下たる職員に対する抽象的＝一般的規制である。行政規則は内部的法規範であって、規則の名宛人たる行政庁のみを拘束し、外部的効果を有しない。したがって行政規則は国民および裁判所に対して拘束力をもたない。行政規則は、それに相応する行政実務が存在することの徴表にすぎないのである。(1) しかし近年、行政規則の果たす現実的機能の重要性にともない、行政規則の外部法化の問題が行政法学の緊急な研究課題となっている。この点について、ドイツの環境法および原子力法に関する判例は伝統的理論を越える新たな展開を示しており、判例の変遷にともなって、学説も行政法学に新しい理論的局面をもたらしていることが注目される。そこで以下には、ドイツにおける判例学説の概要を示し、さらにそれを背景にして、我が国における行政規則による不確定法概念の具体化、とくに審査基準・処分基準の問題について、若干の考察を試みることにしよう。

二　ドイツにおける判例の展開

（1）　ミュンスター上級行政裁判所一九七六年七月七日のフェルデ判決――帯域幅理論（Bandbreitentheorie）

電力会社 STEAG がフェルデ火力発電所のブロックⅢとⅣの増設を計画した。フェルデ事件では、この計画が連邦環境汚染防止法の許可要件を具備しているかどうかが、争われた。許可行政庁は、施設の操業によって、TA Luft 1974（一九七四年八月二八日の大気清浄維持技術指針）に定められている限界値を超えることにはならないとした。しかしミュンスター上級行政裁判所は、一九七六年七月七日の判決で、連邦環境汚染防止法五条一号の定める「施設の操業による有害な環境影響並びに近隣に対するその他の危険、著しい不利益及び著しい苦痛を惹き起こさないこと」という要件が確保されてないとしたのである。[(2)]

この訴訟での主な争点は二つある。一つは、環境汚染防止法四条以下による許可についての行政庁の決定が、裁判所による全面的な審査を受けるものか、あるいは、行政に自律的な決定の余地が認められるものであるか、という問題である。ミュンスター上級行政裁判所は、環境汚染防止法五条一号の許可要件、とくに「有害な環境影響」という概念を、判断余地なき不確定法概念とし、裁判所による無制限のコントロールに服するものとした。これは、不確定法概念の完全審査という判例理論に従い、ウーレの代替性理論を否認したものである。[(3)] もう一つは、TA Luft の法的性質に関するものである。この点については、環境汚染防止法における不確定法概念の解釈に際して、裁判所は、TA Luft のような行政規則に拘束されないと判示したのである。

判決はいう、「当裁判所は……TA Luft に定められたインミッシオン値は硬直的、絶対的限界という意義を有するものでなく、有害な環境影響と有害でない環境影響との間の精確に知られてない移行領域を示す里程標（Markierrungen）と見なすべきである、あるいは、――換言すれば――不確実な地形の前または中での警告板と対比できるもので、この意味において基準値または拠所という性格を有するものである、という確信に達した。右の評価が正当であるのは、今日の科学的とくに医学的‐生物学的知識の水準によれば、いかなる量または負荷で大気が有害な環境影響を始めるかを、精確に指示することができないからである」。さらにいう、「当裁判所は、TA Luft に挙げられているインミッシオン値は一定の帯域幅（Bandbreite）または偏差幅（Schwankungs-breite）を確保しており、その程度は、もちろん――その点で未だ十分でない科学的知識を考慮して――個々の有害物質の成分について未だ知られていないことを出発点としている。この考察方法は決して新しいものではない。判例や学説が確定したイミッシオン値以下でも、有害な大気汚染の発生が考えられると主張する点で、それは、根本において固定的、硬直的な数という観念から解放され、一定の帯域幅を採用しているのである」と。[4]

従来は、行政規則におけるインミッシオン値の確定は、裁判所を拘束するものではないにしても、とにかく、それは一般的には、「有害な環境影響」という概念を具体化したものと考えられ、指針的性格をもつ判断基準とみなされてきた。したがって裁判所は、具体的場合に新たに当該領域における特定の有害物質の濃度の判定の問題を審理する必要はなかった。それに対して、ミュンスター上級行政裁判所の決定は、TA Luft のインミッシオン値は、単に帯域幅（Bandbreite）とみなされるにすぎず、裁判所の全面的な審査に服するものであることを確認したのである。[5]

このミュンスター上級行政裁判所の帯域幅理論（Bandbreitentheorie）は学説の批判を受けることとなった。裁判判決の非予測可能性から生じる法的非安定性が非難されたのである。[6]

（2）　バイエルン行政裁判所一九七六年一二月二六日の薬化学‐決定（Pharmachemie‐Beschluß）

バイエルン行政裁判所は、一九七六年一二月二六日の決定において、TA Luft のインミッシオン値に行政裁判所に対する拘束力があることを認めた。裁判所はいう、「TA Luft において確定されたインミッシオン値は行政の専門知識の表現である。……この数値の正しさの審査は原則として問題にならず、むしろ、この VDI 大気清浄維持委員会の指針、連邦－およびラント行政庁の包括的経験の交換、研究成果などに基づく TA Luft の数値は、環境保護に関する大気の清浄維持に対する要請を正しく評価していることを前提にすることができる（ウーレ、BB1976,S.446. をみよ）」と。(7) この決定はウーレのいわゆる代替性理論に従っていることを示している。

（3）連邦行政裁判所の一九七八年二月一七日のフェルデ判決

予めなされた専門家鑑定（anzipierte Sachverständigengutachten）の理論

連邦行政裁判所のフェルデ判決は、ブロイヤーの学説に依り、(8) ミュンスター上級行政裁判所の帯域幅理論を退けたものであった。連邦行政裁判所は、連邦環境汚染防止法四八条(9)により TA Luft によって定められたインミッシオン値は、インミッシオンが具体的場合に連邦環境汚染防止法三条一項(10)の有害な環境影響を惹起するものかどうかの問題を裁判所が判断する場合に、一般的に〝予めなされた〟専門家鑑定としての意義を有するものである、ことを明らかにした。

判決はいう、「右の規定（連邦環境汚染防止法四八条――筆者注）に基づきそれを考慮して確定されたインミッシオン値は、法律により規定されたインミッシオン値の調査の方法と種類を考えると、インミッシオンが危険、著しい不利益および著しい苦痛を公衆または近隣のために惹起することになるかどうかの問題に答えるために、最善でないにしても適切な情報源である、何故なら、それは中央の――連邦政府によって――調査された様々の専門分野の専門家の認識と経験を基礎としており、それゆえに、それが自然科学的に基礎づけられた専門的な言明であるために、すでに許可行政庁の決定を形成し、その点で〝予めなされた〟専門家鑑定（Breuer, DVBl. 1978, 34ff.）として、審査をする裁判所にとっても意義を有するものであるからである」、「TA Luft に書かれているインミッシオン値は、……連邦環境汚染防止法三条一号に列挙されている侵害の惹起についての特定の有害物質の適性に関する、TA Luft の発布の際に存在した経験と科学的認識の水準を再現しており、それゆえに――より新しいより良い認識を留保して――予めなされた専門家鑑定として裁判判決の基礎とすることができるのである」、「新しい確実な認識に基づいて、有害な環境影響と有害でない環境影響との限界が別のエミッション値のところにあるということが生じないかぎり、TA Luft のイミッシオン値は、特定の有害物質の連邦環境汚染防止法三条一号に列挙されている侵害を惹起する適性に関する、世界的に得られた経験と科学的認識を表現している、ということから出発しなければならない」。したがって、「有害な環境影響と有害でない環境影響との限界がインミッシオン値によって正しく規定できない（いわゆる特異な）事実状態」については、予めなされた専門家鑑定の理論は妥当しないのである。[11]

すなわち連邦行政裁判所は、連邦環境汚染防止法四八条に基づいて発せられた一般的行政規則としての TA Luft に〝予めなされた専門家鑑定〟という意義を認めることによって、TA Luft のインミッシオン値を下回っている場合には、原告の権利（法的利益）は侵害されていないとしたのである。したがって本件では、インミッシオン値は、行政裁判所のコントロールを原則として制限するものではないが、事実上はその証拠法的意義について影響を与えることになるのである。

（4）　リューネブルク上級行政裁判所一九八五年二月二八日のブッシュハウスー決定
　　　規範を解釈する行政規則（Norminterpretierende Verwaltungsvorschriften）

その後、予めなされた専門家鑑定の理論も学説判例の批判を受けることになった。[12] 環境基準を定めた行政規則においては、専門家の鑑定のみならず、同時に政策的ー価値判断の決定が問題であるというのである。リューネブルク上級行政裁判所は、ブッシュハウスー決定においておいて、TA Luft の規定を〝予めなされた専門家鑑定〟と見ることを否認し、連邦環境汚染防止法四八条により発せられた行政規則について、明示の法律の授権とその成立の手続を基礎として、規範解釈的機能を認め、裁判の領域でも遵守すべき拘束的効果があるとした。この事件は、ブッシュハウス原子力発電所から一五〇キロメーター離れて居住している人が、この原子力施設の即時執行の命令に不服を申し立てたものである。

決定はいう、「TA Luft の規定は行政規則であって法規範でないけれども、それは、一般的見解によれば――いろいろの理論的理由づけがあるにせよ――行政の領域を越えて裁判手続においても従うべき拘束的効果を有する。この特別の性質は、〝普通の〟行政規則を問題にする必要がない連邦環境汚染防止法四八条の授権から生じるのである」。連邦環境汚染防止法四八条は、執行部に対して「有害な環境影響に対する防止措置の必要と……予防措置に関する評価と認定をなす……権限」を与え、その際、裁判所によっても尊重されるべき判断領域を認めているのである。「大気汚染についての連邦行政裁判所の一九八七年二月一七日のフェルデ判決と違って、有害な環境影響と有害でない環境影響との限界は自然科学的認識に基づいて抽象的に正確に規定できるものでないだろう。……したがって TA Luft の規定は〝予めなされた専門家鑑定〟と資格づけることはできない。むしろインミッシオン値は、いろいろの事情の下で考えられる諸決定の帯域幅のなかにおいて、規範解釈的に、いかなる環境影響が個人に対しなお強要できるか、いかなる残存リスクを耐えなければならないかをはっきり確定するものである。そうするとインミッシオン値は、比較衡量および価値判断により、結局は、政策的意思決定であるということになる」といい、その場合、裁判所の遵守が限界に達するのは、行政規則の基礎となっている自然科学的仮定が古くなったという新しい確実な認識が証明されたとき、ほかには規則制定者が当然に行なう一般的考察の際に規制することができず、あるいは規制しようとしなかった異常なケースの場合である、という。

しかし、自然科学的認識によって把握できない環境汚染における危険の限界については、連邦行政裁判所もすでに指摘したことであった。すなわち、「具体的な場合における大気汚染の量－作用－関係（Dosis－Wirkungs－Beziehungen）においては、なお知識の不足や不確実性が存在し、その点で――法的評価でなく自然科学的認定と判断の領域において――大気汚染の作用に関するいわば〝帯域幅〟という見解を認めなければならない」。

またリューネブルク上級行政裁判所は、TA Luft に直接的な外部的効果を認めることによって、形式的には法律や法規命令ではないが、それと同様の効力をもつ、いわば新しい法規範のカテゴリーを創造したことになるといえよう。[13]

（5）　連邦行政裁判所一九八五年一二月一九日のヴィール判決
　　　規範を具体化する行政規則（Normkonkretieserende Verwaltungsvorschriften）

ヴィール原子力発電所（Kernkraftwerk Wyhl）事件に関する一九八五年一二月一九日の連邦行政裁判所の判決は、原子力法のみならず、一般的法問題としても基本的意義のあるものである。それは、これまでの学説判例および行政実務の基礎をなしていた見解とは異なるものを含んでいる。[14]とくに本章との関連では、①原子力法上の障害予防措置概念（Schadesvorsorge）、②裁判所にとって拘束力のある執行部の〝規範を具体化する〟指針（Richtlinien）、③裁判所のコントロール密度の制約におけるリスク調査および評価についての行政の責任に関する指針的な言明が重要である。[15]

「原子力法七条二項三号に使用されている予防措置概念の構造は、それを慣例的意味で判断余地なき不確定法概念と称することを認めるものではない」、「リスク調査およびリスク評価の責任は原子力法七条二項三号の規範構造によれば執行部が負う。この場合執行部は学界の意見を聴かなければならない」、「したがって、執行部に与えられた科学的争点の評価をそこから生じるリスク評価を含めて自己の評価によって置き代えることは、事後的な行政裁判所のコントロールの問題ではない、ということになる」、「執行部は、立法部に対してのみならず行政裁判所との関係でも、出来るだけ良い危険防止とリスク予防措置という原則を実現するために非常によく整備した法的行為形式を用いるのである」、「基本法一九条四項はそれに対立するものではない」、「それゆえに執行部に与えられた憲法上の権限規定に対する留保が存在する場合は、[16]それと一致しない裁判所のコントロール権限の拡大によって、それを疑問視することはできないのである」。

連邦行政裁判所のヴィール判決は、環境汚染防止法および原子力法における裁判所のコントロール問題に明確な決着をつけたものではない。しかしそれは一つの有力な方向を示したものといえよう。

さらに本件においては、「河川の流水または水面の中における放射能排出における放射線被曝の一般的算定の基礎」というタイトルの電離放射線による災害の防止に関する命令第四五条に基づく指針（行政規則）が問題になった。

「控訴裁判所は、取消しを求められた許可決定の発布の際に、未だ発布されてなかった一般的算定の基礎を考慮して、具体的場合に施設がその予定立地構想による三〇ミレムを守ることができるかどうかを、審査した。この場合、控訴裁判所は、一般的算定の基礎を〝予めなされた〟専門家鑑定と評価した。当裁判所はそれに従うことはできない。一般的計算の基礎は、核エネルギーのラント委員会における最終勧告に従い、連邦内務大臣により、将来適用されるべき指針として発せられた」、その結果「指針には規範を具体化する機能があり、単なる規範を解釈する行政規則と違って、行政裁判所にとっては規範によって設定された限界内で拘束力があるのである」[17]。

連邦行政裁判所は、リューネブルク上級行政裁判所と同様の方法で、規範に対し、指針、すなわち行政内部的規定としての法的性質からは認められない直接の外部的効果を与えた。ヴィール判決とともに、規範を具体化する行政規則という概念が生れたのである。

（6）　規範具体化行政規則という概念が今後判例上どのような動向を示すか、どのような法的効果がそれに結びつくか、また環境法以外の法領域でも承認される概念といえるかなど、規範具体化行政規則の理論的根拠および限界は、判例では、まだ必ずしも明確に説かれているとはいえない。しかし、少なくとも環境法の領域では、規範具体化行政規則という法的具体像は、疑問点を残しながらも次第に受け入れられて行くのではないかと思われる。

（a）　連邦行政裁判所一九八七年五月二二日の判決

本判決は、高速道路建設の計画確定に反対し、補助的に、道路騒音による障害の防止を求めた事件において、連邦高速道路における騒音防止に関する連邦交通大臣の指針（Richtlinien）を、規範を具体化する行政規則とはみなかったものである。(18) 指針は、連邦環境汚染防止法一、三条および四一条(19)の法規的な具体化ではないし、法律の根拠に基づくものでもない、としたのである。

（b）　ミュンスター上級行政裁判所一九八七年七月九日の判決

ミュンスター上級行政裁判所は、TA Luft 1986 を〝規範を具体化する行政規則〟であるとして、連邦行政裁判所のヴィール判決に従い、次のようにいう、「連邦行政裁判所はヴィール判決において、執行部に割り当てられた科学的争点の評価を、その結果生じるリスクの評価を含めて、自己の評価によって置き代えることは行政裁判所のコントロールの問題ではない、という見解を表明した。この場合主として争われている大気汚染物質SO_2およびNO_2のリスク潜在力に関して、執行部は、TA Luft 1986 の Nr.2.5.1(20)におけるインミッシオン値の定めによって、そのようなリスク評価を行なった。この規制は〝規範具体化行政規則〟として規範により設定された限界内で行政裁判所にとって拘束力がある。連邦行政裁判所のヴィール判決において展開された、この法的具体像は、連邦環境汚染防止法五一条とともに四八条に含まれている基準設定の授権（Standardisierungsermächtigung）によって正当化されるものであり、基準設定の授権はこれに基づく行政規則に対し限定された外部的効果を与えるものである」。(21)

（c）　連邦行政裁判所一九八七年九月一五日の決定

本件では、市町村の代表機関の職務規定における党派最小議員数に関する規定が、行政裁判の規範統制（verwaltungsgerichtlichen Normenkontrolle）に服するという決定がなされた。本決定において、連邦行政裁判所は、「以上の伝統的な概念の理解に従い（外部効果のある）法規定と（内部的効果のある）行政規則との区別に固執すべきかどうかは（最近のベックマン、DVBl. 1987, 611ff. は否定）、未決定にしておくことができる」という。[22]

（d）　連邦行政裁判所の一九八八年二月一五日の決定

連邦行政裁判所は、行政規則としての TA Luft の意義およびその裁判所の審査について、つぎのようにいう。「一九八三年および一九八六年の大気の清浄に関する技術的指針（TA Luft）は、法律の根拠、すなはち連邦環境汚染防止法四八条に基づいて定められた同法一、三および五条の要請の具体化に関する行政規則である」。「本件は、TA Luft を〝予めなされた専門家鑑定〟というか、または〝規範具体化行政規則〟というかで異なる法的評価がなされるかどうか、およびどの程度にか、さらに、このことが場合によっては裁判所の審査および基準にとっていかなる結論をもつことになるかという問題を解明する何らの機会も提供するものではない」。連邦行政裁判所の一九八七年五月二二日の判決で判示したことは「連邦環境汚染防止法四八条を根拠にして定められた TA Luft に転用することはできない、何となれば連邦高速道路の騒音防止に関する指針は、まさにこのような法律の根拠を欠いているからである」[23]。

（e）　連邦憲法裁判所の一九八八年五月三一日の決定

本決定では、税法上の行政規則が問題になっているが、一般的な行政規則の場合は、伝統的理論が維持され、裁判所によっても確認されていることが示されている。「上級行政庁が行政内部的に統一的な手続または一定の裁量行使を目的にし、下級行政庁による一定の法律解釈および適用を目的にしていない行政規則およびその他の指示は、基本法二〇条三項および九七条一項にいう法律ではない。……実体法的内容を有する行政規則は原則として裁判所のコントロールの対象であるが、その基準ではない」[24]。

（1）　K. Stern, Das Staatsrecht der Bundesrepublik Deutschland, Band II, 1980, §38 I 5; H. Maurer, Allgemeines Verwaltungsrecht, 6. Aufl., 1988, §24 Rn. 15ff.; 田中二郎『新版行政法上』一六六頁（昭四九）、柳

瀬良幹『行政法教科書・再訂版』三〇頁（昭四四）。

（2）　大気汚染、騒音、震動及びこれに類する事象による有害な環境影響の防止のための法律（連邦環境汚染防止法・一九七四年三月一五日）

第五条（許可を要する施設の操業者の義務）　許可を要する施設は、次のように設置し操業しなければならない。

一　有害な環境影響並びに公衆及び近隣に対するその他の危険、著しい不利益及び著しい苦痛を惹き起こさないこと。

二　とくに技術の水準に対応したエミッシオン削減に関する措置により、有害な環境影響に対する予防措置がとられていること。

三　施設の操業に際して発生する残余物質が秩序正しくかつ損害を発生することなく使用され又はそれが技術的に可能でなく若しくは経済的に納得できないときは、廃棄物として秩序正しく除去されること。

（3）　C. H. Ule, Die Bindung der Verwaltungsgerichte an die Immissionswerte der TA Luft, BB 1976, S. 446ff.

（4）　OVG Münster, Urteil vom 7. 7. 1976, DVBl. 1976, 795.

（5）　宮田三郎「原子力行政の法律問題」専修大学社会科学年報一三号一九頁（昭五四）を見よ。

（6）　R. Breuer, Die rechtliche Bedeutung der Verwaltungvorschriften nach §48 BImSchG im Genehmigungsverfahren, DVBl. 1978, S. 31.　高木　光「通達における法と専門技術性の交錯（二）」自治研究六一巻四号六一頁（昭六〇）。

（7）　P. Fischer, Umweltschutz durch technische Regelungen, 1989, S. 93f.（= BayVBl. 1977, S. 305.）.

（8）　R. Breuer, Fn.(6), S. 30ff.

（9）　連邦環境汚染防止法第四八条（行政規則）　連邦政府は、関係各方面（第五一条）[a] の聴聞の後、連邦参議院の同意を得て、この法律及びこの法律に基づいて定められた連邦の法規命令の施行のために、特に次の事項に関して一般的行政規則を定める。

一　第一条[b]に掲げた目的のために超えてはならないインミッシオン値

二　技術の水準によりその超過が避けられるエミッシオン値

三　エミッシオン及びインミッシオンの調査のための手続

（a）　第五一条（関係各方面の聴聞）法規命令及び一般的行政規則の発布に関する授権が関係各方面の聴聞を規定している場合には、学界、利害関係人、関係経済界、関係交通施設及びインミッシオン防止について権限を有する最高ラント行政庁のその時々に選出された代表者について聴聞をしなければならない。

（b）　第一条（法律の目的）この法律の目的は、人及び動物、植物その他の物を有害な環境影響から、並びに、許可を要する施設に関してはその他の方法で惹起される危険、著しい不利益及び著しい苦痛からも、防止し、かつ、有害な環境影響の発生を予防することである。

（10）　連邦環境汚染防止法第三条（概念規定）①　この法律において有害な環境影響とは、種類、程度又は持続により、公衆又は近隣に対して、危険、著しい不利益若しくは著しい苦痛を惹起するに足りるインミッシオンをいう。

②　この法律においてインミッシオンとは、人及び動物、植物又はその他の物に影響を及ぼす大気汚染、騒音、震動、光、熱、副射線及びこれに類する環境影響をいう。

③　この法律においてエミッシオンとは、施設から発生する大気汚染、騒音、震動、光、熱、副射線及びこれに類する環境影響をいう。

⑥　この法律において技術の水準とは、エミッシオン削減に関する措置の実際的適性が確保されると考えられる進歩した方法、設備又は操業様式の発展水準をいう。技術の水準を規定するに当たっては、特に操業において成功裡にテストされた比較できる方法、設備又は操業様式が考慮されなければならない。

④⑤⑦は省略

（11）　BVerwGE 55. 250 (255ff.) = NJW 1987, S. 1450.

（12）　K. Vieweg, Antizipierte Sachverständigengutachten – Funktion, Verwertungsformen, rechtliche Bedeutung, NJW 1982, 2473–2476 (Anm. 7); F. Nicklisch, Technische Regelwerke–Sachverständigengutachten im Rechtssinne?, NJW 1983, 841–850 (842); A. Rittstieg, Das „antizipierte Sachverständigen" –eine falsa demonstratio ?, NJW 1983, 1098.

(13)　P. Fischer, Fn.(7)., S. 99.

(14)　Vgl. W. Rengeling, Anlagenbegriff, Schadensvorsorge und Verfahrensstufung im Atomrecht, DVBl. 1986, S. 265ff.

(15)　核エネルギーの平和利用及び核エネルギーの危険防止に関する法律（原子力法・一九五九年一二月二三日）

第七条（施設の許可）①　核燃料物質の生産、加工又は核分裂のため、若しくは、放射性核燃料物質の再生のために固定的施設を設置、運転又はその他占有し、若しくは、施設又はその運転を本質的に変更する者は、許可を受けることを要する。

②　許可は次の各号に掲げる場合にのみ付与することができる。

一　申請者並びに施設の設置、運転及び施設の運転の経営及び監督に責任を有する者の信用に対して疑念が生じる事実が存在せず、施設を設置、経営及び監督に責任を有する者がそのために必要な専門知識を有しているとき。

一a　施設の運転に際してその他の活動をする者が、施設の確実な運転、起こるかもしれない危険及び使用される防護措置について必要な知識を有していることが保障されているとき。

二　科学と技術の水準により、施設の設置及び運転による損害に対して必要な予防措置がとられているとき。

三　法律上の損害賠償義務の履行について必要な予防措置がとられているとき。

四　第三者の妨害措置又はその他の作用に対する必要な防護が保障されているとき。

五　優越的公益が、特に水、空気及び土地の清浄維持に関して、施設の立地点の選択に対立しないとき。

③④⑤は省略

(16)　基本法一九条

④　ある人が公権力によってその権利を侵害されたときは、出訴の途が開かれる。他の［機関の］管轄がみとめられないかぎり、通常裁判所への出訴がみとめられる。

(17)　BVerwG, Urt. v. 19. 12. 1985 = DVBl. 1986. 190 (196).

(18)　BVerwG, Urt. v. 22. 5. 1987 = NJW 1987, 2886.

(19)　連邦環境汚染防止法第四一条（道路及び鉄道線路）①　公道並びに鉄道線路及び路面電車の建設又は本質的な変更の場合には、五〇条の規定にかかわらず、技術の水準により避けることのできる交通騒音によって、何らの有害な環境影響も惹起されないことが確保されなければならない。

②　防護措置の費用が防護目的と比例しない場合は、第一項の規定は適用がない。

(20)　一九八六年二月二七日の大気清浄維持に関する技術指針（Technische Anleitung zur Reinhaltung der Luft —— TA Luft —— vom 27. Februar 1986). Nr. 2. 5. 1.

Nr. 2. 5. 1.　健康危険の防止に関するインミッシオン値

健康危険を防止するため、次のとおりインミッシオン値を定める。

有害物質	長時間影響	短時間影響	
浮遊塵埃（塵埃の内容物質を考慮しない）	○・一五	○・三○	mg／m³
塵埃の分としての鉛及び無機鉛化物－Pbと表示する－	二・○	……	ug／m³
塵埃の成分としてのカドミウム及び無機カドミゥム化合物－Cdと表示する－	○・○四	……	ug／m³
塩素	○・一○	○・三○	mg／m³
塩化水素－CIと表示する－	○・一○	○・二○	mg／m³
一酸化炭素	一○	三○	mg／m³
二酸化硫黄	○・一四	○・四○	mg／m³

二酸化窒素	○・○八	○・二○	mg／m³

＊）塩化水素が異論の余地なく塩化物から分離して測定できない場合、短時間影響については、○・三○ mg／m³とする。

(21) OVG Münster, Urt. v. 9. 7. 1987 = DVBl. 1988, 152 (153).

(22) BVerwG, Beschl. v. 15. 9. 1987 = BayVBl. 1988. 249.

(23) BVerwG, Beschl. v. 15. 2. 1988 = DVBl. 1988, 539; NVwZ 1988, 824.

(24) BVerfG, Beschl. v. 31. 5. 1988 = DVBl. 1989. 94f.

三　ドイツにおける学説の動向——五つのモデル

(一)　政府の「判断余地」論

(1)　不確定法概念の具体化において、行政庁ではなく政府に、判断余地が認められるという考え方がある。ブロイヤーはいう、「許可行政庁の判断余地を否認することで、もちろん、行政部の判断余地という法的手段を通じて、連邦環境汚染防止法四八条による行政規則に準–規範的価値をあたえるという思想が、未だ決定的に否定されたのではない。むしろ、連邦政府および連邦参議院に対し、一般的–抽象的行政規則の制定に当たって、連邦環境汚染防止法上の不確定な、具体化を必要とする法概念について判断余地が帰属するかどうかの問題が考慮されなければならない。……連邦政府および同意の権限を有する連邦参議院の判断余地を認める理由としては、行政規則の発布が〝関係各方面〟の事前の聴聞に拘束されていることが挙げられよう。この場合、学界、利害関係人、関係経済界、関係交通施設および環境汚染防止の権限を有する最高ラント行政庁の代表者が聴聞を受ける

（環境汚染防止法五一条）。考慮しなければならないのは、その結果執行部側に連邦行政裁判所の有害図書規制法－判決[25]がいう適格な専門知識と多元的な代表という基準が充足されているかどうかである[26]」と。

右に提起された問題が肯定される場合は、行政規則に間接的な拘束力を認めることができ、具体的場合において行政庁に判断余地を承認する必要がなくなる。はたして右の基準を満たしているといえるだろうか。

この点について、ブロイヤーは次のようにいう、「しかしながら提起された問題は否定されなければならない。環境汚染防止法五一条に掲げられている若干の代表者における独立性の欠陥を無視する場合すら、環境汚染防止法四八条による行政規則の制定の場合における判断余地という構成には、二つの断固たる懸念が生じる。

第一に、単なる聴聞の要請によって、聴聞を受ける代表者の専門知識と代表の精選が行政規則の詳細にまで届くということは保障されない。この点に、有害図書規制法－判決によって見出された専門的かつ代表的行政委員会の決定権限に対する本質的な違いがある。第二に、行政規則の制定の場合の判断余地という構成は基本法八〇条一項[27]の憲法上の規定に反する。執行部は、このような方法によって、聖書外典の規範に代る法定立(apokryphe normvertretende Rechtsetzung)を可能にすることになろう。基本法八〇条一項による法規命令の発布が服する拘束と制約は、その結果、憲法規定の法治国的意味に矛盾し、したがって許されない方法で、無視されることになろう[28]。」と。

（2）「判断余地」の理論（Lehre vom „Beurteilungsspielraum“）はバッホフが主張するものであるが、それは法律の適用が不確定法概念の解釈、事実認定および包摂の三つに区別できるということを前提にしている。バッホフによれば、不確定法概念の解釈および事実認定は裁判所が全面的に審査できるのに対し、包摂の事象すなわち不確定法概念の具体的な事実への適用の場合は、価値概念と経験概念とを区別し、価値概念が問題となる場合には、包摂は主観的価値観によってなされ、正しい判断または誤った判断であるということができず、いろいろの可能な見解があるということができるにすぎない。そのような主観的価値関連的概念の使用によって、立法者は、執行部に対し固有の判断のための余地を認めたのである。これに対して、経験概念の場合には、法の規定の意義および目的から、立法者が執行部に対して審査することのできない固有の判断余地を認めようとしているかどうかを、探究しなければならない、という。(29)

バッホフの判断余地論と同時に同様の考え方を展開したものとして、ウーレの代替性の理論（Vertretbarkeitslehre）がある。ウーレも法概念の解釈と事実認定を全面的に審査可能であるとみる。これに対して、事実の規範的不確定法概念への包摂は、論理的判断によってでなく事実に関する評価的判断によって可能となるといい、記述的概念の包摂は、評価的判断の要素がないために全面的に裁判所による審査が可能である、という。したがって例えば、環境影響の有害性に関して個々の事情の評価はかならずしも一義的な結論に至らねばならないのではなく、いわゆる〝限界事件〟（Grenzfälle）の場合には可能な決定の全てが「代替可能で適法とみるべきである」というのである。ただ注意を要するのは、代替性理論が複数の代替可能で適法な決定というときに、それは、評価的判断を必要とする法概念が存在することから複数の適法な解釈を引き出すことができるというものではない、ということである。要するに、執行部は複数の代替できる決定のどれかを選択することができるというのではなく、一度発見された決定がいわゆる限界領域にある決定であるときは裁判所の審査は降りるべきであるというのである。ウーレは、TA Luft および TA Lärm のような一般的行政規則によってインミッシオン値が定められている場合には、代替性理論でいうところの限界領域があるとみており、環境汚染防止法ではインミッシオン限界値に関する執行部の判断権があることを認めている。(30)

（3）　バッホフは価値判断を必要とする法概念（価値概念）の全てに行政庁の判断権を与えたが、ウーレは行政庁が判断権を有する不確定法概念の範囲を〝限界事件〟の場合に限定した。しかしこのような理論によれば、行政庁が判断余地権の法的限界を守り、または法律を疑わしい場合に代替できる方法で適用するかぎり、行政庁は環境汚染防止法四八条による行政規則を最終拘束的に適用できるのである。行政庁がその許可事務を TA

Luftのように科学技術の現在の水準の信頼できる総括である行政規則に従って行なうときは、行政庁の個別的決定は殆ど正当な判断または代替できる法律適用の枠を逸脱することはないだろう。その場合国民および裁判所は、規範的直接的ではないが、間接的に判断余地の限界内で行政規則に拘束されることになるのである。

「判断余地」の理論は、行政規則に対し、環境汚染防止法四八条によって立法者が与えた具体化機能を実現させるには適当でない。環境法の法律要件における不確定概念について行政庁に裁量の余地を認める、いわゆる「判断余地」の理論は否認されている。

（二）　予めなされた専門家鑑定の理論

（1）　ブロイヤーは、環境法上の行政規則を〝予めなされた専門家鑑定〟であると資格づけた。彼は、TA Luftのような行政規則は〝関係各方面〟の義務的な聴聞（環境汚染防止法五一条）を経た後に発せられているのみならず、内容も例えばVDI−Richtlinien, DIN−NormenおよびMAK−Werteなどの、いわゆる技術規程を継受していることを指摘する。これらの技術規程は、専門技術的知識を有し、関係各方面を代表し独立性を有する委員会によって策定され、公開の異議申立手続を経ている。それは、私的団体の組織内におけるコンセンサス形成の結果であるから、規範的意義はないが、その策定手続と規則制定委員会の特徴に基づいて、これを予めなされた専門家鑑定と見ることができ、この資格において裁判判決の基礎とすることができる。行政規則が限界値および技術規程のその他の危険防止の要請を継受しているかぎり、その内容は予めなされた専門家鑑定として利用することができ、裁判判決の基礎とすることができる、というのである。(32)

連邦行政裁判所のフェルデ判決はブロイヤー理論を受け入れたのであった。

（2）　予めなされた専門家鑑定の理論に対する批判　第一に、或る意見表明が専門家鑑定であるというためには、鑑定が専門知識を内容とすることはもちろん、その客観性と不偏不党性並びに現実性と確証性が必要であるが、TA Luft のような一般的行政規則における抽象的技術的定めは、十分な専門知識という基準を満たすことができても、客観性と不偏不党性の要件を満たすことはできない。TA Luft のインミッシオンン限界値の作成者である執行部が、同時にこの限界値を〃予めなされた専門家鑑定〃と評価する行政訴訟手続の当事者となるのである。[33] このような批判に対して、ブロイヤーは、予めなされた専門家鑑定の権威と法的尊重性は行政規則に本源的に帰属するのではなく、専ら技術規程の継受に基づきまたその範囲において派生的に帰属するのである、という。[34]

第二は、技術的規程したがって行政規則も、認識行為であるのみならず意思行為したがって決断でもあるから、専門家鑑定ではないというのである。[35] 具体的場合に求められる専門家鑑定は全て評価的意思的要素を含んでおり、予めなされた専門家鑑定の理論に批判的な諸見解は、インミッシオン値およびエミッシオ値にも政策的・価値評価的決定が含まれていることを、共通して指摘している。例えば、バドゥラは次のようにいう、「技術的行政規則を、原則として裁判所をも拘束する予めなされた専門家鑑定と見る見方は、――とくにそれが連邦行政裁判所の慎重な適用の前提から解放された場合には――、法律学的構成において誤解を招きやすい。何となれば、限界値およびその他の技術的基準は、明らかに専門知識をもって探究された数値の記述的複写ではなくて、技術的専門知識の助けを借りてリスク評価および負担限度について行なった評価判断であるからである」[36]と。

第三に、技術規程には鑑定に必要な透明性が欠けていることが挙げられる。裁判官は、包括的な調査なしに、自由心証主義の原則に基づいて、技術的定めの成立および目標設定を追行することができない。例えば一定のエミッシオン限界値が、いかなる程度において技術的専門知識、経済的利潤の考慮あるいは環境政策的価値判断の表現であるかを、判断することができない。この点に、技術規程を〃予めなされた専門家鑑定〃と評価することに対する下級審行政裁判所の留保の原因があるという。[37]

予めなされた専門家鑑定の理論の価値は、それによって、環境汚染防止法四八条による行政規則の外部的効果の欠如という欠陥が除去され、その結果行政規則の具体化機能を高める一つの方向が示されたという点にある。しかし理論的には、支持できない falsa demonstratio であるというのが一般的な評価であるといえよう。(38) 〝予めなされた専門家鑑定〟は〝規範を具体化する行政規則〟によって退けられたのである。

(25) 一九七一年一二月一六日の連邦行政裁判所の判決（BVerwGE 39, 197.）。この有害図書法－判決については、本書Ⅵ「計画裁量」一四八頁以下を見よ。

(26) R. Breuer, Die rechtliche Bedeutung der Verwaltungsvorschriften nach §48 BImSchG im Genehmigungsverfahren, DVBl. 1978, S. 34.

(27) ドイツ連邦共和国基本法八〇条一項　①法律により、連邦政府、連邦大臣、または、ラント政府は、法規命令を発布する権限をあたえられうる。この場合、あたえられた権限の内容、目的、および程度は、法律のなかに規定されなければならない。命令には、その法的根拠を示さなければならない。権限をさらに譲渡しうる旨が法律で規定されているときは、権限の譲渡には、法規命令を必要とする。

(28) R. Breuer, Fn. (26), S. 34.

(29) O. Bachof, Beurteilungsspielraum, Ermessen und unbestimmter Rechtsbegriff im Verwaltungsrecht, JZ 1955, S. 97ff.

(30) C. H. Ule, Zur Anwendung unbestimmter Rechtsbegriff im Vervaltungsrecht, in: Gedächtnisschrift für Walter Jellinek, 1955, S. 309ff.; derselbe, Die Bindung der Verwaltungsgerichte an die Immissionswerte der TA Luft, BB 1976, S. 446ff.

(31) R. Breuer, Fn. (26), S. 32.

(32) R. Breuer, Fn. (26), S. 35.

(33) A. Rittstieg, Die Konkretisierung technischer Standards im Anlagenrecht, 1982, S. 207ff.; derselbe, Das

"antizipierte Sachverständigengutachten" — eine falsa demonstratio ?, NJW 1983, S. 1099.

(34) R. Breuer, Fn. (26), S. 35.

(35) A. Ristieg, Die Konkretisierung, S. 210.; P. Marburger, Atomrechtliche Schadenvorsorge, 2. Aufl., 1985, S. 158.

(36) P. Badura, Gestaltungsfreiheit und Beurteilungsspielraum der Verwaltung, bestehend aufgrund und nach Maßgabe des Gesetzes, in: Festschrift für Otto Bachof zum 70. Geburtstag, 1984, S. 175.

(37) A. Rittstieg, Das „antizipierte Sachverständigengutachten", NJW 1983, S. 1099.

(38) E. Kutscheidt, Öffentliches Immissionsschutzrecht, in: J. Salzwedel (Hrsg.), Grundzüge des Umweltrechts, 1982, S. 237 u. 262.; A. Ristieg, Fn.(37)., S. 1099.

(三)　規範を解釈する行政規則（Norminterpretierende Verwaltungsvorschriften）

(1)　行政規則の体系的分類　概念的には、行政規則は、伝統的な外部法（法律、法規命令）を充塡しまたは執行するものか、このような法規的規定なしにまたは法規的構造の弱い法律規制にのみ基づいて行政作用を指導するものかによって、区別される。前者が法律従属的な行政規則（gesetzesakzessorische Verwaltungsvor-schriften）、後者が法律から自由な行政規則（gesetzesfreie Verwaltungsvorschriften）である。[39]

法律従属的な行政規則は、法規的関係を基準にして、さらに指示法（Verweisungsrecht）と補充法（Ergänzungsrecht）とに区別することができる。補充法は立法者が――意識的に――未解決にしておいた欠缺を充塡するものであるが、指示法では、法律要件に行政規則を参照するように指示する方法で、法律の規制の完全化がなされる。法律から自由な行政規則は、具体的な法律の規定が存在しない場合であるので、それが挿入される領域によって分類される。資金（補助金）交付法（Subventionsrecht）における行政規則のグループと特別地位法

(Sonderstatusrecht) における行政規則のグループを区別することができる。

機能的には、組織規制または権限規制 (Organisations－bzw. Zuständigkeitsregelungen) と行動指導的な行政規則 (verhaltenslenkende Verwaltungsvorschriften) とを区別することができる。行政庁内部の権限配分規制、組織および手続に関連する行政法は (主として) 行政庁の責務処理の形式的側面を指導するのに対し、行動指導的行政規則は執行部の決定発見の実質的－内容的領域を対象とする。行動指導的な行政規則には、第一に、裁量基準 (Ermessensrichtlinien) があり、行政の裁量行使について指導的機能を発揮する。第二に、裁量以外の規範内容、特に不確定な法律上の法概念の解釈および適用を対象とする行政規則がある。この行政規則には、規範を解釈する行政規則 (Norminterpretierende Verwaltungsvorschriften) と規範を具体化する行政規則 (Normkonkretisierende Verwaltungsvorschriften) とがある。一部で付随的にいわれる判断基準 (Beurteilungsrichtlinien) というのは、規範解釈規則または規範具体化規則の Unterfall である。[40]

(2) 規範を解釈する行政規則　伝統的な理論によれば、行政規則は、外部的効果をもたず、国民も裁判所をも法的に拘束しないし、裁判所は完全に独自の法律の適用をすることができる。法律の解釈はもともと行政の独自に機能できる領域ではなく、裁判官が最終的に拘束力のある解釈をすることのできる権限を有する。規範を解釈する行政規則は、学説の意見表明以上に大きな〝証明の価値および拘束力の価値〟[41]をもつものではない。しかし規範解釈行政規則は、下級行政庁や部下たる公務員に不確定法概念の解釈に際しての解釈補助を与え、法律の統一的な適用を保障する。現実的には、解釈基準たる行政規則も事実上の効果を発揮し、行政実務のうえで重要な機能を果たしていることは否定できない。この事実上の効果の法的重要性は、今日一般的に承認されているといってよいであろう。

外部的法効果の問題は、[42] 裁量基準たる行政規則と判断基準たる行政規則の場合に重要な意義を有する。さしあたり、二つの問題を検討しなければならない。一つは、裁量領域における一般的－抽象的規制の許容性に関する問題であり、もう一つは、いわゆる行政の法定立権の問題である。

裁量基準設定の許容性について、シュミット－ザルツアーは次のようにいう、「裁量具体化行政規則が無制限に許容されるなら、行政は、立法者が意識的に中止したもの、すなわち強制的な指示要件のカズイスティクな固定化を行なうことになろう。なるほど、これは行政に委ねられた秩序政策的形成裁量の類型的な具体化であり、したがって結局は、この類型化により高い法明確性および法安定性に到達することになろうが、形成裁量は、立法者が行なった基本決定のカズイスティクな－類型的な明確化のために認められているのでなく、具体的場合の評価的判断のために、行政に認められているのである。したがって、行政が裁量授権を充塡するために拘束的規則を発布することができるとすれば、それは裁量授権の意義および目的に反することになろう。要するに、裁量授権には、具体的場合の特別の事情を評価的に判断すべき強制または一般的－抽象的規制の禁止が結び付いているのである」(43)と。しかしシュミット－ザルツアーによれば、裁量を具体化する行政規則は、法的には一般的－抽象的規制ではなく個別的決定であるという。すなわち、「裁量行使の本質は、裁量行使が具体的場合の評価的判断を強制するものであるが故に、一般的－抽象的行為の禁止を含み、したがって裁量を具体化する行政規則は抽象的規制ではなく、基準となるケースのために準備された型どおりに処理される個別的決定である、ということである」(44)。かくしてシュミット－ザルツアーは、裁量を具体化する行政規則は実は個別的決定であることを根拠にして、裁量基準に直接的な外部効果を承認する。「裁量具体化行政規則は、法的には指針（Richtlinien）という意味しかないけれども、そしてそれは個々の公務員を基準ケース（Standardfalle）の領域においてだけ拘束するにすぎないけれども、行政規則の策定とともに既に、行政庁内部的な、原則として行動する公務員が従うべき意思形成が行なわれている。この内部的な意思形成の任務は、行政庁と国民との外部関係を内容的に形成しまたは個別的決定を指示し、行政庁と公務員との関係において決定がいわば〝より高い次元〟に向かってなされることである。……要するに、裁量具体化行政規則に直接的な外部効果を与えることが行政庁の規制意図に合致するのである」[45]。

ベックマンは、以上のことは特に環境計画に妥当するという。すなわち「環境計画は、それが行政規則の形式で生じている場合すら、行政の自律的な形成領域を指導するかぎり、オリジナルな行政権として直接的法的外部効果を発揮する」、また「環境計画は、それが行政規則として発せられている場合、形式的には後続の専門行政庁のみを名宛人にしているが、実際は、組織内部的効果を目指しているのではなく、シュミット－アスマンのいう行政庁内部的組織を越えそのように意図した指導効果（Steurungswirkung）[46]を展開することになる。それゆえに、環境計画の法的外部効果は既に、環境計画が法形式と係わりなくまた行政庁内部という名宛人の範囲と係わりなく行政庁内部的な手続規制に限定されず、多数の第三者に関係する実質的な利益衝突を計画者の比較衡量の方法で解決することを意図していることから、生じるのである」[47]と。

（3）　行政の法定立権？　リューネブルク上級行政裁判所は、TA Luft の定めが行政規則であり、裁量基準ではなく規範解釈行政規則であるとしながら、行政訴訟でも尊重すべき拘束力が認められるという見解を判示した。規範解釈的行政規則は行政の法定立権の結果でないことは一般に承認されている。ベックマンによれば、「立法者が事実状態を最終的に（abschliessend）規制している場合には、行政は法定立権を要求することはできない。立法者が最終的規制をしているかどうか、あるいは行政に行政規則によって具体化される独自の判断領域を委ねるかどうかは、法律の規制の解釈によってのみ確認することができる。……立法者が事実を――非常に不確定な法概念によってであれ――最終的に規制している場合には、行政には法定立権は認められないのである」[48]。したがってリューネブルク上級行政裁判所の見解は疑問であり、否認されなければならない。規範解釈行政規則は外部的拘束力のある法ではないのである。

しかし問題の本質は、解釈行政規則の外部的法効果が否認された点にあるのではなく、裁量領域の外部においても、行政が自律的に決定できる領域があることを認め、その自律的領域の内部にある行政規則には、裁判所に

よっても尊重されるべき拘束力を承認しようという傾向を最近の判例が示している点にあるといえよう。(49)

(39)　法律から自由な行政規則という用語はエルプグートに従っているが、これをマウラーは法律代替的行政規則（gesetzesvertretende Verwaltungsvorschriften）といい、オッセンビュールは法律から独立の行政規則（gesetzesunabhängige Verwaltungsvorschriften）といっている。Vgl. W. Erbguth, Normkonkretisierende Verwaltungsvorschriften, DVBl. S. 474.; H. Maurer, Allgemeines Verwaltungsrecht, 6 Aufl., 1988, §24 Rdnrn. 5ff.; F.Ossenbühl, Zur Außenwirkung von Verwaltungsvorschriften, in: Verwaltungsrecht zwischen Freiheit, Teilhabeund Bindung (Festgabe aus Anlass des 25jährigen Bestehens des Bundesverwaltungsgerichts), 1978, S.448.

(40)　H. Maurer, Fn. (39), §24 Rdnrn. 5ff.; F. Ossenbühl, Fn. (39), S. 433ff.; W. Erbguth, Fn. (39), S. 474f. 行政規則の具体的内容はさまざまであるので、いろいろの分類方法が可能であるが、本文ではエルプグートの分類に従っている。大橋洋一『行政規則の法理と実態』七一頁以下（平二）は、行政規則の代表的類型として、解釈規則（Norminteprietierende Verwaltungsvorschriften）と判断規則（Beurteilungsrichtlinien）、裁量規則（Ermessenrichtlinien）、法律代替規則（Gesetzvertretende Verordnungen）、行政主体間行政規則（Intersubjektive Verwaltungsvorschriften）を挙げている。

(41)　F. Ossenbühl, Die Quellen des Verwaltungsrechts, in: Erichsen/ Martens, Allgemeines Verwaltungsrecht, 6. Aufl. S. 90.

(42)　外部的法効果、とくに間接的な外部的法効果の問題については、なお、乙部哲郎「行政の自己拘束の法理」民商法雑誌七一巻五号二二頁以下（昭五〇）、平岡久「行政規則の法的拘束性（一）（二完）」法学雑誌二六巻三・四号六七頁以下、二七巻一号一頁以下（昭五五）、大橋洋一・注(40)二二四頁以下を見よ。

(43)　J. Schmidt－Salzer, Die normstrukturelle und dogmatische Bedeutung der Ermessenermächtigungen,

VerwArch, 1969, S. 284.

（44）J. Schmidt－Salzer, Fn. (43), S. 288.

（45）J. Schmidt－Salzer, Fn. (43), S. 289.

（46）E. Schmidt－Aßmann, Umweltschutz im Recht der Raumplanung, in: J. Salzwedel (Hrsg.), Grundzug des Umweltrechts, 1982, S. 167. シュミット－アスマンは、「行政規則として発せられている国土計画（Raumplan）の大多数は、今日その内部法形式にふさわしくない、外部法規と同列にする多くの指導効果（Steuerungswirkungen）を展開している」という。

（47）M. Beckmann, Verwaltungsgerichtlicher Rechtsschutz im raumbedeutsamen Umweltrecht, 1987, S. 54f.

（48）M. Beckmann, Fn. (47), S. 52.

（49）M. Beckmann, Fn. (47), S. 52.

（四）規範を具体化する行政規則（Normkonkretisierende Verwaltungsvorschriften）

（1）規範具体化行政規則とは、執行部がいわゆる不確定法概念の充塡において策定し、法律の規定に基づきその範囲内で、一般的な、すなわち行政裁判所のコントロールにとっても拘束力のある規律をいう。[50] 規範具体化行政規則の観念は、連邦行政裁判所のヴィール判決において示されたものであるが、理論的根拠がかならずしも明確でないにもかかわらず、結論としては多くの学説の賛同を得ている。それは、一定の場合に行政規則について限定的な外部的効果を承認すべき実践的必要、裁判官の需要さえあつたことによる、といえよう。[51] 実際、例えば環境基準を定める行政規則に何んらの拘束力もないとすれば、特にそれが費用のかかる手続で専門家を依頼し利害関係人を参加させて定められている場合は、結果的に不満足であることになろう。[52] 規範具体化行政規則の構想は、行政規則に多かれ少なかれ広い外部的効果を与え、特に裁判所を拘束しようとする試みの一つであるということができる。

（2）　裁判所は、規範解釈行政規則には拘束されないが、規範具体化行政規則に拘束されるというのが、連邦行政裁判所のヴィール判決である。その場合、規範具体化とはどういう行為であるか、また規範解釈行政規則と規範具体化行政規則はどのようにして区別できるか、という問題が提起されよう。

グジューによれば、抽象的な法律から具体的場合についての具体的な法効果を引き出すことが法の「具体化」であり、具体化において初めて一般的法律が具体的場合において執行可能となる。したがって法の執行の付託（Vollziehungsauftrag）は法の具体化付託（Konkretisirungsauftrag）を当然に含む。行政はいろいろの方法で具体化付託を行なうことができるが、具体的場合における具体化（Konkretisierung im Einzelfall）の代わりに、基準設定による具体化（Konkretisierung durch Richtlinien）を行なうこともできる。そのような基準は上級行政庁の下級行政庁に対する行政規則の形式で生じる。規範具体化行政規則は法律から具体的場合への過程における中間的行為である。(53)

また規範具体化行政規則と規範解釈行政規則との区別については、次のように説明している。「規範具体化行政規則は執行部の規範具体化多様性（Konkretisierungsspektrum）の一つであるが、規範解釈行政規則はまさにこの規範具体化多様性の範囲を画定する試みである。行政規則が法律を遵守しているかどうかは全面的範囲で裁判所の審査に服する。執行部は法律の拘束の範囲をみづから決定できない。執行部が法律の要件メルクマールを解釈することによって法律の拘束の範囲の確定を試みるなら、この解釈の試みは裁判所による全面的な審査に服する。司法は、執行部による、法律内容の解釈および解釈の限界に拘束されない。これに対して、許容される多様性の範囲内で生じたものは具体化であって、そのかぎりで許容される。それゆえに裁判所の判断を受けない。総括すると次のようになる：すなわち、

——規範解釈行政規則は法律の拘束の内容と限界を執行部が画定している基準である。それは司法によって法律との一致が審査されなければならない。

——規範具体化行政規則は法律の承認する範囲内で行政の行動を指導する基準である。それは司法による裁判所の審査を受けない、なぜなら、それは定義上現行法と一致していなければならないからである。——規範具体化行政規則への拘束は裁判所による取消の可能性の欠如を意味する」[54]と。

（3）　従来、行政規則の直接的な外部的法的効果は原則として否定されてきた。規範具体化行政規則という理論構成は、古典的な学説によって区別されてきた行政の外部領域と行政の内部領域とを法的に結合させ、内部法を外部法化する理論的試みの一つであり、現在の判例・学説の到達点を示すものであるということができる。その場合当然ながら、規範具体化行政規則の許容性または拘束力の法的根拠は何かという問題が提起されよう。この点について、伝統的立場に立つ学説と最近の有力な学説とは基本的に対立しており、問題は、一般的な法律の留保と基本法八〇条をいかに理解するか、という点にある。

ブロイヤーは、伝統的な立場に立つて、「法律の留保」が妥当する領域では外部効果を有する行政規則を発布する授権は可能でないという。すなわち、「行政規則の効果の増大を図る試みは、一般的な法律の留保並びに執行部の命令権に対し基本法八〇条によって課せられている制限に違反するという点で、失敗する。法規命令と行政規則との同一効果という競合は法源システムの憲法上の基礎と一致しないであろう。それゆえ、行政規則は国民に対して何ら設権的な外部効果を発揮するものではなく、したがって何ら裁判コントロールの規範的基準となるものでもない、というのが正しい。自然科学的－技術的認識余地およびこれと結び付いている行政部の基準設定余地（Standardisierungsspielraum）に基づいても、行政規則は何ら規範的拘束性を増大させるものではない」のである[55]。

（50）　M. Gerhardt, Normkonkretisieierende Verwaltungsvorschriften, NJW 1989, S. 2234.
（51）　H. Hill, Normkonkretisierende Verwaltungsvorschriften, NVwZ 1989, S. 402.

(52)　H. Jarass, Der rechtliches Stellenwert technischer ur d wissenschaftlicher Standards, NJW 1987, S. 1227.
(53)　C. Gusy, Administrativer Vollzugauftrag und justizielle Kontrolldichte im Recht der Technik, DVBl. 1987, S. 498f.
(54)　C. Gusy, Fn. (53), S. 500f.
(55)　R. Breuer, Gerichtlicher Kontorolle der Technik, NVwZ 1988, S. 112.

（4）　規範具体化行政規則の妥当領域はどのように画定されるか。ベックマンによれば、行政の自律的決定領域は次のような形で存在する。それは、①法律の留保領域以外、とくに基本権に係わらない純粋な給付領域、②法律の留保が妥当する領域のなかでは、法律が認めている裁量または計画形成の領域、③不確定法概念の解釈・適用に際し、例外的に判断余地が認められる場合または立法者が自己規制を放棄して法規範の具体化を行政に委ねている場合、である。環境法においては、連邦環境汚染防止法四八条に基づいて定められた大気および騒音の技術指針は規範具体化行政規則とみることができるという(56)。

ゲルハルトは、機能的な権限配分という視点から、連邦行政裁判所のヴィール判決の意義を二つの点に見い出している。第一は、いわゆる不確定法概念の抽象的な解釈の可能性というフィクションの克服であって、静態的な解釈－包摂－シェーマの代わりに、動態的かつ実践的な法定立というモデルが生じたといい、第二は、法律の規範が行政に対して規範の具体化権限を認めているかどうか、いかなる範囲で認めているかという問題を提起したという(57)。ここでは、後者の点すなわち、いかなる場合に行政は規範を具体化する権限を認められるかという点について見ることにしよう。

ゲルハルトによれば、行政規則による規範具体化はつぎの場合に考えられる。
規範の解釈と包摂は、結局、裁判所の権限であるというのが原則であるが、例外として、ある規範がいわゆる

不確定法概念の拘束的充塡を行政に授権および付託したというように解釈できる場合がある。それは、

(1)規範が特別の程度に具体化を要する場合、すなわち具体的場合への適用が、規範が捕える事実状態、関連および利害を評価的に、最適に、場合によっては量的に適用可能な（条件的な）プログラムに置き代え、同時に具体的場合の特殊性と異なる問題解決を（弾力的に）含む、中間的な規制に依存している場合である。

(2)（規範特殊的な）行政の留保のための根拠がある場合である。それは、

(a)　例えば環境汚染防止法四八条、水管理法七a条[58]のような行政規則を発布する特別の授権、

(b)　（目的的に）プログラムされた法律構造、特に最適化の要請および動態化の要請（〝技術の水準〟、〝科学と技術の水準〟）、

(c)　執行部の特別の行為形式、とりわけ規則発見に専門家委員会を含めることやその他精選された結論のために手続的な準備をし、規定のなかに私的技術規程を取り入れること、

(d)　規範が具体的場合から適切に訴訟法の手段をもって裁判所によって具体化されるかどうかという観念的実験の消極的結果、である。

以上要するに、執行部の具体化権限の射程距離はその時々の法律によって測定されることになる。[59]

（5）　規範具体化に対する法的要請　規範具体化行政規則の直接的な外部効果、すなわちオリジナルな行政の法定立権を承認する場合には、さらに、その条件ないし要件が問題となる。この点については、判例・学説とも未だ明確な解決を示しているわけではないが、さしあたり、規範具体化の必要がありかつ公正な規範具体化のための適切な措置がとられている場合でなければならない、ということができよう。

第一に、すでに見たように、古典的法源たる法律と法規命令だけでなく、それに加えて、行政に固有の規範が強力な下部構造を形成し、それなしには法律の執行が可能でないような法状態ないし法領域の存在が前提となっている、ということである。したがって、規範具体化行政規則の承認は、行政法の全領域に一般化することはで

きないのであって、さしあたり、環境法や技術的安全法の領域に限定されなければならない。

第二に、行政規則を定める機関の構成、手続、規則作成の方法などについて最小限の法的要請を満たすものでなければならない。専門家委員会の構成は、民主的である必要はなく、学際的で少数意見をも考慮し均衡のとれた選出によるものであること、手続は十分透明で、決定にいたるまでを追行できるものでなければならないこと、定められた規則には理由を付さなければならず、全ての利害関係人はこれを入手できることが保障されなければならないこと、などの法的要請を挙げることができよう。(60)

(56)　M. Beckmann, Die gerichtliche Überprüfung von Verwaltungsvorschriften im Wege der verwaltungsgerichtlichen Normenkontrolle, DVBl. 1987, S. 617. ベックマンは、行政規則に規範具体化機能を認める根拠として、連邦環境汚染防止法四八条の法律の規制を重要視している。

(57)　M. Gerhardt, Fn. (50), S. 2235f.

(58)　水管理法七a条（汚水の排出に対する要請）　①　汚水の排出の許可は、汚水の量および有害性が……一般に認められている技術規定（allgemein anerkannten Regeln der Technik）により、可能なかぎり小さく維持される場合のみ、与えることができる。……連邦政府は、連邦参議院の同意を得て、第一文にいう一般的に認められている技術規定に相応する、汚水排出の最小限の要請に関する一般的行政規則を定める。

(59)　M. Gerhardt, Fn. (50), S. 2237.

(60)　F. Ossenbhül, Informelles Hoheitshandeln im Gesundheits－und Umwelt schutz, in: Jahrbuch des Umwelt－und Tchnikrechts, Band 3, 1987, S. 40ff.; M. Gerhardt, Fn. (50), S. 2238.

(五)　直接の外部的法効果を有する行政の固有の法定立権

（1）　行政に固有の法定立権を認める代表者はオッセンビュールである。オッセンビュールによれば、「行政は、自己固有の機能領域において、感じられしばしば手痛い程度に、国民の権利および利益領域を侵害しそれに影響を及ぼす抽象的－一般的規制をし、また規制をすることができ、そのような規制に国民はしばしば正式の法律よりも大きな注意を払っていることは、一般に認められているところである」、「行政による規制の許容性および有効性の問題にとって決定的なのは、行政による規制が外部効果を有するかどうかではなく、それが執行部の機能領域の内部にあるかどうかである。この問題が肯定されるなら、行政は（も）、外部効果を有する法を定立することができる。ここから――そしてここからのみ――行政規則から法律の留保への橋渡しがなされるのである」という。(61)また、本質性理論との関連で次のようにもいう、「執行部には憲法上、形式的法律による授権を必要とすることなく、固有の法を設定する権限、すなわち外部効果を有する法規範を定める権限があることは、連邦憲法裁判所の判例において以前から承認されている。もちろんこれまでの判例は二義的な権限規定および手続規定に限定されている。本質性理論との関連で、本質性理論の裏面として、法律に従属する外部効果のある本質的でない規範的規制を定める、行政の一般的憲法上の権限が生じるという見解が主張されている。したがって、憲法直接的な固有の行政の命令権が執行権の構成要素として承認されることになろう」と。(62)要するにオッセンビュールは、法律の留保の原則が妥当せず、議会による、または議会の委任に基づく規制が必要とされていない領域については、行政のオリジナルな法定立権を承認すべきである、と主張したのである。

ベックマンも、オッセンビュールに従って、基本法八〇条一項にいう派生的な法創造権とは違う、行政の固有のまたはオリジナルな法創造権（Rechtserzeugungsbefugnis）を認める。(63)このような独自の命令権の承認は基本法八〇条に違反しないか。ベックマンによれば、「八〇条は、一般拘束的な抽象的－一般的規制の定めの全てに関するものではなく、ただ立法部機能の確保に奉仕するにすぎない。それゆえに八〇条は、執行部が立法機能を付託された形式で、要するに法律の留保に基づき原則として立法者が規制を義務づけられている領域において立法機能を引き受ける場合に、法治国的要請を強化するものである。それに反して、行政による自己責任的形成のための余地がある場合には、立法から派生する行政の法定立権が問題なのでなく、基本法八〇条一項が適用されない行政の固有の法定立権が問題なのである。固有の行政権には、厳格な法律の拘束が妥当せず、行政が憲法上許された方法で自律的な決定余地を認められている領域にとどまるかぎり、法律の留保とは衝突しない」[64]。さらにヒルも、立法部と執行部の機能領域の正当な配分を定めるという視点から、委任立法は立法の機能領域に属しており法定立が問題であるのに対して、行政規則は執行部の機能領域にあり行政部の執行権が問題であるとし、しかも規範具体化行政規則には、技術の水準などの探究および具体的決定についての（法律の）執行機能、例えば環境保護や技術的コントロールについての指導的形成機能および規範的機能の三つの機能が重なりあっていて、法定立と法適用とはもはや明確に分離できない、という[65]。

（2）　外部効果を有する行政規則の発布のための法的根拠を執行部の「固有の機能領域」に求める議論は、十分な説得力のあるものとはいえないだろう。伝統的な公法学によれば、機能領域から直ちに、一定の権限が一定の機関に割り当てられるという結果は生じないのであって、そのためには作用法的な別個の法的行為を必要とするとされてきた[66]。

そこでクレプスは、行政規則の発布を法定立の行為と見ないで単なる法律具体化（Gesetzeskonkretisierung）の行為であると見ることによって、権力分立との衝突を回避し、「行政には――（拘束力のある）法定立によって法律執行をする憲法直接的な権限が当然に帰属する」というのである[68]。またエルプグートは、外部効果を有する行政規則の発布の授権を、基本法八三条以下（基本法二〇条二項および三項とともに）から引き出される、具体的場合の決定（Einzelfallentscheidung）に関する執行部の権限に求め、これには同時に執行を目的とする一般的規制が含まれ、さらに、この規制には外部効果が与えられる、という[69]。バドゥラも、裁量（Ermessen）、判断余地（Beurteilungsspielraum）、計画者の形成の自由（planerrischer Gestaltungsfreiheit）の他に、行政の独自の規範具体化権（Selbständige Normkonkretisierungsbefugnis）という範疇を認め、最近、技術的安全法における科学的―技術的評価に際して認められた執行部独自の規範具体化権は、具体的場合にもまた規範的または準規範的規制の方法でも、法律の執行について認められる、という。(70)

以上、行政規則のもつ事実的な拘束力に対し、より明確な法理論的根拠を与えようとする学説の概要を示した。しかし基本法八〇条による命令の定立行為では、まさに法の具体化が問題になっているのであり、委任された立法（法規命令）と法を具体化する行政との理論的区別の可能性については、依然として疑問が残っているように思われる。(71)

(61) F. Ossenbühl, Fn. (39), Zur Außenwirkung, S. 435f. オッセンビュールの所説については平岡　久「ボン基本法下における行政規則に関する学説（二）」阪大法学一〇二号一六九頁以下（昭五三）に詳しい。

(62) F. Ossenbül, Der Vorbehalt des Gesetzes und seiner Grenzen, in: V. Götz/ H. H. Klein/ C. Starck (Hrsg.), Die öffentliche Verwaltung zwischen Gesetzgebung und richterlicher Kontrolle, 1985, S. 31.

(63) W. Beckmann, Fn.(56), S. 616. F. Ossenbül, Verwaltungsvorschriften und Grundgesetz, 1968, S. 510.

(64) W. Beckmann, Fn. (56), S. 617.

(65) H. Hill, Fn. (51), S. 405.

(66) W. Erbguth, Fn. (39), S. 479

(67) W. Krebs, Zur Rechtsetzung der Exekutive durch Verwaltungsvorschriften, VerwArch, 1979, S. 269f. なおクレプスの所説については、大橋洋一・注(40)一二頁以下も見よ。

(68) 基本法八三条　ラントは、この基本法が別段のことを定め、または、許さないかぎり、その固有の事務として、連邦法律を執行する。

基本法八四条　①　ラントが連邦法律を固有の事務として執行する場合においては、ラントは、連邦議会が連邦参議院の同意をえて別段のことを定めないかぎり、官庁の組織および行政手続を規律する。
② 連邦政府は、連邦参議院の同意をえて、一般行政規則を発布することができる。
基本法二〇条 ② すべての国家権力は、国民から発する。国家権力は、国民により、選挙・投票および立法・執行権および裁判の特別の機関によって行使される。
③ 立法は、憲法秩序に、執行権および裁判は、法律および法に拘束される。
(69) W. Erbguth, Fn. (39), S. 480.
(70) P. Badura, Das normative Ermessen beim Erlass von Rechtsverordnungen und Satzungen, in: Gedächtnisschrift für Wolfgang Martens, 1987, S. 31ff.
(71) Vgl. M. Oldiges, Richtlinien als Ordnungsrahmen der Subventionsverwaltung, NJW 1984, S. 1930.

四　我が国における問題――審査基準・処分基準

(1) 行政手続法は、第五条第一項において「行政庁は、申請により求められた許認可等をするかどうかをその法令の定めに従って判断するために必要とされる基準（以下「審査基準」という。）を定めるものとする。」、同条第三項で「……審査基準を公にしておかなければならない。」と規定し、第一二条第一項において「行政庁は、不利益処分をするかどうか又はどのような不利益処分をするかについてその法令の定めに従って判断するために必要とされる基準（次項において「処分基準」という。）を定め、かつこれを公にしておくよう努めなければならない。」と規定した。審査基準・処分基準は、行政の内部基準であり、行政規則としての法的性質をもっている。しかし問題は、審査基準・処分基準の果たす現実的な機能を法的にどのように評価すべきかである。内部効果および外部効果を含む法的効果という視点に基づいて、審査基準・処分基準の法的具体像を解明しなければならない。伝統的理論は、行政規則を行政機関が定立する一般的な定めで行政内部効果を有するにすぎないものとして位置づけた。[72] 行政規則の問題はいわば非－法の問題であり行政法学の対象から外されてきたのである。しかし行政規則を単に行政内部を拘束する指針と見る伝統的理解では、もはや審査基準・処分基準の本当の意義を正当に評価することはできないだろう。[73]

（2）　行政規則として定められた審査基準・処分基準について、例外的に、間接的または直接的な外部効果を認めるためには、特別の法理論的理由がなければならない。この点についてドイツでは、間接的な外部効果を認めるものとして行政の自己拘束の理論があり、また行政規則を直接に問題とする理論として、政府の判断余地論から予めなされた専門家鑑定の理論、規範解釈行政規則および規範具体化行政規則を経て、行政のオルジナルな法定立権の理論にいたるまでの理論が展開されたのである。我が国においても、行政の自己拘束の理論はほぼ承認されるに至ったと見るとができるのに対し、行政のオリジナルな法定立権は全く問題になっていない。ドイツの予めなされた専門家鑑定の理論は、行政規則に示された基準を専門家鑑定と見ることによって、そこに間接的な外部効果を認めようとする準－証拠法的な理論で、すでに我が国でも紹介されている。しかしこの理論はドイツにおいても退けられて行く傾向にあり、また準－証拠法的な理論構成は我が国には容易に導入し難いといえよう。

審査基準・処分基準は、行政規則たる法的性質をもつ行政の内部的法規範で、国民および裁判所に対して法的拘束力をもたない。しかし、それが公表され、それに基づく行政実務が積み重なると、その果たす現実的機能の法的重要性に伴い、審査基準・処分基準は外部法化することが考えられる。外部法化の問題は、とくに審査基準・処分基準が裁量基準として定められている場合と法律概念とくに不確定法概念の解釈基準として定められている場合に生じる。

したがって以下には、規範解釈的・裁量基準的行政規則としての審査基準・処分基準と規範具体的行政規則としての審査基準・処分基準の妥当性について、検討することにしよう。

（3）　通説によれば、解釈基準としての行政規則が外部効果をもつ法源となることは否定されているし、行政規則には法規性がなく行政内部的拘束力があるにすぎないことが強調されている。しかし他方において、規範解釈行政規則の行政内部的拘束力にも限界があることを見落としてはならない。すなわち、規範解釈行政規則が実体法と一致しないときは、もはや行政内部的拘束力もない。環境法や原子力法などの場合には、新しい自然科学的認識により行政規則に示された解釈がもはや許されないことが確実に証明されたとき、また解釈基準が考慮せず、あるいは考慮しようとのしなかった異常なケースが問題になっているときは、解釈基準たる行政規則は行政内部的にも拘束力がないことになろう。

規範解釈行政規則は国民や裁判所を直接には拘束しない。解釈基準は法律の拘束の内容と限界を行政が画定した基準である。最終的に拘束力のある法令の解釈・適用は裁判官の権限に属する。解釈基準は裁判所により法律に合致するかどうかを全面的に審査されなければならない。[74] しかしながら、高度の科学技術的内容に関する解釈基準には、間接的な外部効果を認めなければならない。このような解釈基準は、形式的には指針（Richtlinien）という意味しかないが、実質的には行政の内部組織を越えて外部に対して指導効果（Steuerungswirkung）を発揮することが意図されている。そして指導効果の点から見れば、規範解釈行政規則は実質的に法規と同様に機能する。とくに、例えば環境基準によって、有害な環境影響や国民の健康の保護などの科学技術的内容をもつ概念の解釈が、自然科学的に相応の根拠のある数値をもって示されているときは、その内容を裁判官も尊重せざるをえない、あるいはそれに追随せざるをえない。このような推定的拘束力（präsumtive Verbindlichkeit）を通じて解釈基準としての行政規則には、事実上間接的な外部効果が認められる場合があるといえよう。[75]

（4）　裁量基準は行政の裁量行使について指導的機能を発揮する。[76] それは行政に委ねられた裁量を類型的に具体化し、したがって法の透明性、明確性および安定性に資する。行政裁量の本質が個別具体的な場合における評価的判断を行政に委ねる点にあるとすれば、裁量基準の設定・具体化によって生じる行政決定の画一化は、裁量授権の目的に反することになろう。しかし裁量基準は、標準的なケースについての個別的決定を、行政内部的に準備し、それを型どおりに処理するよう指示する。裁量基準に一定の間接的な外部効果を認めることは行政庁の規制意図に合致しているといえよう。

裁量基準の法的性格について、最高裁は、「行政庁がその裁量に任された事項について裁量権行使の準則を定めることがあっても、このような準則は、本来、行政庁の処分の妥当性を確保するためのものなのであるから、処分が右準則に違背して行なわれたとしても、原則として当不当の問題を生ずるにとどまり、当然に違法となるものではない」[77]と判示した。しかしこのような理解に対し学説は反対している。その場合の理論的根拠は、平等原則と行政の自己拘束の理論である。とくに裁量の余地がある場合に、行政が行政実務を形成したときは、具体的場合に行政は自己の実務によって自ら拘束される。すなわち、行政実務に対応している裁量基準からの逸脱は、そのための合理的理由がなければ、その行為は平等原則違反として違法となる、[78]あるいは平等原則違反の推定をうける、[79]と考えられている。[80]

（5）　平等原則を媒介とする間接的な外部効果という理論構成は、ドイツ環境法における大気清浄維持技術指針（Technische Anleitung zur Reinhaltung der Luft ＝ TA Luft）や騒音防止技術指針（Technusche Anleitung zum Schutz gegen Lärm ＝ TA Lärm）などの環境基準や原子力発電所の安全基準のように、裁判所の全面的なコントロールに服する不確定法概念を解釈し、またはそれを具体化する場合については何らの解決も提供しない。この場合には行政が自らを拘束することのできる裁量の余地がないからである。そこで説かれた一つの考え方が規範具体化行政規則論であり、ここでは環境基準や安全基準は直接的外部効果を与えられて、規範具体化行政規則として位置づけられた。したがってその限度で、外部効果を有する法規命令と内部効果しかない行政規則という伝統的区別は、疑わしいものとなったのである。

さて、このような考え方を、我が国の審査基準・処分基準について受け入れることができるだろうか。我が国においては、むしろ、それを認めるために必要な前提条件を問題にしなければならず、審査基準ないし処分基準の規範具体化機能を語るためには、少なくとも二つの条件を法的に整備することが必要であると考えられる。

第一に、審査基準・処分基準に規範具体化機能が認められるためには、立法者が法律による最終的規制を放棄し、問題の不確定概念の具体化を行政に委ねることを意図している場合でなければならない。法規命令による法律の具体化には明示の法律の授権を必要とするのに反し、行政規則に法律の具体化機能が認められるかどうかは、具体的場合の法律の解釈に拠っている点が問題である。

第二は、審査基準・処分基準を定める機関の構成、手続および作成方法などについての最小限の行政手続的要請が、法的に保障されていなければならない。この点については、ドイツの環境汚染防止法四八条の規定は一つの模範であるといえよう。TA Luft は、環境汚染防止法四八条の特別の授権に基づき、自然科学的―技術的に得られた認識を根拠にして、関係各方面の参加による法律に規定された手続で、しかも連邦参議院の同意を得て、執行部の最高機関によって定められたものである。関係各方面の義務的聴聞および行政規則の場合にはむしろ異例の連邦参議院の参加（Partizipation）は、直接の外部効果の有力な根拠といえよう。

行政手続法は、審査基準・処分基準の制定手続については、何ら規定していない。したがって例えば、行政内部で構成されている審議会等が、特別の自然科学的専門知識、社会的代表性および行政庁からの相対的独立性をもっているとしても、そのような組織と権限が法的に保障されていない場合には、審議会の科学的な判断によって裏付けられた行政庁の専門技術的な決定であっても、そこに何らかの直接的な法的拘束性を承認することはできない。我が国において、規範具体化行政規則の観念を承認するためには、法制度的にも法理論的にも、必要な諸条件は未だ整備されていないというべきであろう。[81]

現行法には、審査基準・処分基準を直接の規制力のある基準に変換する法的変圧器は設置されてないのである。

（72）　田中二郎・注（1）一六六頁、塩野　宏『行政法Ⅰ〔第二版〕』七六頁（平三）、藤田宙靖『第三版行政法Ⅰ

(総論)』二七七頁(平五)などの行政規則に関する定義によれば、行政規則の国民に対する外部効果の問題は原則として存在しえない。伝統的な行政法理論は、行政規則の全体像を次のように構成している。行政規則は行政庁の下級行政庁に対する、または上司の部下に対する抽象的―一般的規則である。これは内部的法規範であって、規則の名宛人たる行政庁のみを拘束する。行政規則に外部的効力が帰属するのは、間接的に、「行政の自己拘束」の理論が適用できる例外的な場合だけである。「行政の自己拘束」の理論というのは、行政庁は客観的理由なしに確立した行政実務ないし行政規則に違背することは許されない、というものである。

(73) M. Kloepfer, Umweltrecht, 1989, S. 404f.

(74) 塩野　宏・注(72)七九頁、最判昭四三・一二・二四民集二二巻一三号三一四七頁(=「墓地・埋葬等に関する通達」る事件)。

(75) 行政規則の外部的法効果を肯定し同時にその法規性を否定するジレンマを逃れる方策として、シュミットは、法規概念の修正を提唱している(W. Schmidt, Einführung in die Probleme des Verwaltungsrecht, 1982, S. 11)。すなわち、法規の本質的メルクマールを逸脱に対する強行的優位性であると見て、「行政規則とは、行政規則に定められた原則からの逸脱が具体的場合の特殊性からみて十分に理由のある具体的決定に対して、強行的優位性のない法規であると見ることができる」という。なお、通達の準法規性を主張するものとして、森田寛二「法律の観念」岩波講座基本法学4八三頁以下(昭五八)を見よ。

(76) H・ファーバーはアメリカ行政法について次のようなコメントをしている。「制定法はしばしば漠然たる一般条項のみを含み、多くの独立の機関(「独立規制委員会」)によって執行される。利害関係人は事実を知らされ(告知)、彼は自己の見解を説明する機会を得る(聴聞)。聴聞は指示から独立している公務員の前で行われる(聴聞審査官、最近は admivistrative law judge)。機関が最終の事実審である(記録に基づく決定)。裁判所はこのような行政の理解に対して手続のコントロール(とくに「デュープロセス」)に限定されること、しかし他方においてまさにこのことによって手続規制(アメリカでも法典化されている：一九四六の行政手続法)が評価されていることは、自明のことである。結局、機関は決定を利害関係人と多かれ少なかれ協議して決めざるを得ない。その点に疑いもなく民主化効果があるが、大きなリスクもある。すなわち、アメリカ行政法は弁護士の助言を受ける企業に有利であるが、被保護者や貧乏人はこの行政法システムの長所を全く利用することができないのである」(H. Faber, Verwaltungsrecht, 3 Aufl., 1992. S. 120f)。

わが国の行政手続法における審査基準・処分基準のシステムは、アメリカ行政法システムの長所に堕するリスクを防止する機能をもっている。審査基準・処分基準ができる限り具体的でなければならないという法律の要請(五条二項、一二条二項)は、わが国の行政手続法の大きな特徴であり、メリットであるということができよう。

(77) 最判昭五三・一〇・四民集三二巻七号一二二三頁＝マクリーン事件。

(78) 塩野　宏・注(72)八一頁、芝池義一『行政法総論講義』八九頁(平四)、宮田三郎「自由裁量と平等原則」行政判例百選Ⅰ(第三版)一五三頁(平五)。

(79) 藤田宙靖・注(72)二八〇頁。

(80) 新たに裁量基準が設定され、それに基づく行政実務が未だ形成されず、初めてのケースが問題になる場合でも、裁量基準の間接的な外部効果が生じると考えられる。この場合裁量基準はすでに先取りされた行政実務であると解されるからである。

(81) 例えば、昭和五八年一一月の行政手続法研究会による「行政手続法制定への提言——法律案要項(案)」(雄川／塩野／園部編『現代行政法大系第3巻』三六三頁以下・昭五九)でも、また平成元年一〇月の「行政手続法研究会(第二次)中間報告」(ジュリスト九四九号一〇〇頁以下)でも、行政規則の制定手続は、研究課題としても取り上げられていない。

XI　裁量収縮について

一　はしがき

裁量収縮論とは何であるか。我が国の伝統的行政法学において、このような議論が明確に展開されたことはなかった。裁量収縮論はドイツ法に由来する。裁量がゼロになる、あるいは裁量が一になるためには、いかなる要件が必要となるか。裁量がゼロになった場合、義務が生じるのは、いかなる理由によるか。

裁量収縮論は、タイトル自体が可視的で魅力的であるためか、十分な理論的検討を経ないままに、判例・学説に浸透してしまったという印象を与えている。しかし翻って考えてみると、裁量収縮論には理論的に不明な点も多く、我が国の裁量収縮論もまだ明確な形で固定化したわけではないし、新たな発展の可能性を残しているということもできよう。

本章の目的は、裁量収縮についての判例・学説を跡づけ、裁量収縮論の問題点を明確にし、今後の展望を与えることにある。

二　ドイツにおける便宜主義の内容と限界

裁量収縮論は、主として警察法の領域において、警察の一般的介入義務ないし法定主義（Legalitätsprinzip）に対置される便宜主義（Opportunitätsprinzip）の原則に関連して、展開された。便宜主義は、ドイツ警察法の伝統的な構成要素をなす原則であるが、現在の判例・学説の支配的見解によれば、警察および秩序庁（Polizei- und Ordnungsbehörde）が、危険防止の領域において一般的な行動要件が存在する場合に、原則として合目的性の考慮によって介入の Ob および Wie を決定することができる、ということを意味する。(1) 以下にはまず、便宜主義の内容と限界についての歴史的展開を跡づけることにしよう。(2)

(1)　一七九四年のプロイセン一般ラント法のもとでの展開

便宜主義は一七九四年のプロイセン一般ラント法（Allgemeines Landrecht）のもとで形成された。プロイセン一般ラント法第二部第一七章第一〇条は、「警察の責務は、公共の安寧、安全及び秩序を維持し、並びに公衆または各個人に対する差し迫った危険を防止するために、必要な措置をとることである」と規定していた。この規定は初めは授権規範とは考えられてはいなかった。しかしプロイセン上級行政裁判所の一八七六年六月一三日の判決が、詳細な理由なしに、右の第一〇条の規定を警察庁の介入のための法的根拠として援用し、いかなる要件の下にいかなる目的で、警察が介入することができるかを規定したものであるとした。しかし警察が介入のための要件が存在する場合に行動する義務も負うかどうかの問題については、警察に決定裁量と選択裁量とを認める判例と危険に対して介入する権限のみならず介入の義務もあることを強調する判例とが対立していた。(3)

学説においては、通説は便宜主義が支配するという立場をとった。しかし例えばv・アンシュテトは既に、身体、生命および健康に対する直接の差し迫った危険がある場合には警察は介入する義務があると考えていたし、(4)

当時の著名な学者であるR・トーマは第一〇条の明文はむしろ法定主義の肯定のために語るという見解を主張した。(5)これに対して折衷的な立場に立っていたのが、F・フライナーとW・イエリネックである。

フライナーはいう、「行政については一般的にいわゆる法定主義が妥当する。しかしそれには例外がある。行政の最高の規範（Regel）は公益の保護であるから、執行行政庁は、法の授権により消極的態度によって積極的な行動よりも公益に資することが多い場合には、介入を思い止まることが許される。この場合にいわゆる便宜主義が優勢となる」と。(6)

イエリネックは有名な「有害性の限界」（Schädlichkeitsgrenze）という理論を主張した。「警察が介入しなければならない点と、もはや介入することが許されない点がある。第一の点は有害性の限界であり、第二の点は過剰の限界である」といい、例えば公道で生命に危険のあるリュージュ滑りをしているときは、警察が介入をしないことは許されず、さもないと警察は職務義務に違反し被害者は損害賠償請求権を主張できることになる、と主張した。(7)

（2）　一九三一年のプロイセン警察行政法のもとでの展開

一九三一年のプロイセン警察行政法（Polizeiverwaltungsgesetz）第一四条第一項は「警察庁は、現行法の範囲内において、公共又は個人に対し、公共の安全又は秩序を脅かす危険を防止するために、義務に適った裁量により、必要な措置をとらなければならない」と規定した。この規定の成立の経過および規定の解釈については、次のように要約することができよう。(8)

政府案では第一四条の規定は、「警察庁はその裁量により必要な措置をとらなければならない」となっていた。政府案の理由書には、「その裁量により」という文言は、「判例を考慮して、警察庁について便宜主義を明確に確定するために、挿入されたものである」と述べられていた。委員会審議の経過のなかで、この「極端な便宜主義」（krasse Opporunitätsprinzip）に対する重大な懸念が表明され、「義務に適った裁量により」という文言が提唱された。この表現形式でプロイセン警察行政法第一四条が議決されたのである。

しかし立法者の成果（gesetzgeberische Arbeit）はかなり不透明なものであった。一方において便宜主義の妥当性についての疑問が提起され、他方において便宜主義は確かに緩和された。したがってプロイセン警察行政法第一四条の最終的表現は、初めに意図したように、一義的にならなかった。それゆえに、プロイセン警察行政法に関するコンメンタールもその点でまさに漠然としている。プロイセン警察行政法第一四条が便宜主義を明らかにしていることは一致して主張された。しかし便宜主義の妥当性を肯定したのは圧倒的に手段の選択についてのみであり、したがって警察介入そのものの「Ob」については法定主義が妥当しなければならなかった。それにもかかわらず、例外的にのみ介入の義務が成立するということが、しばしば強調されたのである。

（3）　第二次世界大戦後の連邦通常裁判所による展開

（ア）　連邦通常裁判所の一九五二年六月一一日の判決

この判決が一九四五年後の指導的判決となった。連邦通常裁判所（Bundesgerichtshof）は、道路交通における危険防止もプロイセン警察行政法第一四条による警察の責務に属し、それは「警察の権利」を創るのみならず、警察に対し「それに対応する義務および責任」も課するが、しかし警察は「プロイセン警察行政法第一四条により介入の権限を有するあらゆる危険状態（Gefahrenzustand）の場合に介入の義務をも負うものではない」とし、むしろ、「手段の選択の場合のみならず、警察がそもそも介入しようとするかどうかの決定の場合にも、原則として便宜主義が妥当するということから出発すべきである」と判示した。しかし反面、連邦通常裁判所は、「警察の不行為が、法が介入を要請するほど、有害になり始めたときは、警察はもはや自己の裁量を援用することができない」危険ケース（Gefahrenfalle）があることを承認したのである。要するに、連邦通常裁判所は、制限的な便宜主義が妥当する旨を判示したわけである。[9]

（イ）　連邦通常裁判所の一九五二年一二月二二日の判決

この事件は、庭園に戦時中から地雷が敷設されており、警察にその旨を何回も届け出たのに警察は適切な措置をしなかったので、二人の労働者が地雷の除去作業中その暴発で死亡したものである。

連邦通常裁判所は、「しかし裁量の行使には限界があり、それは個々のケースの具体的事情から生じる。重要な法益に対する直接の危険をはらんでいる状態が問題である場合には、警察はその防止について配慮しなければならず、然らざる場合に警察に帰属する裁量をもはや援用できない」と判示した。(10)

（4）　連邦通常裁判所の基本路線についての批判

警察の供手傍観により損害が発生した場合、法的問題として先ず考えられるのは、損害賠償請求権が成立するかどうかという問題である。警察の不作為の場合の国家賠償請求権について、連邦通常裁判所は、ライヒ最高裁判所の伝統を受け継いだ。それは、不作為の許されない限界を問題にしており、その限界を超えるときは不作為は裁量瑕疵となり、国家賠償法にいう職務義務違反と評価される、というのである。不作為の許されない限界に関する判例には、アンシュテトと同様の表現をとるもの（（イ）の判決）とイエリネックの有害性限界の理論に従ったもの（代表的なものとして（ア）の判決）があるが、このような連邦通常裁判所の基本路線について、シュレーヤーは次のように批判している。

「連邦通常裁判所の見解は法律の明文に反する。法律は危険防止のための介入を裁量に依存させている。しかし概念上、裁量と義務は排斥する。連邦通常裁判所の意見は、いかなる場合に公務員が裁量をもはや行使することができず、危険防止のために直ちに介入しなければならないかの問題について、混乱を生じさせる。何となれば、連邦通常裁判所が介入の義務のために立てる要件は、上述の判例（（ア）、（イ）の判決——筆者注）においては、第一にそれぞれ異なっており、第二に実際上も使用できないからである。何時、警察の不行為は法が介入を要求するほど有害になり始めるのか？……同様に、重要な法益という概念も使用できない。要するに裁量は、重要でない法益に対する直接の危険がある場合には、依然として存在することになろう。重要な法益が存在するかどうか、および重要な法益のもとに何を理解するかは問題である。……重要な法益と重要でない法益との区別を放棄し、法益の侵害の強度を基準とするのがより正しいだろう。しかしその場合には、一切の強度の法益侵害の場合に、介入の義務が裁量に代わることになろう」と。(11)

(1) Vgl. BVerwG v. 18. 8. 1960, BVerwGE 11, 95; K. Vogel, in: Drews/ Wacke/ Vogel/ Martens, Gefahrenabwehr, 9. Aufl., 1986, S. 370ff.; V. Götz, Allgemeines Polizei－und Ordunungsrecht, 9. Aufl., 1988, Rdnr. 264ff.

(2) ドイツにおける便宜主義の歴史的展開については、原田尚彦『行政責任と国民の権利』四八頁以下（昭五四）、高橋明男「西ドイツにおける警察的個人保護（一）（二）」阪大法学一三九号一二四頁・一四〇号一三七頁以下（昭六一）を見よ。

(3) Vgl. P. H. Schmatz, Die Grenzen des Opportunitätsprinzip im heutigen deutschen Polizeirecht, 1966, S. 87ff.

(4) v. Arnstedt, Das preußische Polizeirecht, 1905, S. 48. この文献はW. Martens, Zum Rechtsanspruch auf polizeiliches Handeln, JuS 1962, S. 246. に依る。

(5) R. Thoma, Der Polizeibefehl im badischen Recht, 1906, S. 69.

(6) F. Fleiner, Institutionen des Deutschen Verwaltungsrechts, 8. Aufl., 1928, S. 141. 原田尚彦「行政の介入義務と行政訴訟」『環境権と裁判』（昭五二）所収・一九三頁は、フライナーの学説を、行政便宜主義が支配するという通説的立場にあるものとして、位置づけている。

(7) W. Jellinek, Gesetz, Gesetzanwendung und Zweckmäßigkeitserwägung, 1913, S. 267. なお、ライヒ最高裁判所（Reichsgerichtt）の一九二一年一一月一五日のリュージュ事件判決（Rodelfall－Urteil）については、

Fischers Zeitschrift Bd. 25, 203 ; P. H. Schmatz, Fn.(3), S. 94f. 原田・注（2）六〇頁以下を見よ。
（8） 以下の叙述はロネーレンフィティシュの論文による。M. Ronellenfitisch, Der Anspruch auf polizeiliches Einschreiten bei Betriebsbesetzungen in der Druckindustrie, BB, Beilage 6/ 1987, S. 4f.
（9） H. P. Schmatz, Fn.(3), S. 114f.; derselbe, DVBl. 1952, 702.
（10） BGH VRspr. 5, 319f.; Drews/ Wacke/ Vogel/ Martens, Fn.(1), S. 398. 保木本一郎「ドイツにおける営業警察の展開（三）」社会科学研究二〇巻二号一〇八頁以下（昭四三）、原田・注（2）六二頁以下。
（11） H. H. Schröer, Amtshaftung bei Gefahrenabwehr, DöV 1962, S. 133f.

三　警察法（危険防止法）における裁量収縮論

（1）　連邦行政裁判所および上級行政裁判所による展開

連邦行政裁判所は、連邦通常裁判所の考え方を受容し、それをさらに裁量収縮という新しい表現の下に発展させた。

①連邦行政裁判所の一九六〇年八月一八日の判決――帯鋸判決（Bandsäge－Urteil）

この事件は、住居地域内で帯鋸を使用して建築法上許されない石炭加工業および運送業を営む者があったので、埃と騒音に悩まされた近隣の居住者が、建築警察による操業の禁止を求め、それが拒否されたので、行政庁は当該事業者に対し操業禁止処分をすべしとの判決を求めて、義務づけ訴訟を提起したものである。

連邦行政裁判所は、「建築警察は、義務に適った裁量の範囲内で、建築法違反の状態に対する介入をする権限を有するが、介入のために厳格に義務づけられているのではない。建築公法の隣人保護規定違反の場合に、隣人は、ただ裁量の瑕疵なき決定を求める法的請求権を有するのみで、建築警察の特定の行為を求める法的請求権は有しない。……

建築法違反の状態に対する介入に関して、本件で問題となっている警察の裁量は、警察の主要な責務、すなわち公共の安全と秩序の維持に従って行使されなければならない。違反された法規定が同時に隣人保護にも資する場合は隣人をも考慮しなければならない。法的瑕疵なき裁量にとっては、他の事情とともに妨害または危険の範囲または程度も決定的意義を有する、ということができる。妨害または危険の強度が高い（hocher Intensität der Störung oder Gefahrung）場合には、行政庁の不介入の決定は、具体的事情の下では、それだけで裁量の瑕疵あるものと考えられるということができる。したがって実際には、法的に与えられた裁量の自由は、唯一の裁量の瑕疵なき決定、すなわち介入の決定のみが考えられ、せいぜい介入のWieについてなお使用できる行政庁の裁量の余地が残っているというように、収縮するということができる。この特別の要件の下では、ただ行政庁の裁量の瑕疵なき決定を求めるだけの法的請求権は、実際の結果においては、特定の行政の行為を求める厳格な法的請求権と同等になりうるのである」と判示した(12)。

この帯鋸判決が裁量収縮に関する指導的判決となっている。

②リューネブルク上級行政裁判所の一九六三年五月一〇日の判決——石炭倉庫判決（Kohlenlager－Urteil）

本件は、建築詳細計画（Bebaungsplan）のない隣接地で石炭倉庫の営業をしている参加人による騒音および粉塵の迷惑を理由として、原告が、その営業の禁止を求め、二次的に騒音および粉塵の迷惑を阻止し、さらに原告に面している倉庫の半分を営業の利用から外し他の半分に石炭区画を建設させるために、必要な措置をとることを、地区秩序庁たる被告に対し義務づけるよう求めて、義務づけ訴訟を提起したものである。

判決はいう、「参加人に対する被告の介入はプロイセン警察行政法第一四条に基づき公共の安全と秩序についての現在の危険を理由に行なわれることができる。本件では石炭倉庫からそのような危険が生じるかどうかは判断しないでおくことができる。……かりに危険状態が存在する場合であっても、被告を通して参加人に新たな決定を求める原告の申立には理由がない。何となれば、提起された義務づけ訴訟を正当化することのできる、被告たる秩序庁の介入を求める法的請求権は、原告にはないからである。

……警察庁および秩序庁は、『通常のケースでは』(im Regelfälle)、いわゆる便宜主義により警察上の危険が問題となる事実状態が存在するときは、そのような危険が存在するかどうかを審理し、ついで義務に適った裁量により、いかなる措置をもって危険を防止するかを決定しなければならない。その場合、通常のケースでは、活動(Tätigwerden)が必要かどうかの問題も権限を有する行政庁の裁量に従う(vgl. Drews/Wacke, Allgem. Pol. Recht 7. Aufl. S. 59f.; H. J. Wolff aaO S. 143 „Entschließungsermessen")。このようなケースでは、それゆえに警察庁または秩序庁の行動を求める市民の法的請求権は考えられない。

もちろん便宜主義の原則的承認は右の法的請求権が一定の要件の下に『例外的に』成立しうることを排除するものではない。

民事法判例は、アンシュテトの学説(Das preuß. Polizeirecht, 1905, S. 48)およびイエリネックの『有害性の限界』の理論(Gesetz, Gesetzanwendung und Zweckmäßigkeitserwägung, 1913, S. 267f.; VerwRecht 3. Aufl. Neudruck 1948 S. 36. 43f.)に続いて、そのような可能性を国家責任訴訟において早くから承認した(vgl. RGZ 121, 225, 232f.; 147, 144, 146f.; BGH VerwRspr. 5, 319 und 832)。

基本法三四条と民法八三九条により国家責任を惹き起こす要件の存在は、警察のまたは秩序庁の介入を求める第三者の法的請求権を容認する要件の存在と同一ではないが、行政庁の無行動が裁量の瑕疵あるものである場合には、警察違反の状態によって危険にさらされる者には行政庁の介入を求める法的請求権が有るという点で、とにかく右の判例に従うべきである(同旨 Martens: Zum Rechtsanspruch auf polizeiliches Handeln, JuS 1962, 245, 246f.)。この法的請求権は、危険を除去するために一つの措置だけが客観的に考えられる、要するに、いわゆる"裁量のゼロへの収縮"の要件が生じるときは、特定の行動を求めるものに濃縮することがある」と。[13]

③連邦行政裁判所の一九六九年二月二五日の判決

本件は、秩序庁たる管区庁が食肉製造業を経営する参加人に対し、行政行為を発布することによって、食肉製造のエミッシオンによって隣接地の住民を侵害していることを阻止すべき義務があり、行政庁が要求した措置をとろうとしないことによって、原告は自己の権利が侵害されたと主張するものである。

連邦行政裁判所は、「原告が求めている、薫製およびソーセージ煮沸の際の臭気および蒸気を理由とする、参加人に対する秩序庁の介入のための法的根拠は、一九五八年一〇月二日の警察行政法第一四条および四一条である。……警察行政法第一四条第一項によれば、警察庁は、公衆または個人に対し公共の安全または秩序を脅かす危険を防止するために、現行法の範囲内で義務に適った裁量により必要な措置をとらなければならない。警察行政法第四一条第一項により警察処分は、危険防止の命令または特別の法律に基づかない場合は、公共の安全または秩序の妨害の除去もしくは具体的場合に公共の安全または秩序について存在する危険の防止のために必要であるかぎりにおいて、のみ有効である。以上の規定は、単なる迷惑を理由として行政行為を発する何等の授権も含まない（Preuß. OVG. 95, 141［143]）。……しかし行政庁は、警察危険が存在する場合すら、無条件に介入しなければならない義務はないであろう。むしろ、介入の„Ob"および„Wie"は警察庁の裁量にある。ただ、特に重大な危険ケース（besonders schwere Gefahrenfälle）においてのみ、警察庁の裁量の自由は、警察の責務の適法な行使のためには介入する以外の選択はなく、その場合特定の措置をしなければならないというように、制限されることがある」と判示した。(14)

④連邦行政裁判所の一九七一年一月二二日の判決

この事件で、原告は被告に対し、ガレージ出口の道路の向い側に車が駐車すると、ガレージを利用することができないから、そこに駐車禁止の標識を設置するように願い出た。しかし被告は、そのようなことは道路隣地者に許されないという理由で、駐車禁止の願出を無視した。道路交通法（Staßenverkehrs－Ordnung－StVO－）

四条一項は、「道路交通庁は、交通の安全及び円滑の理由から、一定の道路の利用を制限し又は禁止することができる」と規定している。そこで原告は禁止標識の設置を求めて義務づけ訴訟を提起した。

この判決で連邦行政裁判所は、「道路の向い側に車が駐車すると、ガレージの出口を利用できない道路隣地者は、道路交通庁に対し、道路利用の支障（Behinderung）を除去するための措置をとるべきかどうか、および場合によっては、いかなる措置をとるべきかについて、裁量の瑕疵なき決定を求める請求権を有する。その限りで、道路交通法四条の規定は、個人の利益も保護している」旨を認めた。この判決では、道路隣地者の請求権を認めるために、帯鋸判決のような「重大な危険」ではなく、交通法上の支障（Behinderung）で十分である、とみたのである。(15)

⑤ベルリン行政裁判所の一九八一年四月六日の決定

本件では不法な家屋占拠の場合の警察の介入が問題になった。家屋所有者たる申立人が近代化措置に必要な家屋の取壊および建築許可を付与され、作業を始めたが、翌日に家屋は面識のないグループに占拠されてしまった。申立人は話し合いによる解決を図ったが、うまく行かなかったので、行政庁による排除を要請したが、応答がなかった。そこで申立人は、裁判所に仮命令（Einstweilige Anordnung）の方法で行政庁に対し家屋を遅滞なく明渡しさせる義務づけをすることを求めた。申立ては棄却。

決定はいう、「申立人が主張する警察の介入を求める請求権は、ベルリンにおける公共の安全と秩序の保護に関する一般法（Berl ASOG）第一四条により、被申立人に認められている裁量の余地がただ一つの決定、すなわち占拠された家屋の排除だけが適法であるというように限定される場合にのみ、成り立つといえる。しかし、そのようないわゆる裁量のゼロへの収縮の要件は、本件の事情の下では、存在しない。

判例および学説で主張されている見解によれば、原則として、訴求できる警察の介入義務は、ただ極端なケースにおいて（in extrem gelagerten Fälle）のみ、認められるといえる。便宜主義から生じる決定裁量の制限は、具体的場合には、最高の法益を保護するために、公衆または個々の市民に対する差し迫った重大な危険のある場合または重大な損害の発生が大きな蓋然性をもって予測できる場合に、正当化される（Drews/Wacke/Vogel/Martens, Gefahrenabwehr, 8. Aufl., S. 167f.）。警察による無条件の保護を要求する「最高の法益」（höchster Rechtsgüter）に属するのは、原則として個人の生命および身体の無傷を求める権利であり、単なる物的所有ではない。したがって所有権の侵害から生じる財産の損害は、原則として、どんな事情の下でもその発生を警察によって妨げなければならない損害ではない」、さらに「まさに、公共の安全と秩序の持続的な妨害があり、それによって個人の負担も不断に増加する場合には、後の時点で、私的所有権を保護するために、不法に占拠された家屋の警察による明渡しを求める請求権が個人に帰属するというように、被申立人の裁量の余地が、時のたつうちに、収縮するということを、排除するものではない」と。[16]

⑥ミュンスター上級行政裁判所の一九八二年一月二六日の判決

本件では、交通騒音迷惑の場合に介入をする警察義務の限界が問題になった。事案は、夜間の自動車通行による騒音迷惑に対抗するため、原告の発起で、K道路の入口に二二時ー六時の通行禁止標識およびK道路での駐車禁止標識を立てた。しかし多くのドライバーは交通標識を守らなかった。そこで原告が被告に対し、二人の警察官が八日間以上交通違反者を捕らえ処罰するよう求めた。

判決はいう、「裁量は無制限ではない。それは義務に適った行使をしなければならない。妨害または危険が強くなればなるほど、行政庁の行動の余地は狭くなる。その保護が求められている法益のランクも重要である。とくに基本権およびそこに体現されている価値秩序を考慮しなければならない。身体の無傷（Art. 2 II 1 GG）は基本権の構造の中で高いランクにある。国家機関には法益を保護しそれにより行動をすべき義務がある。

これは交通騒音による侵害の場合にも妥当する（vgl. OVG Münster, NJW 1981, 701）。[17]とにかくその要件は、騒音が、周囲の地域の道路に対する関係における具体的情況と比べて、負担の限界を超えている、ということであ

る。それによれば被告の介入の義務づけは認められない」と。(18)

⑦ベルリン上級行政裁判所の一九八二年五月一四日の判決

本件は、原告が被告行政庁に対して近隣の居住者の営むハトの飼育を禁止するよう長年にわたって求めてきたが、効果がなかったので、訴えに及んだものである。

判決はいう、「原告には、被告が訴外人のハトの飼育に対し介入することを求める請求権がある。この権利は、裁判所が展開した不文の原則、すなわち一定の要件の下に、不都合な状況を除去するために、第三者の法的地位に介入しなければならない行政庁の義務が私人に対して成立するという原則から生じる。普通いわれる行政庁の介入を求める請求権は、とくに警察および秩序法において発展したものであるが、建築法に無縁のものではない。――建築警察の事実に関する――BVerwGE 11, 95 ＝ NJW 1961, 793（＝帯鋸判決－筆者注）の指導的判決は、次のような法状態になっている。第三者を保護する規範の法律要件が具備するときは、授益者は、行政庁が介入を求める申立てについて裁量の瑕疵なき決定をすることを求める請求権を有する。具体的場合には裁量は、侵害をする決定のみが適法であるというように、収縮することがある。このような裁量がゼロに収縮する情況では、正しい裁量の行使を求める請求権は行政庁の行動を求める請求権に変化してしまう。そのような裁量収縮は、とくに『妨害または危険の強度の高い』場合または『とくに重大な危険ケースにおいて』生じる。

それに対して、原則として生命および健康のような高い法益の侵害の場合にのみ介入を求める請求権が考えられるというベルリン行政裁判所の見解（NJW 1981, 1748〔1749〕＝⑤の判決－筆者注）は妥当でない。この見解は右の危険がある場合に行政庁の消極的態度は殆ど常に違法であるという点で正当と認めるに値するにすぎない。その他の点では、建築法上の判例はそのような制約に左右されるものではない。裁量のゼロへの収縮は、建築法においては、身体または生命の危険では稀にしか根拠づけられないだろう。何となれば、多くの第三者を保護する規範、とくに計画法の規範は、身体の無傷という法益以外の個人的な法益を保護するものであるからである。

そのような法の規定の違反があるときは、介入を思い止まることは裁量違反となるというような強度の違法となりうるのである」。[19]

⑧ザールルーイ上級行政裁判所の一九八二年一〇月二二日の判決

本件の事実は次のとおりである。参加人が建築監督庁の許可を得て原告の土地の境界に増築をした。建築許可は原告の異議申立に基づき取消された。それに対して参加人が訴えを提起したが、それについてはまだ最終的な判決はない。原告側は建築監督庁を訴え、参加人に対する取壊し処分の発布を求めた。この訴えを行政裁判所は棄却したが、これを認容したのが本判決である。

判決はいう、「当裁判所の確立した判例によれば、当該授権規範の強行要件が存在し、行政庁の決定裁量が隣地者に対し唯一つの決定――建築主に対して求められている処置――のみが瑕疵のないことが明らかであるという意味で、ゼロに収縮する場合には、建築計画によって打撃をうける隣人は、当該建築措置に対して行政庁の介入を求める請求権を有する。その場合、そのような裁量収縮は、原則として、争われている施設が隣人の保護に資する公法の規範に違反している場合に認められる。したがって被告は、原告によって要求された除去処分をなすべき義務を負う」と。[20]

⑨カッセル上級行政裁判所の一九八三年一〇月四日の決定

本件において申立人は、被申立人に対し、仮命令（Einstweilige Anordnung）を発する方法で人間にふさわしい宿営を世話するよう義務づけることを求めた。行政裁判所は申立を棄却、上級行政裁判所は認容。

「昔から、浮浪の状態は公共の安全と秩序に反するものと見られている。原則として行政庁は、浮浪を除去するために介入をすべきかどうか、場合によってはどのように介入すべきかという決定を、義務に適った裁量によりしなければならない。……

それ故、危険防止のために行政庁が行為をし、または、しなければならない個人には、通例、行政庁に対して、単に行政庁が自己のために個人的財産を保護する措置をするか、あるいは、しないかについての裁量の瑕疵なき決定を求める請求権があるにすぎない。しかし個別的ケースにおいて、秩序庁の裁量が、差し迫った危険の程度と重大さ（Ausnaß und Schwer der drohenden Gefahr）により、介入すべき義務に収縮するときは、個人の瑕疵なき裁量決定を求める請求権は警察の介入を求める請求権に濃縮するということができる」。[21]

⑩リューネブルク上級行政裁判所の一九八五年三月二八日の判決

本件は、家畜を国道の向う側の牧場に追い出す必要のある農場経営者が、交通の危険があるために、被告道路交通行政庁に対し、国道二〇一号における家畜の安全のために、交通信号の設置を求めたもので、被告は原告の申立を拒否し、地方行政裁判所は訴えを棄却、本件控訴審で原告が勝訴した。

判決は、視界状況が交通危険からの保護のような交通法上の措置を要求する場合は、農業経営者が道路交通行政庁に対し、そのような危険からの保護を与える交通制限措置、すなわち交互灯標識施設の設置を求める請求権があることを認めるものであるが、判決理由の中で次のように述べている。「明らかにされた悪い視界状況、および道路拡張によって少しも減少せず、むしろ強化された国道二〇一号における交通量の増大は、被告の裁量の枠を、原告の申立により明らかにされたような請求権が与えられるまでに、狭めるのである」。[22]

(12) BVerwGE 11, 95. 原田・注（2）六三頁以下。
(13) DöV 1963, 769. 保木本・注(10)一〇五頁。
(14) DöV 1969, 465.
(15) BVerwGE 37, 112.
(16) NJW 1981, 1748 (1749).
(17) ミュンスター上級行政裁判所の一九八〇年八月二一日の判決。このケースは、住民の健康保護のために交通騒音を阻止すべく道路交通庁を義務づけることができるかどうか問題になったものである。当裁判所は判決理由の中で次のようにいう、「被告（道路交通庁——筆者注）は原告およびその家族の権利を十分考慮していないから、被告の決定は原告の権利を侵害している。したがって被告は行政裁判所法第一一三条第四項第二文により、原告に対し新たに決定をなすべく義務づけられる。ただ事情が異なるのは、特別の事情により被告の裁量がゼロに収縮する場合、すなわち事情の如何により（nach Lage der Dinge）被告の裁量決定がいずれにしても（選択可能性なく）予め示されるであろう場合である。本件においては、そのような裁量のゼロへの収縮は存在しない」と。

(18)　NVwZ 1983, 101 (102).
(19)　NJW 1983, 777.
(20)　NVwZ 1983, 685. シュタインベルクは否認すべき見解であるという（R. Steinberg, Grunfragen des öffentlichen Nachbarrechts, NJW 1984, S. 463.)。ザールルーイ行政裁判所も法違反が存在するときは警察介入が何時でも必要であるというが（DVBl. 1969, 595)、オッセンビュールは、これをラジカルな見解であるとして反対している（F. Ossenbühl, Der polizeiliche Ermessen－und Beurteilingsspielraum, DöV 1976, S. 468.)。
(21)　NJW 1984, 2305 = NVwZ 1984, 744 (Leitsatz 1).
(22)　NJW 1985, 2966.

（2）　連邦行政裁判所の判例に対する学説の対応

（a）［重要な法益に対する危険の強度］　O・バッホフは連邦行政裁判所の帯鋸判決を基本的かつ重要な意義を有する判決であると位置づけた。彼は、この判決に関する評釈において、警察の介入義務は決定的に個人の重要な法益（gewichtige Rechtsgüter）、とくに生命、健康、自由、所有権が危険にさらされていることに依存するといい、「重要な、警察の保護を必要とする個人的利益が危険にさらされている場合には、警察の活動の授権はこの利益の保護に資するようにも規定され、そこから生じる義務は……それに相当する受益者の請求権に対応し

ていると考えることができよう」という。(23)

W・マルテンスも同様に、「裁量濃縮（Ermessenverdichtung）の結果、いかなる場合に、警察の活動の（実質的）義務づけが考えられるかは、具体的場合のあらゆる事情を詳細に検討することによってのみ確定されよう。あらゆる一般的表現は解決すべき生活実態の多様性を考えると無益で誤りであろう。しかし確かに、例えば、脅かされている市民が自救できるか警察の介入を頼りにしているかどうかの問題と同様に、危険の強度および危険にさらされる法益の価値（Intensität der Gefahr und der Wert des gefährdeten Rechtsgutes）が考慮されなければならない」という。(24)

H・P・シュマッツは、警察の介入義務を、プロイセン警察行政法第一四条の「必要な」（notowendig）措置という概念から演繹する。彼の見解は、存在する危険を防止するために、必要である（notowendig）場合、すなわち、急を要する（dringend）、無条件に必要である（unbedingt erforderlich）、必要不可欠である（unentberhlich）、絶対必要である（unerläßlich）場合に、警察は介入しなければならない、というのである。したがってプロイセン警察行政法第一四条は、警察庁は、特別の危険が存在するときは、必要な措置のみをしなければならない、要するに介入のみをしなければならないというように、解釈されなければならない。結局彼は、判例を考慮して、必要性（Notwendigkeit）とは、警察が危険にさらされている法益の価値と危険の強度により介入をしなければならない場合である、という。(25)

H・J・ボルフは学説・判例の結果を次のように要約している。決定裁量は介入の義務づけが成立するように収縮することがある。これは特に、(1)とくに重要な法益（生命、健康、自由）が直接危険にさらされているとき、(2)著しい損害が差し迫って、行政庁の不作為が裁量の瑕疵となるとき、である。(26)

以上、学説の傾向としては、判例の「強度または重大性による裁量収縮（Ermessenreduktion kraft Intensität oder Schwere）」という基準（①帯鋸判決の「妨害または危険性の高い強度」または③判例の「特別に重大な危険ケース」）と並んで、問題の焦点を、侵害される法益の価値におき、重要な法益が侵害された場合には警察の不行為を違法としようとするものであったといえよう（⑤判例の「最高の法益」）。

（３）　学説の現状――とくに七〇年代以降

（b）〔強度または重大－定式の緩和〕　V・ゲーツが始めて通説的見解は狭すぎるという批判をした。次のようにいう、「国家賠償事件における判例は、生命にかかる重大な危険がある場合並びに重大な財産損害の危険がある場合に、介入の義務が成立することを認めた。連邦行政裁判所は、〝妨害または危険性のとくに高い強度〟（besonders hoher Intensität der Störung oder Gefährdung, E 11, 95, 97. ＝ 帯鋸判決――筆者注）または〝とくに重大な危険ケース〟（besonders schwere Gefahrenfälle, DVBl. 1969, 586 ＝ DöV 1969, 465 ＝ ③判決――筆者注）といっている。これらの定式では、危険にさらされている物の価値および意義並びに妨害または危険性の強度に焦点を当てている極端なケース（außersten Fälle）においてのみ、危険防止行政庁の介入への絶対的義務づけが認められる、という結果になる。そこまでは賛成すべきである。しかしそれで問題が尽きてしまったかどうかは疑問に思う。危険ケース（Gefahrenfälle）の多くの場合には、確かにそのような絶対的義務づけは成立しないが、しかし、あらゆる考慮されるべき重要な事情や許される考慮を考えると、介入以外に他の裁量の瑕疵なき決定は全く考えられないのである」といい、同時に便宜主義の機能は、(1)行政庁は、具体的な責務が時間的空間的に衝突し、人的物的手段に限界がある場合には、あまり重要でないことより重要なことをなす可能性をもつ、(2)行政庁は、安全と秩序の維持が介入による以外の他の方法でも保障されうる場合には、介入を思い止まることができる、(3)些細なことは無視できる、ということを意味するという。(27)

さらに八〇年代になって彼は、「裁量が事実上〝ゼロに〟収縮し、危険にさらされた者の権利が介入を求める権利に強化される限界線は、一方において、身体および生命に対する重大な危険並びに重大な財産価値に対する危険をもって、規定される。しかしそれと並んでそのほかに、裁量のゼロへの収縮は、具体的場合に裁量の瑕疵なき拒否理由が存在せず、また考えられない場合にも考慮される」[28]という。

（c）［中程度の重要性の危険による裁量収縮］ドレウス／ワッケ／フォーゲル／マルテンによれば、介入義務は、義務に適った裁量行使の場合に危険または妨害に対する介入の決定以外の決定が全く考えられないことを前提とする。そのためには、「〃中程度の重要性〃（mitterer Gewichts）の危険または妨害の場合にすでに、事情により警察庁の不作為が裁量の瑕疵あるものとなる」という視点が重要であり、これは、「具体的場合に警察の介入に反対する特別の視点がない場合である」という[29]。マルテンスも、「最近の学説では、個人のあまり重要でない法益の危険の場合にも裁量収縮が考えられ、また〃中程度の重要な〃危険の場合にも裁量収縮が可能であるとする傾向になっている」ことを指摘している[30]。

しかし、介入義務は、警察の補充性の原則により許されない場合があり、また具体的時点で他の責務が緊急を要する場合には認められず、さらに危険または妨害の重大性とその防止のために必要な経費とを比較衡量しなければならない[31][32]。

（d）［決定裁量の否認］F・L・クネマイヤーは、責務配分（Aufgabenzuweisung）の規範は[33]、警察の裁量の対象が活動の Wie のみであり、もはや活動の Ob ではないというように、警察に対し危険防止および妨害除去を義務づけるものであると主張する[34]。

「責務規範が立法者の行政に対する行動委託または〃職務委託〃を含むとすれば、この委託はすでに、受託機関が委託の範囲内で――その責務または権限の範囲内で――行動のためにも義務づけられていることを意味する」[35]、「この〃責務履行義務〃（Aufgabenerfüllungspflicht）から、当然に、通説が侵害行政、例えば警察の領域で認めているような、〃私は行動しよう〃、あるいは、〃私は行動しない〃という意味の決定裁量のための余地は全く残っていない、ということが明らかになる」、「通説は、裁量のゼロへの承認によって、この結論（決定裁量の否定＝筆者注）に達している」という[36]。

責務配分規範に基づいて決定裁量を否認するクネマイヤーの主張は、現行法と一致しないし、永久的な執行の不足を惹起するという批判によって、一蹴されている。(37)「我々の世界では絶えず多くの危険が迫り、多くの妨害が生じるので、警察は、それらすべてを全く防止しまたは除去することはできない」のである。(38)

（e）「正当化できない消極的態度による裁量収縮」D・ヴィルケによれば、帯鋸判決以降、連邦行政裁判所の判例は本質的に発展していない。それは、①帯鋸判決の「妨害または危険性の強度が高い場合」という強度(Intensität)－定式を、③判決のいう「特に重大な危険ケースにおいて」というように重大(Schwere)－定式に換えたにすぎない。そこでヴィルケは、連邦行政裁判所が承認した強度または重大－定式による裁量収縮(Ermessensreduktion kraft Intensität oder Schwere)と並んで、正当化できない消極的態度による裁量収縮(Ermessensreduktion kraft ungerechtfertigter Passivität)があることを主張する。それは、行政庁の消極的態度について客観的な理由が存在しない場合は、裁量はつねにゼロに収縮するというものである。(39)

特別の具体的事情による裁量収縮を二つの部分から構成する考え方は、すでにゲーツやマルテンスにおいて見られる。ゲーツは、すでに見たように、「裁量の瑕疵なき拒否理由が存在せず、また考えられない場合に」も裁量のゼロへの収縮を認め、シュマッツは「介入の義務は、不行為について何らの客観的理由が見出されないが故に、肯定される」といい、(40)マルテンスは「何ら合理的理由が認められない」という要件のもとに裁量収縮を認めたのである。(41)

この正当化できない消極的態度による裁量収縮は、(1)それが保護財－危険性(Schutzgut－Gefährdung)のあらゆる場合に考えられる、(42)(2)行政側が、強度または重大の要件に満たないという理由で、原告の敗訴を当てにすることができず、むしろ行政庁の不行為について説明並びに実質的証明の負担を負うという実践的結果をもたらす。(43)

R・シュタインベルクは、ヴィルケの見解について次のようにいう、「この見解は、実務でますます生じている不快事を除去するだろう、その不快事とは、行政庁がそもそも第三者の申立について決定を下さない、あるいは介入したくない意思をあまり納得のゆかない理由で隠すということである。このような情況では、〝正当化できない消極的態度による裁量収縮〟は、訴訟継続中に裁判所の確信に至るまで、少なくとも行政庁の不作為にとって有利となる許される裁量考慮が認められない場合には、あまり重大でないケース（minderschweren Fälle）においても、隣人に対し介入を求める請求権を創るのである。この見解は問題がないわけではない。それは、行政庁の介入を求める法的請求権は〝あらゆる他の決定が保護に値する隣人の利益を考慮すれば裁量の瑕疵あるものとなる場合〟にのみ、隣人に帰属するという原則を回転させる。その代わりいまや、介入を求める事実上の法的請求権は、少なくとも不介入の理由づけのための十分な視点が認められない限り、常に隣人に帰属するということになる」と。[31]

（23）DVBl. 1961, S. 130.
（24）W. Martens, Zum Rechtsanspruch auf polizeiliches Handeln, JuS 1962, S. 247.
（25）H. P. Schmatz, Fn.(3), S. 78f. und 200.　なお、シュマッツの介入の必要性の意義については、須藤陽子「行政法における『比例原則』の伝統的意義と機能（一）」都立大法学雑誌三一巻二号三六および三七一頁以下（平二）を見よ。
（26）H. J. Wolff, Verwaltungsrecht, 2. Aufl. 1967, §125, S. 51.
（27）V. Götz, Allgemeineines Polizei- und Ordnungsrecht, 3. Aufl. 1970, S. 71.　高橋・注（2）阪大法学一三九号一五四頁。
（28）V. Götz, Die Entwicklung des allgemeinen Polizei- und Ordnungsrecht (1981 bis 1983), NVwZ 1984, S. 216.
（29）K. Vogel, in: Drews/ Wacke/ Vogel/ Martens, Gefahrenabwehr, 8. Aufl. 1975, S. 167f.　高橋・注（2）阪大法学一三九号一五四頁。
（30）W. Martens, Wandlungen im Recht der Gefahrenabwhr, DöV 1982, S. 97.

(31)　K. Vogel, Fn.(29), S. 168.　オッセンビュールは、裁量収縮は重大な保護益に対して高い危険強度があり、同時に自力防護が不可能である場合に生じるというが、そのような場合に何時でも警察の介入義務を認めることに疑問を示し、ツェレ上級行政裁判所の違法な交通封鎖事件の判決（OLG Celle, DöV 1972, S. 244）の次の部分を引用している、「妨害の種類、とくに政治的圧力という新しい方法――例えば地下グループの形成、外交官の誘拐、ハイジャック――は、非常に多様で見通しがつかないので、警察の介入のために、どんな裁量も排除して、強制的な、硬直した限界を設定することは不可能であると思われる。むしろ警察には、将来においても弾力的で柔軟な対応を不可能にしてはいけないのである。」(F. Ossenbuhl, Fn.(20), S. 469.)。

(32)　一九七七年一一月二五日の連邦及びラントの統一警察法模範草案（Musterentwurf eines einheitlichen polizeigesetzes des Bundes und Länder）

第一条［警察の責務］　警察は、公共の安全または秩序に対する危険を防止する、責務を有する。

②警察は、この法律により、裁判所の保護を適時に得ることができない場合、および警察の援助なしには権利の実現が挫折し、または非常に困難になる場合にのみ、私的権利の保護の責務を負う。

第三条［裁量、手段の選択］　警察は義務に適った裁量によりその措置をなす。

第三条は警察の便宜主義を規定したものであるが、草案の理由書は、便宜主義の意義について、本文に示した通説的な考え方に基づいて、次のようなコメントをしている。

(1)　警察には、この法律の執行にあたって、原則として、個々の許される措置をなすかどうか、および複数の許される措置のうちどれを選択するかについて、裁量が帰属する。複数の危険が同時に防止されるべきであり、手もとにある能力と手段はこの危険の一つ、またはこの危険の若干を防止するに足るだけである場合、さらに危険防止が他の機関によって確実になされると思われる場合、最後に些細なことが問題である場合には、措置をとくに思いとどまることができる。

(2)　重大な安全危険（Sicherheitsgefahren）、とくに身体または生命に対する危険、または重要な財産価値に対する危険が問題である場合、若しくはそれ以外に危険の強度がとくに大きい場合には、警察は危険に対する介入を義務づけられる（F.－L. Knemeyer, Polizei－und Ordnungsrecht, 2. Aufl., 1985, S. 51. に拠る）。

（33）　責務配分規範とは、「警察は……危険を……防止する責務（Aufgabe）を有する」という法の規定を指す。

（34）　F.－L. Knemeyer, Schutz der Allgemeinheit und der individuellen Recht durch die polizei－und ordnungsrechtlichen Handlungsvollmächten der Exekutive, VVDStRL 35 (1977), S. 233ff.; derselbe, Fn.(32), S.51ff.; なお、クネマイヤーの所説については、今村哲也「行政介入請求権をめぐる新動向」一橋論叢八九巻一号一六七頁以下（昭五六）および高橋・注（2）阪大法学一四〇号一四三頁以下も見よ。

（35）　F.－L. Knemeyer, Funktionen der Aufgabenzuweisungsnormen in Abgrenzung zu den Befugnisnormen, DöV 1976, S. 12.

（36）　F.－L. Knemeyer, Fn.(35), S. 13 und F. N. 21.

（37）　W. Martens, Fn.(30), S. 97.; Drews/ Wacke/ Vogel/ Martens, 9. Aufl., S. 400f.

（38）　B. Schlink, Die polizeiliche Räumung besetzter Hauser, NVwZ 1982, S. 532.

（39）　D. Wilke, Der Anspruch auf behördliches Einschreiten im Polizei－, Ordnungs－und Baurecht, Festschrift für H. U. Scupin (Recht und Staat im sozialen Wandel), 1983, S. 840ff. 高橋・注（2）阪大法学一三九号一五四頁、一四〇号一七五頁。

（40）　H. P. Schmatz, Fn.(3), S. 200.

（41）　W. Martens, Fn.(24), S. 251.

（42）　V. Götz, Fn.(1), S. 134.

（43）　D. Wilke, Fn.(39)、842.

（44）　R. Steinberg, Grundfragen des öffentlichen Nachbarrechts, NJW 1984, S. 463. シュタインベルクは、ヴィルケの見解は介入義務の相手方である第三者（事業者）の立場を考慮していない、という。高橋・注（2）一四〇号一七九頁・注（306）。

四　警察法以外の領域における裁量収縮論

（1）　若干の判例

ⓐ連邦行政裁判所の一九五七年二月一一日の決定（補助金交付法）

「原告が、拒否の行政決定の取消しのほかに、行政庁に教育補助金の許可をするよう義務づけることを求める場合、および裁判所が許可の許容性の法律上の要件を審査し、それを肯定し、行政庁の裁量の濫用を認定した場合でも、判決において、拒否的な異議申立て決定の取消しのほかに、求められた義務づけを宣告することは、許されないであろう。ただ、行政庁の裁量にある行政行為をめぐる訴訟において、行政行為の許容性の法律要件を肯定し拒否理由の裁量瑕疵を認定した後に、それ以外に裁量の瑕疵なき拒否理由が全く考えられない場合は、事情は別である。何となれば、この要件の下でのみ、裁判所は、――実際にはその場合存在しない――行政庁の裁量の自由に介入することなく、求められた行政行為を着手するよう行政庁に対し義務づけを宣告することができるからである」(45)。

ⓑ連邦行政裁判所の一九六二年八月三〇日の判決（公務員法）

「空席のポストを埋めるべきかどうか、および場合によっては、いかなる公務員をそれに当てるべきかについての雇用当局庁の決定は、――連邦公務員法（Bundesbeamtengesetz i. d. F. vom 3. 1. 1977.）第二三条、第八条第一項第二文によって要求される昇進要件の存在する場合でも――雇用当局庁の公勤務の利害によって処理すべき、義務に適った裁量にある。この裁量は、全く特別の事情により具体的場合に特定の公務員の昇進以外の他のあらゆる決定が裁量の瑕疵となることが明らかであるように、制限されることがある。このようなケースは、公務員が上級のポストへの昇進を法的拘束力のある方法で確約された場合に、考えられる」(46)。

ⓒ連邦行政裁判所の一九六七年二月八日の判例（行政手続法）

本件において、被告郡庁（Landesratamt）は、一九五六年八月に、原告に対しユーゴスラビヤにおける捕虜収容期間中の戦時捕虜補償を承認したが、その後の三年の強制労働期間については、補償を要しないとした。原告は一九五七年五月にアメリカに移住した。一九六一年に原告は、新たに、強制労働期間中の補償の承認を求めた。原告は、従前の裁決の法的持続性（Rechtsbeständigkeit）を主張して、内容審査に入ることを拒否したのである。上告は差戻し。

判決はいう、「行政庁は取消しを求めることができなくなった行政行為によって終結した手続を再審査するよう義務づけられていない。ただし、法または事実状態が変更した場合は例外である。むしろ再審査は行政庁の裁量にあるが、基本法第三条による憲法原則によって拘束される。これは、行政庁が同様のケースにおいて（in gleichliegende Fälle）手続を再審査し、それによって行政実務したがって行政の自己拘束が形成される補完的決定を発する場合には、具体的場合に、ただ正当な考慮からのみ、この実務に反することができるにすぎない、ということを意味するのである」(47)と。

ⓓ連邦行政裁判所の一九六七年一〇月一九日の判決（行政手続法）

原告は戦争損害として英－技術辞典の原稿の損失を主張した。一九六二年一〇月の総合承認裁決で原告は六〇〇マルクの主たる補償が認められた。その後原告は、手続の再審査を求める申立てをしたが、損害補償庁はこれを拒否した。これが本件である。

判決は次のようにいう、「上訴手続が終結したときに、法的安定性の原則は、取消しできなくなった決定の除去を求める請求権を、――再審手続の法律上の要件は別として――決定の維持が全く耐えられない場合のみ、承認すべきであることを命じる。これは、行政庁が同様の、または類似のケースにおいて（in gleich oder ähnlich gelagerten Fälle）、通例、手続の再審査の権限を使用し、しかし個別的場合にそれを思い止まり、異なる取扱いのために正当な考慮が認められない場合に、考えられよう。要するに、平等原則（基本法第三条）の視点の下で、再審査を求める請求権が与えられるのである」(48)。

ⓔ連邦行政裁判所の一九七四年一月三〇日の判決（行政手続法）

本件は、原告が生活費保証法（Unterhaltssicherungsrecht）により高額の家賃補助金を求める申立てをしたが拒否され、訴えは訴訟期間の徒過により却下されたが、その後原告は、生活費の保証を求めて適時になされた申立てを再び新たに処理するよう申請したものである。

判決はいう、「生活保証法において有効に終結した手続の再審が行なわれるべきかどうか、および、いかなる範囲で行なうべきかの決定は、行政の義務に適った裁量にある。……原告は、行政庁が事案処理の新たな開始について裁量の瑕疵なく決定することを求める請求権を有する。行政庁の再審査の義務づけは、事実または法状態の変更もしくは訴訟法の再審事由が主張された場合に、……認められる。

行政庁の裁量が事案処理の新たな開始によってのみ瑕疵なく行使されることになる、その他の事情は存在しない。新たな事案処理を求める請求権は、第一決定の維持が全く耐えられない場合、または行政庁の第一決定の不可争性の援用が善良の風俗または信義誠実に対する違反であると考えられる事情が明らかである場合にのみ、肯定されよう」(49)。

ⓕ連邦行政裁判所の一九七四年一二月一三日の判決（道路交通法）

本件は、原告たるドイツ共産党が地方選挙のためにプラカードの設置を求めたところ、被告上級市助役（Oberstädtdirekter）がこれを拒否したものである。

判決はいう、「民主国家の選挙の意義およびこのような選挙についての政党の意義は、基本法第二一条および政党法第一条以下から判かるように、政党による選挙プラカードの設置の許可に関する決定において、行政庁の裁量を著しく制限する結果、とにかく選挙の場合――なお判示する限界において――政党の許可を求める請求権が成立するのである」(50)と。

ⓖ連邦行政裁判所の一九七八年九月二七日の判決（外国人法）

「裁量は上述の授権の目的に従って行使されなければならない。それは、公益と外国人の利益との適切な比較衡量に基づく義務に適った行使でなければならない。それはとくに上位の憲法に基づいて著しい制限をうける。……以上の拘束は、具体的場合には、滞在許可が付与されなければならないというように、裁量を収縮することがある。これはとくに、滞在許可の期間延長に関する決定の場合に妥当する。その場合外国人法の妥当領域における滞在期間とこの滞在の外国人の生活関係に対する結果を考慮しなければならない」(51)。

ⓗ連邦行政裁判所の一九八一年五月一九日の判決（外国人法）

本件は、原告が旅行者用ビザでシリヤから入国し、亡命者であることを認め、亡命庇護手続の期間中、滞在許可を付与するよう求めたものである。

判決はいう、「いわゆる追跡国から入国し、外国人法第四〇条第一項による適法な収容所滞在が可能でない亡命志願者の場合に、外国人法第二条第一項第二文により行政庁に属する裁量は、基本法第一六条第二項第二文および外国人法第四〇条第一項を考慮すれば、通例、行政庁は亡命庇護手続の実施のために、滞在許可の付与を義務づけられるというように、収縮する」(52)と。

ⓘ連邦行政裁判所の一九八四年一〇月二二日の決定（行政手続法）

本件では、上級行政裁判所による上告の不許可に対する抗告で、争うことのできなくなった最初の決定が違法である場合、いかなる場合にいかなる要件で、手続の再審査（Wiederaufgreifen des Verfahrens）(53)を求める行政庁の義務に適った裁量がゼロに収縮するか、ということが問題となった。

決定はいう、「行政手続法第五一条が適用されないケースでは、再審査は原則として許されず、それは行政庁の義務に適った裁量にある。この裁量は特別の事実状態の場合には『ゼロに』収縮し、その結果、例外的に再審査を求める請求権になることがある。主張されている争うことのできなくなった第一決定の違法性は、再審査を求める請求権を根拠づけない。むしろそれは単に行政庁の裁量決定の要件にすぎない。……第一決定の維持が耐えられないか、行政庁の第一決定の不可争性の援用が善良の風俗または信義誠実に対する違反であると考えられる事情がある場合には、新たな実体的処理を求める請求権が肯定されなければならない。再審査のために裁量を『ゼロに』収縮する右の要件が存在するかどうかは、ときどきの具体的ケースの事実関係によるのであって、法原則的な答えはできない」と。(54)

(2) 一般論としての裁量収縮論

(a) H・マウラーは、裁量収縮について次のように説明する。「裁量とは行政がいろいろの行動様式の間に選択を有することを意味する。しかし具体的場合に選択可能性が一つの選択 (eine Alternative) に収縮することがある。一つの決定が裁量の瑕疵なきもので、他の全ての決定が裁量の瑕疵あるものである場合が、これである。この場合、行政庁は残された決定を〝選択〟しなければならない義務を負う。この場合に、〝裁量のゼロへの収縮〟または〝裁量収縮〟というのである」。(55)

マウラーの行政法教科書が、警察法以外の領域で、裁量収縮の例としてあげるのは、ⓒⓓⓔⓕⓗ判決など、(56)いづれも判例を基礎にしている。

(b) 〔裁量基準または不変の行政実務による行政の自己拘束に基づく裁量収縮〕F・O・コップは、裁量のゼロへの収縮について、二つの場合を区別する。コップによれば、法律の授権により行政庁の裁量が認められている場合にも、(1)他の法規定との関連から、あるいは、(2)具体的場合の特別の事情にかんがみ、唯一の決定のみが瑕疵なきものであるということが生じることがある。第一の場合は、そもそも裁量の問題ではない、何となれば、決定は他の法規定によって既に必然的であることが示されており、したがって行政庁は覊束されている決定と同様の方法で覊束されているからである。第二の場合は、具体的事件の特別の事情にかんがみ、あらゆる他の決定が始めから裁量の瑕疵あるものであることによって、裁量決定のための余地はもはや残っていない。行政庁は、法規定により直接規定された決定の場合と同様に、唯一の許される決定をしなければならない。この場合、決定的役割を果たすのは、基本法第三条（平等原則＝自己拘束の法理－筆者注）と危険防止の法では重要な法益への侵害の重大性または重要な法益についての危険である、という。(37)

（c）［裁量規範の解釈、裁量規範の重なり、比較衡量過剰による裁量収縮］A・ゲルンによれば、裁量収縮とは具体的場合に関連する規範的に与えられた裁量規範の法的効果の限定を意味し、裁量のゼロへの収縮とは抽象的に可能な法的効果の限定における最大限をいう。彼は、裁量のゼロへの収縮を二つの法的理由、すなわち、第一に裁量規範の要件自体から、第二に裁量規範の重なりから演繹されるといい、裁量収縮の要件を次の三つのグループに分類している。

第一のグループは、裁量規範そのものの解釈から生じる。裁量を認める規範の究極の目的から唯一つの決定が法律目的に合致することが明らかになれば、法適用者はこの決定を選択しなければならない。また、ある生活事実が裁量規範の要件を特に高い程度に、特に高い強度をもって実現すればするほど、規範目的の実現が明らかであればあるほど、行政にとっては、要件と結合する法的効果を行なう義務づけが、ますます強く示される。裁量規範要件の単純な実現は、原則として裁量収縮を示さない。ただし、立法者が裁量規範の要件において既に裁量決定に重要な基準を全て取り入れている場合は、例外である。

判例は、危険防止の法において、警察違反状態に対する介入義務を認める場合に、この収縮指標（Reduktionsindikator）を使った。すなわち、介入の授権規範の要件が強度に実現され、要件で保護された法益に対する危険が大きければ大きいほど、ますます裁量は収縮マーク・ゼロに強く接近する。この裁量収縮指標としての要件強化（Tatbestandintensivierung）は、危険防止の領域ばかりでなく、給付行政の領域においても適用される。問題は、要件強化のいかなる程度から裁量のゼロへの収縮が認められるか、である。その点で、一般的に妥当する基準はない。その原因は規範制定者に広範な形成の自由があることにあろう。

第二は、裁量収縮が他の法規範から生じる場合である。「他の法規範」は上位の法規範か同位の法規範である。例外的に、上位規範に還元できる場合は下位規範であることもある。これらの場合、裁量収縮は規範の重なり(Normüberlagerung)の結果である。裁量規範重なりの最もよくある種類は憲法による重なりで、基本法第三条が中心的な重なりの規範となる。基本法第三条の適用は、行政規則および事実上の行政実務による自己拘束という媒介を経て、裁量のゼロへの収縮となる。

第三のグループとして、規範重なりの特別の場合である、比較衡量過剰(Abwägungsüberschuß)がある。一般的見解によれば、裁量決定の法においては、適法な裁量行使の要件は、決定のプラス・マイナスとなる法的に重要な利益の比較衡量である。この比較衡量が結果において裁量収縮となるのである。こういう結論が生じるのは、比較衡量すべき或る法益が他の法益を抽象的具体的重要性において凌駕し、要するに、或る法益のために比較衡量過剰が成立し、この法益の尊重が裁量決定の範囲内で裁量を拘束する場合である。(58)

(3)［まとめ］以上の判例・学説に基づいて、簡単な整理をしておこう。

1　裁量収縮論は、実体法の問題としては主として警察法－危険防止の法領域において、訴訟法の問題としては個人の警察介入請求権をめぐる義務づけ訴訟において、連邦行政裁判所によって展開された。国家賠償請求訴訟においては、警察の不行為が、裁量の瑕疵にあたり、それが第三者に対する職務義務違反となるかどうかが問題であって、警察の行為・不行為に関する裁量がゼロに収縮するかどうかが直接問題になったわけではない。

2　警察法の領域においては、現在、制限された便宜主義(eingeschränktes Opportunitätsprinzip)が妥当しているといってよい。決定裁量を否認し、警察の責務配分規範に基づいて、警察に対し危険防止を義務づけ、法定主義(Legalitätsprinzip)にもどろうとするクネマイヤーの主張は、判例・学説の支持を得ていない。

3　裁量収縮論は、裁量収縮の要件ないし基準の問題に集中している。とくに具体的場合の特別の事情により裁量がゼロに収縮する場合、いかなる理由で行政介入の義務が生じるかについての理論的説明は、十分なされていない。裁量がゼロに収縮すれば介入の義務が生じるのは、当然のことである（裁量収縮即介入義務）、あるいは、〝実際には〟、〝実際の結果として〟（＝①帯鋸判決）介入の義務が生じる、もしくは、それを論じる実益がない（何故なら、理由のいかんに拘わらず同一の結果が生じるから）、というように考えられているといえよう。

4　連邦通常裁判所は、身体・生命に対する重大な危険並びに著しい財産損害の危険がある場合に、警察の介入義務を認めてきた。これに対し連邦行政裁判所が、裁量を制約し裁量の代わりに義務が生じる場合としてあげる要件ないし基準は、「強度または重大性による」裁量収縮であり、学説は、重大な危険でなくとも、「重要な法益」が侵害された場合に、裁量収縮を認めようとした。

七〇年代以降、判例・学説は、裁量収縮の要件を緩和しようとする。「中程度の重要性の危険による裁量収縮」論が有力な学説として、従来の通説に拮抗する。それは、危険強度があまり重大でなくても正当な裁量行使をすれば、唯一の決定のみが適法であると考えられる場合に、裁量収縮を認めるものである。したがって裁量収縮論は、一方では危険の程度による裁量収縮論、他方では正当な裁量行使に基づく裁量収縮論という形で展開されることになる。後者が、「正当化できない消極的態度による裁量収縮（Ermessensreduktion kraft ungerechtfertigter Passivität）」論であるといえよう。

5　ゲーツによれば、最近三〇年間における法治国的警察および秩序法の最も重要な進歩に属するのは、警察の決定裁量の瑕疵なき行使を求める権利の承認である。[59]以前には、警察の不行為は国家賠償法の問題にすぎなかったが、いまやそれ以上に、一定の要件の下に、警察による個人の保護を義務づけ訴訟をもって要求し、警察の怠慢を許さないことが法的に可能となった。その場合、裁量収縮論は、警察による個人保護を求める権利の承認の前提であるという意味で、重要な意義を有するということができる。

6　裁量収縮論は警察法（危険防止法）ないし秩序法に特殊な理論ではない。警察法の領域では、「特別の具体的事情」により裁量収縮が生じるが、給付行政の領域では、行政の自己拘束の理論に基づいて、裁量収縮が生じることが多いといえよう。裁量収縮論自体は一般行政法の領域で機能しうる理論であることを見逃してはならない。

(45) BVerwGE 4, 283, 285.
(46) BVerwGE 15, 3, 7.
(47) BVerwGE 26, 153, 155.
(48) BVerwGE 28, 122, 127f.
(49) BVerwGE 44, 333, 336.
(50) BVerwGE 47, 280, 283.
(51) BVerwGE 56, 254, 259f.
(52) BVerwGE 62, 206, 210. 基本法第一六条第二項第二文「政治的に迫害された者は、庇護権を享有する。」、一九六五年四月二八日の外国人法（新外国人法は一九九〇年四月二六日にドイツ連邦議会が可決し、一九九一年一月一日に発効した――筆者注）第二条第二文「滞在許可は、外国人の滞在が連邦共和国の利害を害さない場合に、付与することができる。」、第四〇条第一項「政治的に追跡されている国からこの法律の妥当領域に入国し、亡命権者としての承認を求めている外国人は、この法律の妥当領域における滞在を、収容区域を制限し承認を求める申立てに関する決定をするまで、認められる。」
(53) ドイツの行政手続法第五一条による手続の再審査については、宮田三郎「西ドイツ行政手続法」専修法論二四号一五五頁以下（昭五二）を見よ。
(54) NVwZ 1985, 265.; 同旨 BVerwGE 44, 333 (336).
(55) H. Maurer, Allgemeines Verwaltungsrecht, 6. Aufl., 1988, S. 105. ボルフ／バッホフによれば、「具体的場合に裁量の瑕疵なき決定を求める請求権が特定の（裁量の）決定を求める請求権に圧縮することがある。すなわち、他の決定のための要件的事実または他の法的に許容される理由が存在しない場合である。要するに、他の全ての決定が違法となる場合である。この場合には、抽象的に存在する裁量は唯一の決定に限定される。これがいわゆる裁量収縮である」といい（H. J. Wolff/ O. Bachof, Verwaltungsrecht, 9. Aufl., 1974, S. 203.）、エリクセン／マルテンスによれば、「裁量の容認は便宜主義による行動を授権する。しかし、唯一の決定のみが、裁量の瑕疵がなく、したがって適法であると見ることのできる場合がある。換言すれば、具体的場合の事情は、行政庁に対し法律の授権によって開かれた裁量の枠（Ermessensrahmen）を、具体的場合には抽象的に可能な行動様式の一つだけを義務に適った裁量行使の結果となるように、限定することができる」という（H.－U. Erichsen/ W. Martens, Allgemeines Verwaltungsrecht, 6. Aufl., 1983, S. 194f.）。

(56) H. Maurer, Fn.(55), S. 105, 256, 265, 267 und 396.

(57) F. O. Kopp, VwVfG, 1976, S. 407 und VwGO, 7. Aufl. Rdnr. 6 zu §114. 行政の自己拘束による裁量収縮は一般に認められており、警察法以外の法領域、とくに給付行政の領域では、実際に裁量収縮が生じるのは、むしろ行政の自己拘束の理論によることが多いといえよう。Vgl. H.－U. Erichsen/ W. Martens, Fn.(55), S. 195. なお、本書Ｉ「行政裁量」二二頁を見よ。

(58) A. Gern, Die Ermessensreduzierung auf Null, DVBl. 1987, S. 1194 und 1197ff.

(59) V. Götz, Fn.(1), S. 136.

五　我が国における裁量収縮論

（1）判例による裁量収縮論の受容

ア　東京高裁昭和五二年一一月一七日判決（判時八五七号一七頁＝千葉県野犬咬死事件）

本件は、幼児が買物に行く途中三頭の野犬に襲われ、無数の咬創を受けて死亡したという事故について、千葉県犬取締条例八条および九条に基づき野犬を捕獲、抑留ないし掃蕩する権限を有する知事に右権限を適切に行使しない作為義務違反があったとして、国賠法一条による損害賠償責任が問われたものである。

判決は、「ある事項につき行政庁が法令により一定の権限を行使するか否か、又、どのような方法でこれを行使するかは、当該行政庁の裁量に委ねられているのを原則とする。したがって、行政庁が右権限を行使しない場合でもその不行使については行政上の責任が問題となることがあるのは格別、それ以外の責任は生じないのが本則である。しかし、同じく権限の不行使といっても、それが問題となる場合に応じて不行使に対する評価の基準やその方法にも差異が生じてくるのは当然であって、とくに行政庁の権限行使そのものの合法、違法ではなく、その不行使によって生じた損害の賠償責任の有無が問題となっている本件では、損害賠償制度の理念に適合した独自の評価が要求されることはいうまでもない。しかるときは、本件のように、法令上は知事が捕獲、抑留ないし掃蕩の権限を有しているにすぎない場合でも、損害賠償義務の前提となる作為義務との関係では、（イ）損害という結果発生の危険があり、かつ、現実にその結果が発生したときは、（ロ）知事がその権限を行使することによって結果の発生を防止することができ、（ハ）具体的事情のもとで右権限を行使することが可能であり、これを期待することが可能であったという場合には、その権限を行使するか否かの裁量権は後退して、知事は結果の発生を防止するために右権限を行使すべき義務があったものとして、これを行使しないことは作為義務違反に当たると解するのが相当である」という。

イ　東京地裁昭和五三年八月三日判決（判時八九九号四八頁＝東京スモン訴訟第一審判決）

本件では、厚生大臣がキノホルム剤の製造承認の撤回権を適正に行使しなかったという不作為が、国家賠償法上の違法な加害行為となるかどうかが、争点の一つとなった。

判決は、「国民の生命・身体・健康に対する毀損という結果発生の危険があって、行政庁において規制権限を行使すれば容易にその結果の発生を防止することができ、しかも行政庁が権限を行使しなければ結果の発生を防止できないという関係にあり、行政庁において右の危険の切迫を知りまたは容易に知り得べかりし情況にあって、被害者――結果の発生を前提――として規制権限の行使を要請し期待することが社会的に容認されうるような場合」には、「規制権限を行使するか否かについての行政庁の裁量権は収縮・後退して、行政庁は結果発生防止のためその規制権限の行使を義務づけられ、したがってその不行使は作為義務違反として違法となるものと解すべきである」という。

裁量収縮の要件について、本判決と同様、五つの要件を挙げるものとして、熊本地裁昭和六二年三月三〇日判決（判時一二三五号三頁＝熊本水俣病民事第三次訴訟第一陣第一審判決）がある。

ウ　東京地裁昭和五七年二月一日判決（判時一〇四四号一九頁＝クロロキン薬害訴訟第一審判決）

本件でも、製薬会社のほかに、厚生大臣の権限不行使による損害賠償責任が問われた。

判決は、薬事法の明文の規定はないが、（イ）医薬品の有用性が否定された場合には薬局方から削除し、製造承認の全部または一部を撤回する権限、（ロ）有用性が否定できない場合には製薬業者らに対し適正な警告指示措置を執るよう命ずる権限、（ハ）更に、薬局方収載薬品に関し、医学上一般に承認されている範囲を超えて効能を表示しているときは、その適応表示の削除を命ずる権限、以上の権限が薬事法の解釈上または条理上厚生大臣にあるとし、「この権限を行使するかどうかは、事柄の性質上本来は厚生大臣の自由裁量に属する……。しかし、例外として、既にある医薬品の重篤で無視できない副作用によって国民の生命、身体、健康が現に侵され、将来もその危険性があることを厚生大臣又はその補助機関が認識した場合で、当該医薬品の製造業者等が自から第一次的で固有の義務の履行を怠り自発的に結果回避の措置を講ずることなく放置し、そのため、結果の回避には厚生大臣の規制権限の発動以外にありえない事情に至り、そして国民も厚生大臣の右権限の行使を信頼し期待しているような状況にあるときは、もはや厚生大臣には右裁量の余地はなく、一義的に、前期三の規制権限の客観的に適切な行使が義務づけられるものと解すべきである。したがって、このような例外的な場合において厚生大臣が右の規制権限の適切な行使をしないときは、その不作為は職務上の義務違反となり、違法性を帯びるものといわなければならない」という。

エ　福岡地裁小倉支部昭和六〇年二月一三日判決（カネミ油症事件小倉第三陣第一審判決）

本件は、食用油製造工程においてＰＣＢを主成分とする熱媒体が混入した食用油を摂取したことにより生じた被害につき、油製造業者、熱媒体製造業者および国、北九州市の損害賠償責任を問うたものである。

判決はいう、「行政庁の権限不行使と国家賠償法一条一項の関係については、食品衛生法上の規制権限を含めて、原則的には、行政庁の権限不行使は、行使同様、その自由裁量に属し、当、不当の問題にとどまり、違法の問題を生じない。しかしながら、(一) 国民の権利に対する差し迫った危険のあること、(二) 行政庁において右危険の切迫を知り又は容易に知りうべき状況にあること、(三) 行政庁がたやすく危険回避に有効適切な権限行使をすることができる状況にあることとの要件を満たす場合においては、行政庁にはもはや自由裁量の余地はなく、権限を予防的に行使する法律上の義務を負うものであって、その権限不行使は国家賠償法上の違法性を帯びるに至るが、特に権限不行使の被害法益が国民の生命、身体、健康に係るときは、(一) 国民の生命、身体、健康に対する被害発生の危険があること、(二) 行政庁において右危険発生の危険を知り又は具体的に知りうべき状況にあること、(三) 行政庁が危険回避に有効適切な権限行使をすることができる状況にあることの要件を満たすをもって足りると解すべきである」と。

オ　大阪地裁昭和六三年六月二七日判決（判時一二九四号七二頁＝大阪府野犬咬死事件判決）

判決はいう、「ある事項につき行政庁が法令により一定の権限を与えられている場合に、その権限を行使するか否か、また、どのような方法でこれを行使するかは、当該行政庁の裁量に委ねられているのを原則とする。しかしながら、具体的状況に応じ、予想される危険が大きければ大きいほど行政庁に認められた裁量判断の幅は狭められていき、そして、①人の生命、身体、財産、名誉などへの顕著な侵害が予想され、②行政庁が権限を行使することによってこうした危険を容易に阻止できる状況にあり、③具体的事情のもとで右権限を行使することが可能であり、これを期待することが可能であって、④被害者側の個人的努力では危険防止が十分に達成されがたいと見込まれる事情があるときには、その権限を行使するか否かの裁量権は後退して、行政庁は結果の発生を防止するために右権限を行使すべき義務があるものとして、これを行使しないことは作為義務違反にあたると解するのが相当である」と。

（2）　裁量権の消極的踰越（裁量収縮論によらない判例）

カ　大阪地裁昭和四九年四月一九日判決（判時七四〇号三頁＝大阪擁壁崩壊事件）

がけ下の宅地を購入し、その地上に家屋を建設して居住していたが、豪雨によるがけ崩れのため、家屋が倒壊し、人身事故が発生した。そこで被害者が、損害は災害防止上必要な措置をとる権限を有した県知事の権限不行使によるものであるとし、県に対し、国家賠償法第一条に基づいて、擁壁崩壊事故による損害賠償を求めたのが、本件である。

判決はいう、「宅造法は宅地造成に伴う崖崩れ等による災害を防止するために必要な規制を行なうことによって国民の生命、財産の保護を図ることを目的とする（同法一条）から、同法一五条の勧告、一六条の命令を発する権限もこの目的に沿うよう適時適切に行使しなければならないのであるが、右法条の文言によって明らかなとおり、その行使は知事の合理的判断に基く自由裁量に委ねられているのである。したがって改善の勧告ないし命令を発しうる法律上の要件が具備されたからといって、知事の改善勧告ないし命令権の不行使が常に違法となるものではなく、その自由裁量が著しく合理性を欠くと考えられるとき、はじめて違法となるのである」と。

キ　福岡地裁小倉支部昭和五三年三月一〇日判決（判時八八一号一七頁＝カネミ油症事件）

判決は、「食品衛生法上の権限不行使も行政庁の自由裁量に委ねられているが、国民の生命、身体に対する具体的危険が切迫し、その危険を知っているか、容易に知りうる場合であり、かつ規制権限を行使しなければ結果の発生を防止しえないことが予測され、被害者たる国民として規制権限の行使を要請し期待しうる事情にあるときは、条理上、行政庁は、自由裁量の限界をこえて、個々の国民に対する関係においても規制権限を行使すべき法律上の義務を負うのであり、その権限不行使は、単に不当というに止まらず、作為義務に違反する違法な行為となると解するのが相当である。従って、……いわば裁量権の消極的濫用ともいうべき著しい不合理があった場合にのみ、その不行使は、国家賠償法第一条第一項にいう違法なものとなるというべきである」という。

ク　最高裁平成元年一一月二四日判決（判時一三三七号四八頁）

判決は、「業務の停止に関する知事等の権限がその裁量により行使されるべきことは法六五条二項の規定上明らかであり、免許の取消については法六六条各号の一に該当する場合に知事等がこれをしなければならないと規定しているが、業務の停止事由に該当し情状が特に重いときを免許の取消事由と定めている同条九号にあっては、その要件の認定に裁量の余地があるのであって、これらの処分の選択、その権限行使の時期等は、知事等の専門的判断に基づく合理的裁量に委ねられているというべきである。したがって、当該業者の不正な行為により個々の取引業者が損害を被った場合であっても、具体的事情の下において、知事等に監督処分権限が付与された趣旨・目的に照らし、その不行使が著しく不合理と認められるときでない限り、右権限の不行使は、当該取引関係者に対する関係で国家賠償法一条一項の運用上違法の評価を受けるのもではないといわなければならない」という。

奥野裁判官の反対意見。知事等の免許・監督に関する「権限行使は原則として広範な裁量に委ねられるべきものではあるが、宅地建物取引が益々国民生活において重要性を増しつつあること並びにしばしば極めて高額の取引となることにかんがみ、宅建業者において法所定の規制に違背し取引関係者に損失を及ぼし、かつ、同種の所為を反復累行するおそれがあるため、免許取消、業務停止等の監督処分をしなければいたずらに取引関係者の被害を増大あるいは続発させ、右法の趣旨を没却すべきことが予想されるに至ったときは、知事等はもはや裁量の名において監督処分権限を発動しないことは許されず、その後その業者との間で宅地建物取引を行なうべき者に対する関係においても、相当な監督処分をすべき義務を負うに至るものと解するのが相当である」。

（3）　裁量権の消極的踰越と裁量収縮論との融合

ケ　福岡高裁昭和六一年五月一五日判決（判時一一九一号二八頁＝カネミ油症事件控訴審判決）

判決はいう、「行政庁の権限不行使と国家賠償法一条一項の関係については、食品衛生法上の規制権限を含めて、その権限を当該行政庁が行使するか否か、またどのような方法で行使するかは、原則として専ら当該行政庁の専門技術的見地に立つ裁量に委ねられているというべきであり、右のような裁量に基づく行政庁の権限不行使は、当、不当の問題を生ずることはあっても、原則として違法の問題を生ずることはないというべきである。しかしながら、具体的事案の下で、当該行政庁が右規制権限を行使しないことが著しく合理性を欠くと認められる場合においては裁量の余地はなくなり、行政庁は規制権限を行使すべき法律上の義務を負い、その不作為は国家賠償法上違法なものとなり、国又は地方公共団体はその結果生じた損害を賠償すべき責任があるものと解するのが相当である。そしてその権限不行使が「著しく合理性を欠く」かどうかは、（一）国民の生命、身体、財産に対する差し迫った危険のあること、（二）行政庁において右危険の切迫を知り又は容易に知りうべき状況にあること、（三）行政庁がたやすく危険回避に有効適切な権限を行使することができる状況にあること、以上の要件が存在するにもかかわらず、なお行政庁が権限を行使しない場合であるかどうかにより判断すべきである」と。

（4）　学説の対応

a（裁量収縮とその要件）

原田教授によれば、「行政庁には、権力発動の要件が満たされている場合であっても、必ずしも権限を発動しなければならないということではなく、行政庁は公益全体を管理する立場から、取締権を実際に発動するかどうかをその自由な裁量判断によって決定する権限があるものと解されてきた。つまり取締権をもつ行政庁には、法律上与えられた行政権限を発動して行政介入をするかどうかについて、つねにその裁量で決定できる第一次的な判断権が留保されているとされるのである。この原理が、ここにいう行政便宜主義にほかならない」[60]。

「行政便宜主義の適用を一般的には認めることとし、行政庁には権限の不行使を自由に決定できる権限があるとしても、ちょうど自由裁量行為にも裁量権の限界が認められるように、不作為の決定にも裁量権の限界があり、行政介入を必要とする緊急性がいちじるしく高いと認められる状況のもとで行政庁がなお権限行使を懈怠している場合には、その権限の不行使は権限の消極的な踰越ないし濫用にあたり、違法と解すべき」[61]であり、「近年の判例は、……具体的情況に応じ、予想される危険が大きければ大きいほど、行政庁に認められた裁量判断の幅は狭められていき、そして、

（イ）　人の生命、身体、財産、名誉など行政法規の保護法益への顕著な侵害が予想され

（ロ）　こうした危険が行政側の権力の行使によって容易に阻止できると判断できる状況にあり、かつ、

（ハ）　民事裁判その他被害者側の個人的努力では危険防止が十分には達成されがたいものと見込まれる事情のあるときには

行政庁側に認められた裁量の幅は、裁量条項の適用においても、極端に収縮し、ついには行政庁には権限を行使せずにいる自由は失われて、積極的に介入し、危険防止をはかる以外の選択はありえなくなることを承認するに至っている。つまり、前記（イ）（ロ）（ハ）の三つの要件があれば、行政裁量の幅は漸次後退し、ついには零に収縮し、行政庁が不介入のままで不作為を続けることは、被害を被る国民に対する関係で法的義務違反となることが認められたわけである。これを『裁量収縮の法理』という」[62]のである。

阿部教授は、「行政に規制権限発動不発動の裁量権が与えられている場合には、その権限不行使を違法というためには裁量権がゼロになることが論理的に必要とされる」、「伝統的には行政の権限行使は一般には裁量に委ねられているから、その権限不行使が違法となるためには、権限行使が義務づけられていたこと、つまり、裁量のゼロへの収縮が必要であると考えられた」として、裁量権のゼロへの収縮の要件の緩和を提唱し、「国民の生命・健康に対する具体的危険が切迫しなくとも、その蓋然性の存在で十分であり、行政がその危険を容易に知りうる

という要件も、行政が権限を駆使して調査すればその危険を知りうる、ということで十分である」という。[63]

三橋教授は、裁量収縮の理論の問題点を、いかなる場合に裁量が収縮して作為義務が発生するのか、あるいは権限不行使の裁量が違法となるのかについて、必ずしも明確な基準が確立していないことにあるとし、「一応の基準として、①生命、身体、財産に重大な損害をもたらす危険の存在、②行政側にとって（ア）その具体的危険の予測可能性、（イ）結果回避・防止の可能性（権限を行使しなければ結果の発生を防止しえないことが予測されること、および、権限を行使すれば容易に結果の発生を防止できると予測されること）があり、③被害者側には、危険回避の手段・可能性がなく、また規制権限の行使を期待しうる状況があること、そして、④発生した被害が社会的要因によるもので、被害者の負担にあまる不測の損害であることなどの基準が挙げられる」という。[64]

b（消極的踰越との融合）

古崎判事は、「判例法は、……裁量権の不行使が『著しく合理性を欠く』かどうかで権限不行使の違法性の有無を判断している。つまり、（1）差し迫った生命、身体、財産に対する危険のあること、（2）公務員の方でたやすくその権限を行使することができ、その権限行使が危険回避にとって有効適切な方法であること、以上のことが、具体的に認められるのに、なお公務員が裁量を楯に権限を行使しないとき、その不作為は著しく合理性を欠く」という。[65]

c（裁量収縮論の展開）

下山教授によれば、「国民の生命・健康に影響を及ぼしうる物質を国が規制する場合には、国賠法一条の『違法』の要件は、国民の基本的権利たる生命健康の権利を保障する見地から、公権力の行使の注意義務・損害発生防止義務の懈怠の有無が判定されるべきで、業者に対する規制権限の違法性の判断（裁量権の踰越濫用）をもちこむべきでない」として、国家賠償法の領域における裁量権収縮の理論に反対する。[66]

田村教授によれば、裁量収縮論の展開の課題の一つは「私法上の不公正な取引による財産被害において、被害者救済の法理としても援用されるか否か」であるが、「裁量権のゼロへの収縮により、……理論的には、行政には作為（ないし不作為）の義務が一義的に生ずることとな（り）」るので、「裁量収縮論は、広い意味での義務づけ訴訟においても……その展開の可能性がある」(67)。

d（裁量収縮論の根拠）

藤田教授は、特定の場合には裁量の代わりに義務が生じるという「裁量権零収縮の理論」の理論的根拠を問題にし、「私人の自由と財産を規制しうることを定めたに過ぎない筈の法律の規定が、何故特定の場合には規制しなければならないことになるのか、ということについての理論的な説明は、未だ必ずしも充分明確になされているとは言い難い」(68)という。すなわち、「理論的に言えば、裁量権の幅が零になるということ自体は、行政庁が当該の権限を行使するか否かの判断の自由を失い、〃行使しなければならないか、〃してはならない〃のいずれかになる、というだけのことであって、当然に行使しなければならなくなる、ということにはならない。伝統的な行政法理論の出発点からするならば、私人の自由と財産を規制することを認めるこの種の法律は、本来、〃規制することは許されない〃ことを前提として、一定の場合には、〃規制してもよい〃ということを定めるだけのことであるから、このような規定の目的に従えば、裁量権が零になる、ということは、むしろ本来、規制できない、という結果と結びつくとすら言えよう。……いずれにしても、法律自体が、一定の要件の下では行政庁の権限行使を積極的に義務づけている、という理論的前提が入らない以上は、問題は理論的には解決しないのである」(69)。

この問題に対する教授の解決は、警察法第二条を「責務規範（Aufgabennorm）」と解することによってもたらされる。「私が『警察法二条責務規範説』と名付けるものは、……警察法二条の規定を、公権力行使についての直接の根拠規範としては性格付けないが、しかし、同条は警察に文字通り条文上に示されたような責務を、法的拘束力を以って課するものであり、したがって警察は、一定の場合には、この責務を果たすために積極的な行動に出ることすらをも、法的に義務付けられる、という考え方をするものである」(70)。したがって、この「警察法二条の拘束により、『個人の生命、身体及び財産の保護』等に関し、警察官はそもそも権限不行使の完全な自由を持たない」[71]という。

森田教授によれば、いわゆる〝裁量収縮論〟の構造は次のとおりである。（イ）〝裁量収縮〟問題は、規制権限の明示的要件が充足されている場合に生じる、（ロ）〝裁量収縮〟問題は、規制権限的規定中の「結合上の自由」[72]にかかわる、（ハ）裁量収縮論は「結合上の自由」的活動の余地の存在を前提とし、それが、一定の条件の下では、〝零に収縮する〟というものである。換言すると、規制権限的規定中の「……することができる」という部分をうけてなされる決定は、一定の条件の下では、「……する」という効果発動の決定でなければならない、というものである。したがって「結合上の自由」的活動の余地が認められない場合は、裁量収縮の問題ではない[73]。

いわゆる〝裁量収縮論〟といわれる議論の中には、〝結合空間の費消的否定論〟というべきものがある。これは、規制権限についての明示的要件の充足判定の際に、考慮されるべき法的に意味のある視点がすべて消費し尽くされてしまったと判断される場合で、この場合には、「……することができる」という規定は「……しなければならない」というように解釈しなければならない。何故なら、このような場合に、法律要件が充足されていると認定した上で、なお権限を行使しない自由を認めることは背理であるからである。結合空間の費消的否定論は本来の裁量収縮論と明確に区別すべきである、という[74]。

（5）［まとめ］以上の判例・学説に基づいて、我が国の裁量収縮論の全体像を示しておくことにしよう。

1　わが国の裁量収縮に関する判例は、国家賠償法一条一項における権限不行使の違法に関するものであり、義務づけ訴訟における権限行使の義務づけのために、展開されたものではない。裁量収縮に関する学説も判例を理論化したものであるということができる。

2　権限の行使・不行使が行政庁の裁量に委ねられている場合、国家賠償法一条一項にいう権限不行使の違法を導くために、判例は必ずしも「裁量のゼロへの収縮」の理論をとっているわけではない。判例には、権限の不行使が裁量権の消極的踰越ないし濫用ともいうべき「著しく合理性を欠く」という要件に該当するか否かによって、権限不行使の違法性の有無を判断しているものが多い（例えば、カ、キ判決）。最高裁判例もこのような考え方をとっている（ク最高裁判決）。

しかし「著しく合理性を欠く」という裁量権の消極的踰越の具体的内容は、裁量収縮の要件と同様の内容となっているものがあり（例えば、ケ判決、b学説）、ここでは、裁量権の踰越論と裁量収縮論は厳密に区別されているわけではなく、むしろ両者が融合し、裁量権踰越論の中に裁量収縮の考え方が取り込まれていると見ることができよう。

3　裁量収縮の要件としては、若干のニュアンスの違いがあるが、①国民の生命、身体、重要な財産に対する危険の切迫、②危険の予見可能性、③補充性（権限の行使をしなければ危険を防止できない）、④権限行使についての国民の期待可能性、⑤危険回避の可能性などが挙げられている。判例のいう裁量収縮の要件は、裁量収縮の要件というよりは、国家賠償責任の有無の要件である。②⑤の要件は過失の要件、④の要件は過失ないし危険防止責任の要件というべきであろう。エ判決や学説では①②の要件の内容的緩和が主張されているが、判例・学説ともに裁量収縮の要件そのものの純化ないし見直しを問題にしていない。

4　裁量がゼロに収縮する場合、いかなる理由で、権限行使・行政介入の義務が生じるかについては、十分な理論的検討はなされていない。一方では、権限の行使・不行使に関する裁量のゼロ収縮は、即、権限行使の義務づけであると理解され（ア～オの判例およびa学説など）、他方では、裁量のゼロ収縮自体は、当然に権限行使の義務づけをもたらすものではない（d学説）とされている。

5　いわゆる裁量のゼロ収縮の場合と効果裁量が法律の合理的解釈によりその裁量性を否定される場合とは明確に区別すべきである。裁量収縮論は効果裁量の余地が存在していることを前提としている。

6　裁量収縮論は、義務づけ訴訟においても展開の可能性があるといえるが、まだ現実的問題になっていない。

むしろ、私法上の不公正な取引による財産の被害について、裁量収縮と同様の考え方を示し、監督処分権限の発動を強制する「ク最高裁判決」における奥野裁判官の反対意見は、思わぬ方向への展開を示唆するものとして、興味深い。

ドイツの裁量収縮に関する多くの判例は、良質の住環境の保全を目的として、第三者による警察違反行為または警察違反状態に対する警察の介入を求めるケースに関するものであり、そこでは、いわば公法の正常な機能に対する危険ないし妨害が問題になっている。これに対して、裁量収縮論を私法上の被害者救済の法理として援用しようとする考え方は、いかにも経済優先国の裁判官らしい発想であるということができよう。

(60) 原田・注(2)四九頁以下。
(61) 原田・注(2)五九頁。
(62) 原田・注(2)七三頁以下。
(63) 阿部泰隆「行政の危険防止責任その後(一)」判評二六九号五頁(昭五六)および同『国家補償法』一九〇頁(昭六三)。
(64) 三橋良士明「不作為にかかわる賠償責任」雄川／塩野／園部編『現代行政法大系』六巻一六九頁(昭五八)。なお、横山匡輝「権限の不行使と国家賠償法上の違法」西村／幾代／園部編『国家補償法大系』2一三九頁(昭六二)も見よ。
(65) 古崎慶長『国家賠償法の理論』九六頁(昭五五)。
(66) 下山瑛二『健康権と国の法的責任』二四二頁(昭五四)。
(67) 田村悦一「行政裁量の司法審査」杉村編『行政救済法』一巻一八七頁以下(平二)。
(68) 藤田宙靖『新版行政法Ⅰ(総論)』三七三頁(昭六〇)。なお、須藤陽子・注(25)三六八頁(9)も見よ。
(69) 藤田・注(68)三七四頁注(1)。

(70)　藤田宙靖「警察法二条の意義に関する若干の考察（二）」法学五三巻二号九二頁以下（平元）。
(71)　藤田・注（70）九九頁。
(72)　「結合上の自由」とは要件と効果の結合上の自由をいう。例えば、薬事法七五条一項の、許可を取消す「ことができる」は、法定の明示的要件が充足されている場合における、ありうべき決定として、許可を取消すという決定と許可を取消さないという決定の二つの決定があることを承認している。このような規定が、要件と効果の「結合上の自由」を承認している規定である（森田寛二「行政裁量論と解釈作法（下）」判評三二八号一四頁・昭六一）。
(73)　ただし森田教授は、裁量のゼロへの収斂が、第一に規制権限のみに関わる概念でない（「規制権限」以外の行政権限にも関わる）、第二に効果発動の決定のみに関わる概念ではい（効果不発動の決定にも関わる）、第三に比例原則的観点からの「ゼロの収斂」のみに関わる概念でない（他の観点からの「ゼロの収斂」にも関わる）ことを認めている（森田・注（72）一八頁）。
(74)　森田寛二「裁量零収縮論と〝結合空間の費消的否定論〟」小嶋和司博士東北大学退職記念『憲法と行政法』七九六頁および注（72）二一頁（昭六二）。

六　総括――むすびに代えて

（1）　裁量収縮論とは何か。

法律上、行為裁量または行政便宜主義が認められている場合に、具体的事情によって、唯一の決定のみが瑕疵なき行為となり、他の決定がすべて瑕疵あるものとなるように、裁量がゼロに収縮することがある。これを裁量収縮という。(75)

裁量収縮は法律上行為裁量が認められていることを前提とする。ドイツの通説によれば、行為裁量とは授権規範の法効果面において行政に認められた行動の選択の自由を意味する。「……することができる」という規定は、立法者が行為裁量を認める趣旨を示したものである。しかし、そのような裁量規範が、法律の合理的解釈により、その裁量性が否定され、「……しなければならない」というようにUmdeutungしなければならない場合は、裁量収縮の問題は生じない。確かに、法律要件において考慮されるべき法的に意味のある視点がすべて考慮されてしまっているときは、法律要件に該当する事実を認定しながら、なお権限を行使しない自由を認めることは背理であるということができよう。(76)「道理を破る法はあれども法を破る道理なし」という法諺もあるけれども、右の考え方を正当とすべきである。(77)

（2）　いかなる理由によって裁量は収縮するか。

裁量は、他の法規定との関連により、あるいは、特別の具体的事情により収縮する。

他の法規定との関連から生じる収縮は、裁量権が他の法規定からの法的制約を受け、裁量の幅が狭められる場合である。他の法規定が単に裁量権の限界を形成する場合と裁量の幅が狭められて、それがゼロに収縮する場合がある。裁量権を制約するのは、例えば平等原則、行政の自己拘束の法理、比例原則、基本権、あるいは善良の風俗、信義誠実の原則などの法原則、もしくは法的拘束力のある確約のような行政措置である。他の法規定の制約を受け、裁量がゼロに収縮する場合は、なされる処分は法的に羈束された羈束処分である。本来の裁量収縮は、裁量のゼロへの収縮に拘らず、なされる処分は裁量処分である。

裁量のゼロへの収縮は、特別の具体的事情から、生じることもある。裁量規範によって抽象的に認められている裁量領域の範囲は、具体的には、裁量を認める規定の法律要件に該当する個々の事実によって、始めて定まる。その場合、特別の具体的事情は、抽象的に可能な、いろいろの行為のうちの一つの行為だけを、結果として適法な裁量行使とみなし、他のすべての行為を裁量の瑕疵ある行為とするように、法律が行政庁に対して認めた裁量の枠を狭めることがあるのである。これが本来の裁量収縮である。

（3）　いかなる要件を満たした場合、裁量はゼロに収縮するか、裁量を収縮する特別の具体的事情とはどんな事情か。

いかなる場合に、裁量がゼロに収縮し警察の行動義務が生じるかは、それぞれの具体的場合の事情によって定まる。したがって一般的には規定できない。

ドイツの判例の大勢は、生命、身体、健康のような重要な法益（質的要素）に対する強度または重大な妨害または危険（量的要素）がある場合に裁量収縮を認めてきた。これに対して我が国の判例は、もっぱら損害賠償責任の有無という視点から裁量収縮の要件を問題にした。我が国の判例理論は、裁量収縮論を国家賠償法の理論として固定化してしまう虞があり、したがって、判例法による裁量収縮の要件から、加重された損害賠償的な色彩を除去することが望ましい。このような意味において、現在のところ、原田教授の挙げる裁量収縮の（イ）、（ロ）、（ハ）の要件が簡潔で適切な定式であるように思われる。

しかし、重要な保護法益に対する顕著な危険という要件は高すぎないか。この要件そのものを緩和することによって裁量収縮論はより現実的な理論になりうるといえよう。したがって、中程度に重要な法益に対する顕著な危険強度の場合にも、正当な裁量行使をすれば、唯一の決定のみが適法で、警察の供手傍観が許されないと考えられる場合には、裁量収縮を認めるべきであろう。裁量収縮論の狙いが警察に対して具体的事情に即した適切な裁量決定をなすべき義務を課すことにあるとすれば、警察の不行為について何らの合理的理由も存在しない場合には、「正当化できない消極的態度による裁量収縮」を認めるべきであることを主張したい。これは、権限の不行使が「著しく合理性を欠く」場合に裁量を否定する我が国の判例理論と共通する考え方であるということができよう。

ただ、裁量収縮が生じれば、直ちに、警察の介入義務が生じるといえるかについては、なお検討すべき問題が残っている。保護法益と介入の結果生じる不利益とを比較衡量する必要があろう。

（4）　裁量収縮の結果、いかなる理由で、権限行使・行政介入の義務が生じるか。

裁量収縮は、特別の具体的事情に基づいて、唯一の決定（＝権限行使・行政介入の決定）のみが裁量の瑕疵なき行使、すなわち適法な決定で、他のすべての決定が裁量の瑕疵ある行使となる場合をいう。したがって裁量のゼロへの収縮は、なすべき決定がゼロになる場合ではなくて、唯一の決定しか残っていない場合をいうのであって、裁量収縮は裁量の一への収縮にほかならない。行政庁が決定裁量を行使すべき権限を有しかつ義務づけられている場合に、裁量がゼロに収縮すれば、「実際上」（＝帯鋸判決）、唯一の決定をすべきことを義務づけられ、他のすべての決定を選択する自由を失うのである。裁量権がゼロになって規制ができなくなる場合ではない。

しかし、行政の裁量の余地が否定され、行政介入の義務が生じるのは、警察に関する責務規範によるのではない。警察の責務規範は、危険防止の一般的義務を指示するが、具体的場合における行政裁量を否定し、あらゆる危険について警察の介入を義務づけるものではない。あらゆる場合に警察の権限行使を強制する考え方は警察国家の思想に通じるものを含んでいるといえよう。

（5）　警察法以外の領域においては、裁量基準または行政実務による行政の自己拘束に基づく裁量収縮が認められるが、さらに裁量権の行使が適正な比較衡量を要請する場合に、比較衡量の結果、裁量がゼロに収縮することがあることに注意したい。ゲルンのいう比較衡量過剰の場合である。例えば、入管法二六条による再入国不許可処分の違法性を争ったルイ神父事件は、このような場合に当たるといえよう。

私はルイ神父事件に関する「鑑定意見書」を東京地方裁判所に提出した。[78]「鑑定意見書」では、法務大臣の「裁量の不足」、すなわち法務大臣の裁量権は法律の授権の目的に従って十分に行使されていない、という点を強調した。しかし原告の法的地位および海外渡航の目的、その必要性という本件の特別の具体的事情に直面すれば、私の意見は不十分であったといえよう。本件の場合、原告の特別の具体的事情により、法務大臣の裁量はゼロに収縮して、再入国許可処分だけが裁量の瑕疵なき決定であり、他のあらゆる決定は裁量に瑕疵ある決定となる場合である、あるいは、法務大臣が再入国許可処分を与えないことについて客観的理由が存在しない場合であったといえよう。入管法二六条の「法務大臣は、……再入国の許可を与えることができる」という規定に基づく法務大臣の裁量は、ゼロに収縮し、法務大臣は再入国の許可を与えなければならない、というべきであった。

（6）　我が国においても、裁量収縮論は一般行政法理論として位置づけるべきである。すなわち裁量収縮論は、裁量権の踰越、裁量権の不足（＝消極的踰越）および裁量権の濫用とともに、裁量コントロールの一類型であることを強調したい。

裁量収縮論の現実的意義は、行為裁量が認める「処分の選択の自由」のうち、特別の具体的事情により、授益的行政処分をしない自由または授益的効果を有する侵害的行政処分をしない自由を否認する点にある。従来、行為裁量は「処分の選択の自由」、すなわち「同一の事由がある場合に、許可処分と不許可処分との正反対の二つの処分を同価値の処分として選択する自由を行政庁に与え、また本質的に異なる事由がある場合に同一の処分を画一的に行なう怠慢を行政に許容するもの」[79]として理解される傾向にあった。裁量収縮論がもたらした意義は、このような無制約な「処分の選択の自由」を否定し、行為裁量の本質を、「処分の選択に自由」から、ケースの具体的事情に即した適正な解決をなすべき法的手段に転回させた点にあるということができよう。

(75)　本書Ⅰ「行政裁量」二一頁。
(76)　森田・注（74）七九六頁。
(77)　本書Ⅰ「行政裁量」二一頁。
(78)　事件の概要と「鑑定意見書」の内容については、本書Ⅸ「再入国不許可処分における裁量」二一一頁以下を見よ。
(79)　本書Ⅸ「再入国不許可処分における裁量」二一四頁。

XII　行政裁量――総括と展望

一　はじめに

私は一九八五年の公法学会において「裁量統制」[(1)]というテーマで研究報告をさせていただきました。その後七年の間に、行政裁量をめぐる判例・学説の基本的状況に大きな変化は見られませんし、私の行政裁量に関する一般的認識にも新しい展開はありません。しかし行政法は、行政組織、行政手続、行為形式など広い範囲にわたって現代化を必要としていますし、行政裁量についても、その構造原理、正当性および裁量権行使の態様について再検討をすべき時期に来ているように思われます。そこで本章では、まず行政裁量の現状を総括し、次に行政裁量論の問題点について考察し、そして現代的な行政裁量論のあるべき方向を考えるための、問題提起をしたいと思います。

(1)　本書II「裁量統制」三一頁以下。

二 現状の総括

(1) 行政裁量に関する判例・学説の現状としまして、最初に指摘したいことは、裁量の現象形態についてであります。行政裁量は、まず、処分の選択の自由を認める法律の授権、すなわち効果裁量として現われ、次に、法律要件面に不確定法概念が使用されたことによって、要件裁量として現われる場合があり、そしてさらに、法律の留保の原則が妥当しない領域では、法律の目的規定ないし権限規定のみに基づく行政作用に裁量が認められる場合もあります。要するに、行政裁量はいろいろの現象形態の下に現われるということであります(2)。

もともと裁量問題は、近代国家すなわち国家権力が法といかなる関係にあるかという問題であり、とくに、それは立法権と行政権との関係の問題でありました。国民の側からすれば、国民に関係する行政の行動基準が立法者によりいかなる範囲で前もって決定されているか、いかなる範囲で行政が自ら自己の行動基準を設定できるかは、重要な問題であります。ここでは法律の留保の原則と行政裁量の関係が中心的問題でありました。しかし行政裁判所が設立されるとともに全行政法理論は行政行為中心の理論となり、裁量論も行政行為の裁量論に限局され、それは専ら行政権と裁判権との関係の問題、すなわち行政行為に対する裁判所のコントロールの範囲と限界の問題として論ぜられることになりました(3)。

しかし公権力に対する権利保護の保障が憲法上確立した今日では、権利保護の問題としての裁量問題は、行政裁量はもちろん、立法裁量、司法裁量など国家権力一般にまで及ぶことになりましたし、行政に関する裁量についても、単に法律要件と法律効果から成る法規の解釈・適用としての行政行為に関する問題としてだけでなく、法の実現ないし法に基づく形成機能に関する問題として論ぜられることになったということができます。ここに行政裁量が様々の現象形態の下に現われる背景があります。

(2) 現状総括の第二は、判例・学説が、不確定法概念について政治政策的裁量と専門技術的裁量という類型を認め、行政機能における政治的感染性と専門技術性の増大を背景にして、いまや行政裁量を行政の全領域に拡散させたということであります。

古典的な学説は、一般に不確定法概念の解釈・適用について、行政の判断に裁量を認めるものではありませんでした。しかし戦後の判例は、覊束裁量・自由裁量の区別を相対化しつつ、政治的判断や専門技術的知識を必要とする不確定法概念の解釈・適用について行政の裁量判断を認め、学説も、政治的裁量・技術的裁量という形で判例理論を支持しました。この点に古典的理論と戦後の判例・学説との大きな違いがあるように思われます。[4]

戦後の学説は、戦前における権力過剰の行政法理論に対する反省として、民主主義を基礎にした法治国原理の再建を目指しました。しかし伝統的な侵害留保説が不十分であるという感じはありましたが、これを全面的に否定するまでには至りませんでしたし、行政権の法律に対する拘束を徹底させ、行政裁量をできるだけ排除しようという考え方も一般化しませんでした。むしろ戦後においては、連合国の占領政策を推進する諸法律を迅速に執行することが行政に課せられた焦眉の問題であり、したがって行政権に大幅の裁量権を認める必要性があったように思います。[5] 行政裁量は法治国における異物（Fremdkörper）[6]どころか、裁量はまさに行政の本質に属するという観念が、大した抵抗もなく、定着したということができるのであります。

(3) 現状総括の第三は、裁量コントロールに関するものであります。判例は、一方において、裁量コントロールの基準として、目的違反、動機の不正、比例原則、平等原則、裁量の自己拘束、他事考慮の禁止、公正な手続の要請あるいは裁量収縮論の可能性などの多彩なコントロールの基準を展開し、判例の一般的傾向としては、裁量に対するコントロールの拡大・強化の方向を示しました。しかし他方において、コントロール密度に関する判例の態度は、合理性ないし説得性のコントロールと恣意ないし明白性のコントロールの間を揺れており、最高裁の基本的態度は、恣意ないし明白性コントロールの立場に立ち、裁量に対するコントロールは極めて消極的で稀薄なものになっている、ということであります。(7) 一方における裁量コントロールの基準の多様化と他方におけるコントロール密度の不足は、判例理論の最大の特徴でありまして、一見すると判例の日和見主義の結果であるようにも見えるのですが、これは、行政に厳しすぎず、しかも法からも大きく外れない裁判所の審査権のあり方についての判例の苦悩の表現であるという風に見ることができるかもしれません。

しかし、行政の専制的で恣意的な侵害に対して国民の権利を保護するために、明白性コントロールでも、裁判所が十分に権利保護機能を果たすことができた時代は、もう終ったといわなければなりません。今日の民主的法治国では、行政の恣意的な目に余る行動に対するコントロールとしては、新聞、テレビなどのマスコミ、世論および住民運動など裁判所以外のものによる法的コントロールが、裁判所のコントロールよりはるかに実効的に作用するということがあります。(8) もちろんだからといって、裁判所の法的コントロールの必要性が否定されるわけではありませんが、いまや、裁判所による法的コントロールに対しては、古典的な裁量コントロールの類型である恣意ないし明白性コントロール以上のものが期待されていることを強調したいのであります。

(4) 以上が行政裁量に関する現在の全体像であります。このような全体像は、およそ昭和四〇年代の後半から五〇年代の初めにかけて形成され、確立したということができます。それから一五年も経過しましたが、その間、判例理論には大きな刺激や変化も見られず、行政裁量に関する法状態は安定しているように見えます。しかし行政裁量に関する判例評釈などから推論しますと、とくに判例による裁量理論の適用について、学説は必ずしも満足しているようには見えません。また行政裁量の理論的水準はドイツの一九一〇年代から二〇年代の水準に類似しているように思われますから、(9) このような法状態は理論的にはむしろ停滞しているというべきかもしれません。要するに、現在の行政裁量に関する全体像、特に行政裁量と裁判所のコントロールの関係が、果たして日本国憲法に適合的な構造体系といえるかどうかという点については、かなり問題があるのではないかということを感じるわけであります。そこで次に、一体何が不足しているのかということを考えてみることにします。

（2）　宮田三郎「要件裁量と効果裁量」成田編・行政法の争点（新版）七二頁（平二）。

（3）　Vgl. H. Ehmke, „Ermessen" und „unbestimmter Rechtsbegriff" im Verwaltungsrecht, 1960, S. 8ff.; M. Bullinger, Verwaltungsermessen im modernen Staat, － Landesbericht Bundesrepublik Deutschland －, in: M. Bullinger (Hrsg.), Verwaltungsermessen im modernen Staat, 1986, S. 132ff.

（4）　古典的理論による裁量論は、法律の構造、法の規定の仕方あるいは行政処分の法的性質など法的レベルの議論であったのに対し、戦後の政治政策的裁量・専門技術的裁量という議論は、古典的理論とは全く別の次元である判断対象の複雑性や多角性といった事実のレベルの議論であるということができる。最高裁昭和五三年一〇月四日大法廷判決（民集三二巻七号一二二三頁＝マクリーン事件訴訟）は、外国人の在留期間の更新事由の有無の判断について、「このような判断は、事柄の性質上、出入国管理行政の責任を負う法務大臣の裁量に任せるのでなければとうてい適切な結果を期待することができないものと考えられる。」と判示し、また最高裁平成五年三月一六日第三小法廷判決（判時一四五六号六二頁＝第一次家永教科書訴訟）は、教科書「検定における審査、判断は、……様々な観点から多角的に行われるもので、学術的、教育的な専門技術的判断であるから、事柄の性質上、文部大臣の合理的な裁量にゆだねられるものというべきである。」と判示し、いずれも、行政裁量を「事柄の性質」によって認容した。これは右に指摘した点を端的に示したものであるということができよう。

（5）　とくに農地改革に伴って生じた多くの法的紛争は、主として「農業に精進する見込のある者」、「買収除外地相当性」、「買収相当性」などの不確定法概念の解釈適用に関するものであったが、これらの不確定法概念について農地委員会の農業政策的・農業技術的判断に裁量性を認めた判例は、次第に承認され、政策的・専門技術的裁量として一般化してゆく傾向にあったといえよう（渡辺洋三「法治主義と行政権（下）」思想・昭二四・五月号八四頁以下、田村悦一『行政訴訟における国民の権利保護』三八頁以下・昭五〇を見よ）。

（6）　M. Bullinger, Fn(3), S. 137. マルチン・ブリンガー（塩野／山下訳）「行政裁量」国家学会雑誌九九巻一二号一〇二頁（昭六一）。

（7）　裁量コントロールについては、本書Ⅰ「行政裁量」一七頁以下および本書Ⅱ「裁量統制」三一頁以下を見よ。なお、最高裁平成四年一〇月二九日の伊方原発訴訟判決（判時一四四一号三七頁）は、合理性コントロール方式をとってコントロール密度を強化したが、これは原発訴訟の特殊性（生命・健康の保護が問題であり、リスクが大きければ安全性の要請は高くなる）によるといえよう。

（8） Vgl. W. Brohm, Zur Funktionswandel der verwaltungsgerichtsbarkeit, NJW 1984, S. 10.

（9） Vgl. W. Jellinek, Gesetz, Gesetzanwendung und Zweckmäßigkeitserwägung, 1913.; ders., Verwaltungsrecht, 3 Aufl., 1931, S. 30ff. und 432ff.

三 憲法視点の不足

行政裁量および裁量コントロールは、行政の法律適合性の原理および行政措置に対する裁判所の権利保護の要請という憲法の枠の下にあります。行政裁量および裁量コントロールに関する法理論が憲法原理を十分反映したものになつているかどうか、この点については特に憲法と行政法理論の相互作用の必要性を強調しなければならないと思います。このような視点から、次に、行政裁量に対する立法と司法の対応のあり方について考えてみます。

(1) 法律の規制密度

第一に、法律の規制密度について検討します。裁量は先ず立法のテーマであります。裁量は裁判の局面で発見される問題というよりは、むしろ先ず最初に、立法者によって容認されるかどうかという問題であります。現代国家における立法の特徴は、一方における法律規制の量的増大と他方における法律の内容的な規制密度の不足ないし法律の不確定性の増大という点に見られます。現代行政の広範な領域にわたる活動範囲の拡大は、必然的に法律の量的増大を伴いますが、それとは対照的に法律の規制密度が低下し、法律の網が粗くなるということに注意しなければなりません。(10) このような法律の規制力の弱さは、特に計画法的性格を有する法律および技術的安全や環境保護に関する法律において顕著であります。このような法律の規制の質的変化という状態の下では、実質的な規制権限の所在は、法律のレベルから命令または行政規則のレベルに移行しており、民主的法治国の原理からみて問題であるといわなければなりません。[11] 法律の留保は、法律の規制の必要性だけではなく、最低限度の明確性をも要求します。法律の留保の妥当する領域では、立法者は、あまりに不確定な法律概念を使用することによって、具体的場合における国民の自由や権利の限界に関する規制を、行政に委ねてしまうことは許されません。しかし法律の規制の密度がどの程度精密でなければならないか、どの程度明確であれば十分明確といえるかという問題は、極めて困難な問題であります。この点については、ドイツの連邦憲法裁判所の判例による本質性理論が、新しい視点から問題提起をしています。そこで本質性理論との関連に触れることにします。

ドイツにおける本質性理論によれば、立法者は、全ての基本的な規範的領域、とくに基本権行使の領域において、全ての本質的な決定を自から行い、これを行政に委ねてはならないというのです。[12] このこと自体はむしろ平凡なことを述べているにすぎませんが、これは最近一〇数年間の憲法発展における新しい理論であるといわれています。本質性理論の要点は、規制権限の行政への委任禁止と強化された規制密度の要請にあり、一般条項および不確定法概念という形で、立法の任務を回避しようとする議会の逃げ道を遮断するように作用するといわれています。[13] したがって有力な学説によれば、本質性理論は法律による裁量授権に疑問を提起したものであり、これを徹底して運用すれば、本質的な決定すなわち基本権に関連する領域では、執行部の裁量は否認されなければならない、[14] というのです。これは従来の通説・判例の認めるところではありません。しかし決定が本質的であればあるほど、要するに基本権にとって重要であればあるほど、立法に対する明確性の要請は高くなるというのが、学説における一般的傾向であることも確かであるように思われます。[15]

本質性理論については、もう一つの側面、すなわち本質性の基準から外れた非本質的な規制または決定については、一般的な裁量行使のための広範な領域が解放されるだろうという点を見逃すことができません。法律に従属し、法律を具体化する外部的効果を有する法規範、つまり、そういう外部効果を有する行政規則を発する権限が執行部の機能領域に属する。これによって法律に従属しているが、しかしオリジナルな規範定立権が執行部のために創られるというわけです。[16] もちろん、このような執行部の規範定立権ないし行政基準策定権を行政法の全領域のために一般化することはできません。しかし、それなしには法律の執行が可能でないような領域、さしあたり原子力法や環境法の領域がその対象として認められるとすると、行政規則の形式で策定された安全審査基準、技術基準、環境基準などは、個別具体的な法適用の場合における行政裁量に対して、一般抽象的な裁量行使たる法定立裁量という類型で位置づけることができるのではないかと思われます。[17]

古典的な行政裁量論は、行政法が秩序維持的性格をもち、行政はそのような法律の適用に尽きるという観念を基盤にして形成されたということができます。しかし現代行政法は立法と行政の関係を大きく変えました。行政裁量論も、現代的な立法と行政のあり方から再構成する必要に迫られています。その場合、立法部と執行部の機能領域の正当な分配を定めるという憲法的視点が重要であり、従来の行政裁量論には、現代的な法律の留保の原則という視点が不足していたのではないか、あるいは行政裁量論の停滞の一因は法律の留保理論の停滞にあるのではないか、と思うのであります。

(2)　行政裁量に対する立法の事後的対応

第二に、行政裁量に対する立法の事後的な対応のあり方について、ドイツと我が国の具体例に基づいて検討します。行政裁量については、できるかぎりまた是認できる範囲で、行政裁量を排除する方向で、法律を再検討することが必要であり、これは法治国的原理から要請されているということができます。

このような要請に応えたものとして、ドイツの一九九一年一月一日の新外国人法を挙げることができます。一九六五年四月二八日の外国人法では、外国人の滞在許可、滞在期間の延長、法的地位の強化など、要するに外国人の法的地位について、行政に広い裁量権が認められていました。しかし、新外国人法に関する政府の草案理由書は、重要で効果の著しい規制は立法者が自ら規制をし、これを行政の裁量に委ねてはならないという憲法の要請を、もうこれ以上無視することはできないと述べまして、新外国人法では外国人の法的安定性と行政決定の統一性のために、立法の方法により、行政の裁量の余地を大幅に制限しました。(18)

我が国でも、いわゆる入管法が平成元年一二月一五日に改正されました。しかし在留資格の変更および在留期間の更新についての「適当と認めるに足りる相当の理由があるときに限り、これを許可することができる。」という二〇条三項および二一条三項の規定、並びに永住許可の取得および再入国の許可についての「許可をすることができる。」、「許可を与えることができる。」という二二条二項および二六条一項のいわゆるKann規定については、三〇年近い運用による行政実務が蓄積されているにも拘らず、何ら見直しはなされませんでした。もちろん入管法制定当初は、行政処分の要件について不確定法概念の使用で間に合わせ、また行政処分をするかどうかについて行政に裁量権を認め、法律の弾力的な運用の可能性を与えることも必要であるといえましょう。しかし、国際交流の活発化や経済の国際化に伴って外国人入国者および外国人労働者が急増している状況においては、外国人の滞在が一時的に認められたか、永続的滞在への変更の道が開かれているかどうかということが外国人にとって明確であり、他方一時的な滞在から永続的滞在への事実上の移行を阻止するためには、行政庁の包括的な裁量性を、できるかぎりまた是認できる範囲で、排除し、これを明確にする方向で法律を改善して行くことが必要といえましょう。立法者には法治国的原理に基づいて法律の規制内容を見直して行く責務があるというべきであります。

(3) 効果的な権利保護

第三に、行政裁量に対する裁判所の対応について検討します。これは行政裁量と権利保護の関係の問題であります。日本国憲法における法治国原理については、行政の権力行使を法律によつて規制し、行政権を法的に拘束して権力濫用を防止しようとする要請のほかに、公権力の行使に基づく全ての行政活動について裁判所によるコントロールを強化し、包括的で、密度が高く、迅速で、実効的な権利保護を保障しようとする要請が含まれているということができます。しかしこのような要請は、現在の行政訴訟の法制度、法理論および訴訟実務に十分に反映されておらず、とくに裁判所のコントロールの範囲と強度については、理論的にも実際の運用の面でも、問題が多いように思います。

まず、行政処分の審査方法についてであります。最高裁判例によりますと、行政処分の適法性を審査する場合、裁判所は行政庁と「同一の立場」で判断すべきでないというのです。[19] しかし行政処分の適法性が問題である限り、行政の行動基準と裁判所のコントロール基準は同一であり、したがってコントロール密度が緩和されることはないというべきでしょう。[20] 裁判所と行政庁の立場の違いを強調して、裁判所のコントロールを後退させようとする最高裁の立場には権利保護機能の不足を感じます。

つぎは、法律の規制密度とコントロール密度の関係についてであります。この問題はまだ必ずしも明確になっていませんが、法律の規制密度とコントロール密度は必ずしも平行しない、「法律から自由な領域」は決して「コントロールから自由な領域」ではない、法律の規制密度の不足は必ずしもコントロールの不足を導くものではない、ということに注意したいのであります。[21] 判例理論では、法律の規制が不十分である場合でも、一般法原則や憲法原則を基準にして行政裁量をコントロールし、基本的人権の制限が問題になっているときは、コントロールの必要性を十分考慮している反面、他方において、法律の規制密度が不足し法律概念の抽象性が高い場合には、行政に対し裁量的判断や決定の余地を容易に認容する傾向が強いのは、問題であると思います。むしろ法律の規制の抽象性の増大とともに裁判所のコントロールの必要性が高まるというべきでありましょう。

さらに、不確定法概念の解釈・適用について検討します。不確定法概念の具体化について行政に裁量判断が認められるかどうかは、国民の権利保護の問題であるのみならず、行政と裁判所の正当な権限分配の問題でもあります。不確定法概念の解釈・適用について、行政に裁量判断の余地を承認するためには、それを法律の規定から推定できることが必要であります。不確定法概念に関する裁量判断の認容は裁判所のコントロール密度の喪失を伴いますから、コントロール密度の制限は、それ自体、特別に憲法上も正当と認められなければなりません。不確定法概念の解釈・適用について、行政に最終的決定権を認めることは常に憲法上問題があるわけです。これまでの判例・学説では、憲法的視点から、どの程度のコントロールが必要とされるかという問題の検討が不足していたのではないかと思われます。判例理論では、行政実務的考慮を優先させ、憲法的視点が不足する危険性があることに注意したいのであります。

(4) 美濃部理論について

第四に、自由裁量に関する美濃部理論の第一原則に触れたいと思います。いわゆる第一原則は、「人民の権利を侵し、これに負担を命じ、又はその自由を制限する処分は、如何なる場合でも自由裁量の行為ではあり得ない。」というものです。これは、侵害的行政処分について自由裁量を否認し、これに裁判所のコントロールを及ぼさなくてはならないという侵害法規についての解釈基準を示したものであると見ることができますが、今日、この原則が一般的妥当性をもち得るかどうかは疑わしくなっています。判例理論では、裁量問題の重点は裁量権の有無の問題から対症療法的な裁量コントロールの問題に移行しており、学説も行政裁量を論じる場合、憲法問題と行政法固有の問題とを切り離し、行政裁量を認めたうえで、行政裁量の構造とそのコントロールについて論じる傾向にあります。

学説は、美濃部理論の射程距離を測るだけでなく、その背後にある自由主義的な精神に学び、現行憲法の視点に立って、美濃部理論を現代的に再構成すべき課題に直面しているといわなければなりません。最近学説に基本的人権の尊重という憲法的視点に立つた理論構成が見られるのは歓迎すべきことでありますが、全体としては、憲法と裁量理論との相互関係についての研究の不足を指摘しなければならないと思うのであります。(22)

(10) Vgl. R. Rhinow, Vewaltungsgerichtsbarkeit im Wandel, in : Staatsorganisation und Staatsfunktionen im Wandel (Festschrift für Kurt Eichenberger zum 60. Geburtstag), 1982, S. 662ff.; M. Beckmann, Das Verhältnis der verwaltungsgerichtlichen Kontorolldichte zur gesetzlichen Regelungsdichte,DöV 1986, S. 505f.

(11) 宮田三郎「環境基準について（一）」千葉大学法学論集四巻二号二七頁以下（平二）。

(12) BVerfGE 49,S.126.

(13) F. Ossenbühl, Vorrang und Vorbehalt des Gesetzes, in : J. Isensee/P. Kirchhof (Hrsg.), Handbuch des Staatsrechts der Bundesrepublick Deutschland, Bd. III, 1988, §62, Rn. 42.

(14) C. H. Ule, Rechtsstaat und Verwaltung, VerwArch. 76 (1985), S. 12f.; H. – J. Papier, Der Vorbehalt des Gesetzes und seine Grenzen, in: Götz/ Klein/ Starck, Die öffentliche Verwaltung zwischen Gesetzgebung und richterlicher Kontrolle, 1985, S. 45.

(15) Vgl. H. Maurer, Allgemeines Verwaltungsrecht, 6. Aufl., 1988, S. 85, Rdn. 11.

(16) Vgl. H. – J. Papier, Fn(14), S. 44.

(17) 行政規則の形式で策定された安全基準、環境基準ないし審査基準の法的評価に関する五つのモデルについては、本書X「行政規則による不確定法概念の具体化」二三九頁以下を見よ。

(18) Gesetzesentwurf der Bundesregierung (Entwurf für ein Gesetz zur Neuregelung des Ausländerrechts), Begründung, Drucksache 11/6321, 1990, S. 40.

(19) 最高裁は、効果裁量（懲戒処分の選択）に関する司法審査のあり方について、「裁判所が右の処分（懲戒処分——筆者注）の適否を審査するにあたっては、懲戒権者と同一の立場に立って懲戒処分をすべきであったかどうか又はいかなる処分を選択すべきであったかについて判断し、その結果と懲戒処分とを比較してその軽重を論ずべきものではな（く）、」いと判示し（最判昭和五二年一二月二〇日民集三一巻七号一一〇一頁＝神戸税関事件）、また要件裁量（原子力規制法二四条一項四号に規定する法律要件適合性）に関する司法審査のあり方についても、「いわば白紙の状態から当該原子炉が安全か否かを行政庁と同一の立場に立って徹底的に審理し、判断するという、いわゆる実体的判断代置方式によるべきではな（く）、」いという解説がなされている（高橋利文「伊方・福島第二原発訴訟最高裁判判決」ジュリスト一〇一七号五四頁・平五）。

(20) 行政行為はその基本構造において裁判判決と同一である（O. Mayer, Deutsches Verwaltungsrecht, 3. Aufl. 1924, S. 92ff.）。司法審査における適法性判断の対象は行政庁の第一次的判断としてなされた法適用行為である。裁判所の適法性判断が事後的審査としてなされるという点に、行政庁との立場の違いがあるにすぎない。

(21) Vgl. F. Ossenbühl, Der Vorbehalt des Gesetzes und seine Grenzen, in: Götz/ Klein/ Starck, Fn(14), S. 14.; M. Beckmann, Fn(10), S. 506f.

(22) 阿部教授は、「今日では制限される権利の性質やその憲法上の保障の有無・程度が重視されなければならない。」、「教科書検定は表現の自由、学問の自由という重要な基本的人権にかかわり、また、将来の世代に伝える学問の公定にもつながる問題であるから、行政の専門裁量は限定されなければならない。」といい、「教科書検定の諸判決を批判する多くの論者が、その裁量性を前提にするのは、……判例や国側の思考に巻き込まれている」という（阿部泰隆「教科書検定の『裁量？』と司法審査」法律時報六四巻八号七および一二頁以下・平四）。

四　行政裁量論の方向

次に、三つの問題提起をすることによって、今後の行政裁量論の方向を模索してみたいと思います。

(1) 問題提起の第一は、行政裁量およびコントロール密度について、どのような類型化が必要か、ということであります。

裁量に関する学説の任務の一つは、裁量論が裁量の概念の下に多様な現象を包括し、これをごちゃ混ぜに論じる傾向があるのに対して、行政裁量の下に包括される現象をいろいろの視点から類型化することであります。裁量権の認容、裁量権の所在、裁量権の行使および裁量コントロールの範囲と限界などの問題を考える場合、行政裁量をできるだけ類型的に分類することが必要であります。従来、行政裁量は、法の拘束の程度と司法審査の可能性により、自由裁量と覊束裁量とに区別されており、現在でも一部では、このような区別が使用されています。(23)しかし今日では、いかなる裁量も全く自由な裁量ではなく、常に一定の法の枠のなかで認められる自由であるにすぎません。その意味で裁量は全て覊束裁量であるということもできます。古典的な自由裁量・覊束裁量の原則的な対立は、もはや維持できないというべきであります。

行政裁量は、いろいろの視点に基づいて区別することができます。例えば、公務員法、道路法、土地収用法、入管法など法の領域により行政裁量を類型化し、それぞれの個別的法領域における裁量の特殊性を問題にすることができます。また判例に基づいて、行政裁量を政治政策的裁量と専門技術的裁量に類型化することもできます。(24)行政の行為類型に従って、法定立裁量、要件裁量、効果裁量、計画裁量という類型を区別することができます。さらに裁量の目的または機能に着目して、戦術裁量、特例裁量、専門技術裁量、適合裁量、計画裁量、管理裁量というタイプを区別することもできるでしょう。(25)またコントロール密度についても、全面的な内容コントロールまたは実体的判断代置方式、合理性ないし説得性コントロールまたは判断余地方式、明白性コントロールまたは踰越濫用方式および手続的審査方式ないし判断過程審査方式など、様々の分類が可能でしょう。

重要なことは、些細な相違に基づく類型の細分化ではなくして、概念的かつ内容的に明確に分岐するコントロール基準とコントロール密度に基づく行政裁量類型論を展開することであろうと思います。(26)しかし行政イコール法律の適用であるとする学説に基づき、全行政領域における裁量を要件裁量・効果裁量の類型だけで処理しようとしても、その射程距離に限界があることは明らかであります。さしあたり、行政裁量の類型としては、行政法の体系に即し行政作用の類型に従って、法規命令と行政規則については法定立裁量、行政行為については要件裁量と効果裁量、行政計画については計画裁量という類型化をおこない、またコントロール密度については、一方において、手続的審査方式、判断過程審査方式(27)および結果審査方式、他方において、全面的な内容コントロール、合理性ないし説得性コントロールおよび古典的な明白性ないし踰越濫用コントロールを区別し、[28]このような視点の組合わせによって、多様な裁量現象を分析し、批判的に整理することが必要であると思われます。[29]

(2)　次に、要件裁量について、どのようなコントロールの方法が有効か、という問題を検討することにします。行政作用の根拠である法規の法律要件面に関して、行政庁に裁量が認められる場合を要件裁量ということができますが、要件裁量については、とくに法律要件において不確定法概念が使用されている場合が問題であります。現在の判例・学説は、全ての不確定法概念について行政の判断授権を認めているのではありません。例外として、不確定法概念を使用したことによって、立法者が行政に対し裁判所による限定的にしか審査できない裁量判断の余地を許容していることが、法律から推論できる場合があることを認めているにすぎません。つまり、特別の事情に基づき裁判所による全面的コントロールが非常に困難であり、かつ、コントロールの制限を正当化する特別の理由がある場合がそれであります。判例・学説は、不確定法概念について政治政策的裁量と専門技術的裁量という類型を認めていますが、問題は、ある不確定法概念が全面的コントロールを受ける法概念なのか、全面的コントロールを制約する裁量判断を伴う概念であるのかを区別する明確で客観的基準が示されておらず、それについて納得の行く理論が見えてこないことであります。したがって逆に、すでに承認されている要件裁量の類型についても、裁判所のコントロールを通して、法治国原理に一層適合したものにしなければならないという現実的な対応が必要であると考えられます。問題は、どのようなコントロールが必要か、あるいは有効か、ということになりますが、この点について二点指摘したいと思います。

第一点は、コントロール密度についてであります。要件裁量についての最高裁判例の一般的なコントロール密度は、「その判断（＝外国人の在留期間の更新自由の有無の判断－筆者注）の基礎とされた重要な事実に誤認があること等により右判断が全く事実の基礎を欠くかどうか、又は事実に対する評価が明白に合理性を欠くこと等により右判断が社会通念に照らし著しく妥当性を欠くことが明らかであるかどうかについて」[30]、コントロールが及ぶというものです。この点についての学説の批判はすでに一般化しているといえましょう。判例理論によれば、行政庁の裁量判断について裁判所のコントロールが及ぶのは、裁判所が詳細な審理をしなくとも、行政庁の判断が明白に誤った評価に基づいていることが明らかな極端な場合である、ということになります。しかし行政庁の裁量判断の尊重は直ちに明白性コントロールへの後退を意味するものではありません。このような後退には正当な理由が必要であり、単に実際上コントロールは困難だというだけでは十分な理由とはいえません。裁判所のコントロールは、「ただ単に右処分（＝旅券発給拒否処分――筆者注）が外務大臣の恣意によるかどうか、その判断の前提とされた事実の認識について明白な誤りがあるかどうか、または、その結論にいたる推理に著しい不合理があるかどうかなどに限定されるものではないというべき」[31]であります。裁判所は、最善のコントロール機能を果たすことによって、はじめて国民の一般的信頼を得ることができ、その結果、司法の権威を保つことができるといえましょう。行政の裁量判断に対するコントロール密度は、恣意ないし明白性コントロールから合理性ないし説得性コントロールへ前進しなければならないと思います。

第二点は、専門技術的裁量の問題点についてであります。実体法上の授権によって行政裁量が認められる場合、裁量を充塡するために行政庁の専門技術的判断が必要となることがあります。しかし行政庁の専門知識は、それだけでは裁判所のコントロールの制約を正当化するものではないと考えられます。専門技術的裁量を容認することができるためには、さらにそれを法治国原理に適合できるように洗練しなければなりません。そのためには専門知識の中立性が保障される行政庁の組織と手続が必要であります。

従来、行政裁量に対するコントロールは行政決定の質を問題にし、行政過程をいろいろの要素に分解し、これを詳細に分析して、行政裁量の所在を固定しようとしました。しかし高度の科学技術的な専門知識に基づく行政決定については、行政決定の担当者たる行政庁の質を問題にし、行政庁がその構成、権限および行政決定の手続から見て、そのような行政決定を最終的に行なうに相応しい行政機関といえるかどうかという視点からのコントロールが有効で現実的ではないかと思われます。[32] 例えば、原子力や環境に関する高度の科学技術的専門知識ないし判断が問題であるときは、それを審議する委員会は、専門家の多数意見・少数意見を適切に比較衡量できるように、均衡のとれた構成がなされているかどうか、コンサーヴァテイブな意見が反映されるような手続が形成されているかどうかが重要であります。また文化、教育、経済、国土形成などに関する専門知識については、審査委員会は、社会の各階層を代表する十分多元的な構成がなされているかどうかが重要であります。[33]

要するに、裁判判決の本質たる客観性、中立性および職権の独立性という特質が、行政手続の段階で相当の程度において法制度的に保障されているときは、高度な専門技術的判断に対応できる裁判所の法的コントロールとしては、組織法的かつ手続法的コントロールで十分であると思うのであります。[34]

(3) 行政裁量論の方向に関する三つ目の問題提起は、基本的人権に関連する行政決定について裁量判断を認めることは、憲法に違反しないか、というものであります。

この問題については、最近のドイツ連邦憲法裁判所の一連の判例を紹介することにします。ドイツ連邦憲法裁判所は、連邦行政裁判所が数十年に及んで展開してきた判断余地論に基づく裁判所のコントロール密度の制限を、特定の領域について、憲法違反であるとして、これを否認しました。一つのケースは、ポルノ・ロマン「ヨゼフィヌ・ムッツェンバッハー」という文庫本の書物を年少者有害図書の普及に関する法律（Gesetz über die Verbreitung jugendgefährdender Schriften）一条一項による年少者有害図書に指定することが憲法違反かどうかが問題になったものであります。一九九〇年一一月二七日の決定[35]において、連邦憲法裁判所は、年少者有害図書の指定の際に連邦審査委員会（Bundesprüfstelle）が行なった基本法五条三項が保障する芸術の自由と少年保護との比較衡量については、連邦審査委員会に判断余地を承認することなく、全面的範囲でコントロールすべきであるとしました。

次のケースは、法律学の国家試験の試験決定に対する裁判所のコントロールに関するものであります。一九九一年四月一七日の決定[36]において、連邦憲法裁判所は、試験決定は基本法一二条一項が保障する職業選択の自由に関連する行政決定であり、その場合、試験官と受験者との間の特殊専門的な意見の相違は、裁判所により試験官に判断余地を承認することなく、全面的範囲で審査しなければならない。すなわち職業選択の自由を保障する基本法一二条一項から、職業に関連する試験については、納得ができて重要な論拠をもって整然と理由づけられている解答を誤りであると評価することは許されないという一般的な評価原則が生じるというのです。

また同じ一九九一年四月一七日の決定[37]において、医学の択一式試験についてでありますが、連邦憲法裁判所は、受験者の解答が確実な医学の認識に一致し、それが専門の文献で既に説明され、受験者に特別の困難もなく入手できる場合には、受験者の解答を誤りであるとすることは許されないとしました。

次のケースは、大学の歯科医課程の学生の定員法令に関するもので、これは職業選択の自由に関連する行政立法であります。一九九一年一〇月二二日の決定[38]において、連邦憲法裁判所は、定員法令の内容に関する裁判官のコントロールについて、恣意の禁止という点だけでなく、定員法令が合理的な比較衡量という要件を満たしているかどうかという点も審査しなければならないとして、より厳格な説得性コントロール（Plausibilitätskontrolle）を要請したのであります[39]。

従来、連邦行政裁判所は、数十年の確立した判例において、原則として不確定法概念の解釈・適用を無制限に審査し、具体的場合における適用については、例外として、行政に対し裁判所による審査を受けない判断余地を承認してきました。このような行政に裁量判断権が認められる例外的場合は、第一に、公務員法上の勤務評定に関する決定、第二に、国家試験の決定および学校法における試験類似の決定、そして第三に、利益代表または特別の専門知識により構成された独立の委員会の決定、という三つのグループに限定されています[40]。また、判断余地に対する法的コントロール基準は、次の五点に及ぶものとされております。すなわち、関連のある手続規定を遵守したかどうか、適用すべき法を誤認してないかどうか、間違った事実を基礎にしてないかどうか、普遍妥当

の評価基準に反してないかどうか、および他事考慮がなされてないかどうか、であります。(41)

ところが今紹介しました連邦憲法裁判所の一連の判例は、連邦行政裁判所の判断余地論に対し重大な変革を迫る内容をもっています。第一は、コントロール密度の決定的基準を実体的な基本権に求めたということです。行政決定が基本権に関連すればするほど、または、基本権侵害が強ければ強いほど、行政決定にはますます正当性が必要であり、基本権に対立する行政決定はあらゆる場合に裁判所の全面的なコントロールを受けるというのです。(42) 要するに、基本権の侵害強度から直接裁判所の全面審査の義務を引き出したことが注目すべき点であります。

第二に、それは連邦行政裁判所の判断余地に関する論拠を否認するものでありました。個人のパーソナリティに関する評価的判断、試験決定における専門的―学問的評価、試験状況の一回性ないし非反復性、試験類似決定における教育的評価、あるいは独立の委員会の決定の非代替性。以上が判断余地を理由づける主要な論拠でありますが、これらの論拠はいずれも、行政決定の基本権関連性、実効的な権利保護という憲法的視点から見れば、もはや裁判所の審査権の制限を正当化するために十分ではないとされたわけであります。(43)

第三は、連邦行政裁判所のコントロール基準が、非常に抽象的であるので、コントロール密度を認識できないという指摘をしたことです。いかなる要件があれば一般的に妥当する評価基準に反したといえるか、いかなるメルクマールから他事考慮を推論することができるか、この点を明らかにすることが重要であるというのです。例えば試験法の場合、連邦行政裁判所は、何が正しく何が誤りであるか、試験の成績が合格といえるか不合格であるかという教育的―学問的評価は、試験官が決定すべき問題であって、裁判所は、専門家の鑑定をもってしても、試験官の判断を無視することができないと判示してきました。これに対して連邦憲法裁判所は、専門の学問的な問題と試験に特殊な評価の問題を区別して、専門の学問上の意見の相違について試験官に判断余地を認めると、判断余地内において正しいものを誤りとし、代替できる見解を代替できないと評価する可能性が残るというわけです。(44)

第四に、連邦憲法裁判所判例の波及効果が広範囲に亙るのではないかと思われることであります。行政法は具体化され細分化された憲法であり、多くの法律は基本権とその限界を具体化したものといえますから、このような法律に基づく行政決定は、大部分なんらかの形で、基本権に関連していると見ることができるからであります。(45)

以上、連邦憲法裁判所の一連の判例は、行政に判断余地ないし判断授権を認めることによって、裁判所の過度のコントロールにブレーキを掛けようとする学説の傾向に対して、警告を発したものであると見ることができます。したがって今後、基本権関連の領域において裁判所のコントロールを制約する理論を、連邦憲法裁判所が受け入れる可能性は極めて少なくなったのではないかと思われます。しかし、これらの連邦憲法裁判所の判例は、いわゆる判断余地論の終焉を告げるほど明確なものでもありません。(46) 今後、いわゆる判断余地論がどのような展開を見せるか、きわめて興味のあるところであります。

(23)　原田尚彦「行政裁量論雑感」『行政法学の現状分析・高柳古稀記念』一九六頁以下（平四）。

(24)　R. Rhinow, Verwaltungsermessen im modernen Staat – Landesbericht Schweiz –, in: M. Bullinger, Fn.(3), S. 61ff.

(25)　M. Bullinger, Fn.(3) S. 149ff. マルチン・ブリンガー・注（6）一一一頁以下。

(26)　Schmidt – Aßmann, in: Maunz/Dürig/Herzog/Scholz, Grundgesetz, Art. 19 Abs. Ⅳ, Rdn. 187, 1985. シュミット・アスマンのコンメンタールは八〇年代におけるドイツ行政裁量論の到達点を示している。

(27)　本書Ⅰ「行政裁量」一七頁以下。手続的審査方式は、手続規定が遵守されている場合でも行政処分は違法となることがあるという点で、問題である。手続的審査方式や判断過程審査方式が、実体的審査方式の代替的機能を果たしうるためには、憲法の要請する構造を伴った行政手続の制度的な実定法化が前提となる。ドイツにおける「過程の統制」は、計画法における比較衡量過程に対するコントロールとして展開されたもので、この計画裁量に対するコントロール方式は、手続法上の瑕疵のほかに、行政過程全体の合理性ないし正常性を問題にすることができるコントロール方式として一般化されているわけではない。なお、ドイツの「過程の統制」の射程距離とその有効性の評価については、高橋滋『現代型訴訟と行政裁量』一五〇頁以下（平二）も見よ。

(28) 公務員の懲戒処分に対する司法審査について、比例原則審理型と裁量濫用統制型を対立させる考え方があるが（阿部泰隆『行政裁量と行政救済』二〇三頁以下・昭六二）、本章は、比例原則を裁量踰越濫用の基準として位置づける伝統的な考え方に従う（田村悦一「行政裁量の司法審査」杉村編『行政救済法』一七七頁以下（平二）。

(29) 本章では、裁量コントロールの一類型としての「裁量収縮論」をとりあげていない。裁量収縮論については、田村・注(28)一八三頁以下、本書XI「裁量収縮について」二六七頁以下を見よ。

(30) 注(4)・最高裁昭和五三年一〇月四日大法廷判決。

(31) 最高裁昭和四四年七月一一日第二小法廷判決（民集二三巻八号一四七〇頁）。

(32) オッセンビュールはこれを機能法的解釈（die funktionellrechtliche Interpretation）という。F. Ossenbühl, Handlungsspielräume der Verwaltung und Kontrolldichte gerichtlichen Rechtsschutzes, Diskussionsbeitrag, in: Götz/ Klein/ Starck, Fn(14), S. 200f.; C. Starck, Verwaltungsermessen im modernen Staat – Rechtsvergleichender Generalbericht –, in: M. Bullinger, Fn(3), S. 33.

(33) M. Bullinger, Fn.(3), S. 152. マルチン・ブリンガー・注(6)一一四頁。

(34) 最高裁の伊方原発訴訟判決は、原子炉の安全性に関する判断について、裁量の概念を使用することなく、実質的に行政庁に裁量を認め、それについての裁判所のコントロールは「行政庁の判断に不合理な点があるか否かという観点から行われるべき」であると判示した。しかし合理性コントロール方式は、例えば合理的な判断と不合理な判断を分かつ客観的基準は何かといった点で、不明確さを残しており、さらに裁量権行使の合理性を追求していけば、そもそも裁量とは何かという裁量本質論に突き当たることになろう。結局、裁量の観念は転回を遂げることになるのかもしれない。なお、宮田三郎「自由裁量と専門技術性」塩野／小早川編・行政判例百選I（第三版）一五四頁（平五）も見よ。

(35) BVerfG, Beschl. v. 27. 11. 1990. = BVerfGE 83, 130 = NJW 1991, S. 1471 = NVwZ 1991, S 663L = JZ 1991,

S. 465. mit Anm. C. Gusy.

(36) BVerfG, Beschl. v. 17. 4. 1991. = NJW 1991, S. 2005 = NVwZ 1991, S. 869L. = DVBl. 1991, S. 988. mit Anm. F. Kopp.

(37) BVerfG, Beschl. v. 17. 4. 1991. = NJW 1991, S. 2008 = NVwZ 1991, S. 870L. = JZ 1991, S. 1081. mit Anm. J. Pietzcker.

(38) BVerfG, Beschl. v. 22. 10. 1991. = NVwZ 1992, S. 361.

(39) Vgl. R. Brehm und W. Zimnaling, Die verwaltungsgerichtliche Kontrolle zahlenförmiger Normen und die Rechtsfolgen der Kassation, NVwZ 1992, S. 340f.

(40) 本書Ⅵ「計画裁量」一四七頁以下。D. Murswiek, Ermessenskontrolle/ Beurteilungsspielraum / Kontrolle von Prüfungsentscheidungen, in: Entwicklungstendenzen im Verwaltungsverfahrensrecht und in der Verwaltungsgerichtsbarkeit (Forschungen aus Staat und Recht 89), 1990, S. 133ff.

なおドイツ連邦行政裁判所一九八五年一二月一九日のヴィール判決（BVerwG, Urt. v. 19. 12. 1985. = DVBl. 1986, S. 190. = NVwZ 1986, S. 208）は、判断余地という概念を使用することなく、執行部に対し、行政規則により、原子力法七条二項三号の「科学と技術の水準により……損害に対して必要な予防措置がとられているとき」という不確定法概念を一般的に具体化する決定余地を認め、このような規範を具体化する行政規則は裁判所をも拘束すると判示した。Vgl. D. Sellner, Gestuftes Genehmigungsverfahren, Schadensvorsorge, verwaltungsgerichtliche Kontrolldichte, NVwZ 1986, S. 618ff. 本書Ⅹ「行政規則による不確定法概念の具体化」二三一頁以下。

(41) 本書Ⅰ「行政裁量」二五頁、宮田・注（2）七二頁。

(42) M. Geis, Josefine Mutzenbacher und die Kontrolle der Verwaltung, NVwZ 1992, S. 29.; K. Redeker, Verfassungsrechtliche Vorgaben zur Kontrolldichte verwaltungsgerichtlicher Rechtsprechung, NJW 1992, S. 308f. なお、国家試験における合格・不合格の判定は司法審査の対象にならないという最高裁昭和四一年二月八日第三小法廷判決（民集二〇巻二号一九六頁）は、基本的人権の視角から、再検討する必要があるといえよう。

(43) Vgl. N. Niehues, Stärkere gerichtriche Kontrolle von Prüfungsentscheidungen, NJW 1991, S. 3001ff.; S. Muckel, Neues zum Rechtsschutz gegenüber Prüfungsentscheidungen, JuS 1992, S. 201; J. Rozek, Neubestimmung der Justitiabilität von Prüfungsentscheidungen, NVwZ 1992, S. 343.; F. Seebass, Eine Wende im Prüfungsrecht?, NVwZ 1992, S. 609.; C. Koenig, Zur gerichtlichen Kontrolle sogenannter Beurteilungsspielräume im Prüfungsrecht, VerwArch. 1992, S. 351ff.

(44) BVerfG, Fn(36), NJW 1991, S. 2007.

(45) K. Redeker, Fn(42), S. 309.

(46) F. Hufen, Indizierung eines pornographischen Romans („Josefine Mutzenbacher"), JuS 1992, S. 250.

五 おわりに

行政裁量の問題は、行政が立法と裁判所のコントロールとの間にあって、どのような範囲で行政が行動の自由の余地を認められるかという問題でありますが、現在、行政法における中心的かつ現実的問題は、コントロール密度の問題であるということができます。コントロール密度の基準に関する法律の規定はありませんが、結局、法治国における裁判所の権利保護の目的・機能および憲法における立法、行政、司法の相互関係を基礎とし、具体的には、コントロールの対象となる問題の性質、行政に対する一般的信頼の程度、権利保護の必要性など、いろいろのモメントによって規定される、ということになると思われます。(47) その場合、現在における法状態は、我が国における法治国原理および裁判所のコントロールの法的構造の具体的展開の結果であり、それは行政に対する一般的信頼の強さと一般的な権利保護意識の弱さを基盤にしているのではないかと思われるのであります。

我が国には、権利保護の行き過ぎを心配しなければならないような情況はありません。八〇年代においてなお、行政訴訟の許容性の問題、すなわち処分性と原告適格の問題に多くの労力を費やし、権利救済を求める国民が裁判所に期待しながら幻滅の悲哀を感じなければならない情況を考えますと、行政裁量については、コントロール密度の強化をこそ要請しなくてはならない、というべきでありましょう。司法は、何よりも基本的人権の最善の実現を目標とすべきであって、この点についての判断は、裁判所の全く自由な裁量に委ねられる問題ではないと思うのであります。

(47)　Vgl. H. Ehmke, Fn(3), S. 45f.

XIII　専門技術的裁量について

一　はしがき

平成一六年の行政事件訴訟法の改正により取消訴訟の原告適格が拡大された。これは行政救済のネックとなっていたハードルを除去しようとするものであった。しかし、原告適格が拡大されても、行政救済が格段に前進したようには見えない。行政裁量の壁があるからである。

行政裁量の壁を破ることができず、原告敗訴となるケースが目に付く。この場合、原告にとっては請求却下も請求棄却も同じことだから、原告適格が認められても、気休めにすぎない。

行政裁量の壁を破るにはどうしたらよいか。行政法ないし行政訴訟法から、行政裁量を完全に消滅させることはできない。したがって、ここで問題にするのは、判例の行政裁量論、特に専門技術的裁量という類型はどのような特質をもっているか、それは妥当なものといえるか、どのような問題点を含んでいるか、ということである。

二　専門技術的裁量の定着

昭和三〇年代になって、最高裁も、下級審判例を容認し、政治的判断や専門技術的知識を必要とする不確定概念の解釈・適用について、その全面的審査権の行使を自制した。かくして、専門技術的裁量という類型が一般化し、現在では、それが三つの類型として定着するようになった。

(1) 通常の専門技術的裁量

温泉の掘さくの許可・不許可について、温泉法四条にいう「その他公益を害する虞があると認めるとき」の認定は、「主として、専門技術的な判断を基礎とする行政庁の裁量により決定されるべき事柄であって、裁判所が行政庁の判断を違法視し得るのは、その判断が行政庁に任された裁量権の限界を超える場合に限るものと解すべきである」(最判昭和三三・七・一民集一二巻一一号一六一二頁)。

いわゆる朝日訴訟では、羈束裁量・自由裁量という古典的な裁量論とは別に新しい裁量類型が明確に認められた。「羈束裁量行為といっても行政庁に全然裁量の余地が認められていないわけではないので、原判決が保護基準設定行為を羈束裁量行為と解しながら、そこに厚生大臣の専門技術的裁量の余地を認めたこと自体は、理由齟齬の違法をおかしたものではない」(最判昭和四二・五・二四民集二一巻五号一〇四三頁)。

首都高速道路の料金改定が争われた債務　不存在確認請求事件で、東京地裁は、首都高速道路公団のした料金の改定が道路整備特別措置法一一条一項の定める料金改定の基準に適合するかどうかについて、「道路整備特別措置法及びその委任を受けた同法施行令(昭和三一年政令三一〇号)は、料金額の改定についての具体的な算定を、首都高速道路公団が専門技術的見地から行使する裁量にゆだねることとしたものと解される」、「裁判所が同公団のした料金の算定の法適合性を審査するについて、その裁量権の行使が、全く事実の基礎を欠くとか行使方法に逸脱ないし濫用があるとかの事由があって、違法と評価されるという場合でない限り、これを尊重すべきである。」と判示した（東京地判平成四・八・二七判時一四三八号七二頁）。

下水道法二五条の五各号の定める流域下水道の事業計画の認可の要件について、名古屋地裁は、「いずれも専門技術的な判断を要するものであり、また、用いられている文言も抽象的であって政策的な判断が必要であると解されることからすれば、右事業計画の適否に関する判断も、計画策定者である県（流域下水道管理者）の裁量に委ねられているというべきであり、その判断には社会通念上著しく不相応な点があり、裁量権の逸脱ないし濫用があったと認められる場合のみ、右事業計画およびその認可が違法となると解すべきである。」と判示した（名古屋地判平成五・一二・二五判タ八五四号一一六頁）。

総合設計制度により高度斜線制限の適用を除外する、建築基準法（平成四年改正前のもの）五九条第一項に基づくいわゆる総合設計許可について、東京地裁は、当該許可の「要件の有無の判断は、建築や都市計画に関する技術的・専門的な知識経験を有するとみられる特定行政庁の広汎な裁量に委ねられている」と判示した（東京地判平成七・一二・二〇判自一五〇号七一頁）。

通常の専門技術的裁量の要点は、次のように整理することができる。

① 専門技術的裁量は要件裁量である。

② 専門技術的裁量は、法規範の法律要件において使用された法律要件メルクマール＝不確定概念の解釈・適用について、問題となる。

③ 専門技術的裁量の論拠は、行政庁の専門技術的知識ないし経験の必要性である。

④ 専門技術的裁量に対する裁判所の司法審査は、裁量権の範囲を超え又はその濫用があったかどうかに限定される（＝裁量権の踰越・濫用統制方式）。

⑤ 専門技術的裁量は、行政機能における専門技術性の増大を背景にして、行政の全領域に拡散する。

(2) 高度の専門技術的裁量

都市計画法六一条による都市計画事業の認可の無効等確認請求事件において、松山地裁は、「都市計画の決定には高度の技術性、専門性を伴うのは当然であり、これを都市計画施設の一つである道路の整備に関する都市計画についてみても、道路の位置、規模、構造の決定は、決定権者が当該都市の土地利用、交通等の規模および将来の見通しを幅広い視野及び様々な角度から検討して高度の技術的、専門的、行政的見地から行うべきもので、その決定に当たっては決定権者に極めて幅広い裁量が認められており、裁判所がその当否を判断する余地は極めて限られているというべきである。そして、都市計画の内容が違法であるから無効であるというためには、その内容に決定権者の右のような極めて幅広い裁量権の範囲を明らかに逸脱したと認められるような重大な違法事由が存することが必要である。」と判示した(松山地判昭和五九・二・二九行集三五巻四号四六一頁)。

都市計画法一三条一項一一号に定める「都市施設は土地利用、交通等の現状及び将来の見通しを勘案して、適切な規模で必要な土地に配置することにより、円滑な都市活動を確保し、良好な都市環境を保持するように定めること」という都市計画決定の要件について、東京高裁は、「都市計画において、都市施設の適切な規模や配置といった事項は、これを一義的に定めることのできるものではなく、様々な利益を比較衡量し、これらを総合して政策的、技術的な裁量によって決定せざるを得ないものであり、このような判断は、技術的検討を踏まえた一つの政策として都市計画を決定する行政庁の広範な裁量にゆだねられているというべきであって、都市施設に関する都市計画の決定は、行政庁がその決定についてゆだねられた裁量権の範囲を逸脱し又はこれを濫用したと認められる場合に限り違法となるものであり、裁判所は、行政庁が計画決定を行う際に考慮した事実及びそれを前提としてした判断の過程を確定した上、社会通念に照らし、それらに著しい過誤欠落があると認められる場合にのみ、行政庁がその裁量権の範囲を逸脱したものということが許される」と判示した（東京高判平成一五・九・一一判時一八四五号五四頁）。

都市計画決定についての裁量には、次のような特質がある。

① 都市計画決定については、高度の専門技術的裁量が認められる。

② 高度の専門技術的裁量は、通常の専門技術的裁量よりも、広範な、幅広い裁量であり、裁判所がその当否を判断する余地は極めて限られている。

③ 高度の専門技術的裁量に対する裁判所の司法審査は、重大な違法事由がある場合か著しい過誤、欠落がある場合に限られる（＝明白性審査方式）。

（3） 極めて高度の専門技術的裁量

平成四年に、最高裁は、いわゆる伊方原発訴訟において、裁量の概念を使用することなく、実質的に、専門技術的裁量のモデルを示した。原発訴訟における原子炉施設の安全性の審査に関する問題は、専門技術的裁量を認めるに相応しいケースであるということができよう。

最高裁は、原子炉等規制法二四条一項四号にいう「災害の防止上支障がないもの」の認定につき、原子炉施設の安全性に関する「審査においては、原子力工学はもとより、多方面にわたる極めて高度な最新の科学的、専門技術的知見に基づく総合的判断が必要とされるものであることは明らかである。そして規制法二四条二項が、内閣総理大臣は、原子炉設置の許可をする場合においては、同条一項三号（技術的能力に係る部分に限る。）及び四号所定の基準の適用について、あらかじめ原子力委員会の意見を聴き、これを尊重しなければならないと定めているのは、右のような原子炉施設の安全性に関する審査の特質を考慮し、右各号所定の基準の適合性については、各専門分野の学識経験者等を擁する原子力委員会の科学的、専門技術的知見に基づく意見を尊重して行う内閣総理大臣の合理的な判断にゆだねる趣旨と解するのが相当である。」、「右原子炉施設の安全性に関する判断の適否が争われる原子炉設置許可処分の取消訴訟における裁判所の審理、判断は、原子力委員会若しくは原子炉安全専門審査会の専門技術的な調査審議及び判断を基にしてなされた被告行政庁の判断に不合理な点があるか否かという観点から行われるべきであって、現在の科学技術に照らし、右調査審議において用いられた具体的審査基準に不合理な点があり、あるいは当該原子炉施設が右の具体的審査基準に適合するとした原子力委員会若しくは原子炉安全専門審査会の調査審議及び判断の過程に看過し難い過誤、欠落があり、被告行政庁の判断がこれに依拠してされたと認められる場合には、被告行政庁の右判断に不合理な点があるものとして、右判断に基づく原子炉設置許可処分は違法と解すべきである。」と判示した（最判平成四・一〇・二九民集四六巻八号一一七四頁）。

極めて高度の専門技術的裁量の特質は、以下の点に見出すことができる。

① 原子炉施設の安全性に関する判断は、極めて高度な科学的、専門技術的知見に基づく総合的判断を必要とする。

②行政庁（＝内閣総理大臣）は、原子炉施設の安全性に関する専門技術的な知識を持ち合わせていない。原子炉施設の安全性に関する限り、行政庁単独の裁量権はない。

③ 原子炉の安全性に関する行政庁の判断は、各専門分野の専門家により構成された審査会ないし委員会の判断を尊重して行われなければならない。

④ 裁判所の法的審査は、行政庁の判断に不合理な点があるかどうか、すなわち委員会を含む行政庁の判断および判断過程に看過し難い過誤、欠落があるかどうかという点に限定される（＝実体的判断過程審査方式）。

三　疑わしい専門技術的裁量

（1）　宅建業者監督事件で、最高裁は、宅地建物取引業法六六条一項九号にいう「情状が特に重いとき」の認定について、「業務の停止事由に該当し情状が特に重いときを免許の取消事由と定めている同条九号にあっては、その要件の認定に裁量の余地があるのであって、これらの処分の選択、その権限行使の時期等は、知事の専門的判断に基づく合理的裁量に委ねられているというべきである。」と判示した（最判平成元・一一・二四判時一三三七号四八頁）。

宅地建物取引業六六条一項は、「……宅地建物取引業者が次の各号のいずれかに該当する場合おいては、当該免許を取り消さなければならない。」と規定しているが、最高裁は、処分の選択および権限行使の時期の点についても専門技術的裁量を認めているという点で、専門技術的裁量と要件裁量・効果裁量および行政便宜主義との関係がどのように考えられているのかという疑問が残る。ここでは理論的整理がなされていない。

（2）　最高裁は、教科書検定について、学術的、教育的な専門技術的裁量を認めた。すなわち、学校教育法五一条によって高等学校に準用される同法二一条一項（昭和四五年の改正前のもの）は、「小学校においては、文部大臣の検定を経た教科用図書又は文部省が著作の名義を有する教科用図書を使用しなければならない。」と定めているだけであったが、最高裁は、教科書「検定における審査、判断は、・・・・・様々な観点から多角的に行われるもので、学術的、教育的な専門技術的判断であるから、事柄の性質上、文部大臣の合理的な裁量にゆだねられるものというべきである。したがって、合否の判定、条件付合格の条件の付与等についての教科用図書検定調査審議会の判断の過程（検定意見の付与を含む）に、原稿の記述内容又は欠陥の指摘の根拠となるべき検定当時の学説状況、教育状況についての認識や、旧検定基準に違反するとの評価等に看過し難い過誤があって、文部大臣の判断がこれに依拠してされたと認められる場合には、右判断は、裁量権の範囲を逸脱したものとして、国家賠償法上違法となると解するのが相当である。」と判示した（最判平成五・三・一六民集四七巻五号三四八三頁)。

教科書検定における専門技術的裁量は、それを直接的に定める明文の法律上の規定を欠いている。最高裁は、学校教育法二一条一項の規定を教科書検定制度の根拠規定であるとし、教科用図書検定規則(文部省令)、教科用図書検定基準(文部省告示)は、「関係法律(教育基本法および学校教育法)から明らかな教科書の要件を審査の内容及び基準として具体化したもの」であって、法律の委任を欠くものでないとしている。しかし同規定は授権法律についての憲法上の要件を満たすものではない、というべきであろう

したがって、教科書検定において認められた専門技術的裁量は、法規範(=法律要件+法律効果)における不確定概念についての裁量ではなく、法規範から離れた現実の必要性(=検定制度)を基にして認められた「裁量」であって、それは通常の意味での専門技術的裁量ということができないといえよう。

(3) 東京高裁は、都市計画法五三条一項について専門技術的裁量を認めた。

都市計画法五三条一項本文は、「都市計画施設の区域又は市街地開発事業の施工区域内において、建築物の建築をしようとする者は、……、都道府県知事の許可を受けなければならない。」と規定するだけであり、同法五四条が「許可の基準」として「都道府県知事は、前条第一項による許可の申請があった場合において、当該申請が次の各号のいずれかに該当するときは、その許可をしなければならない。」と規定している。これらの規定のほか、都市計画法には、都市計画の施設の区域又は市街地開発事業の施行区域内における建築行為について、これを許可することができる旨を定めた規定は存在しない。

東京高裁は、都市計画「法は、法五四条の定める要件に適合しない建築について、これを絶対に許可してはならないとの趣旨まで含むものではないと解される」とし(東京高判平成七・九・二九)、「都道府県知事は、法五四条の基準に適合しない建築を原則として不許可にすべきであるが、形式的には法五四条の基準に適合しない建

築であってもそれが将来の都市計画事業の円滑な施行に支障を来さない特段の事情がある場合には、これを許可することができるものと解するのが相当である。」、「法五四条の基準に適合しない建築を許可することができるか否かは、その事業の具体的な内容、当該建築物の構造、建築される敷地の位置や形状等の種々の要因を考慮して判断せざるを得ない事柄であり、法五三条一項は、その判断を、許可権者の都市計画事業の円滑な施行の確保という見地からする専門技術的な裁量的判断にゆだねているものと解される。」、「法五四条の基準に適合しない建築を許可するか否かについての行政庁の判断は、行政庁にゆだねられた裁量権の範囲を超え、又はその濫用があった場合に限り、裁判所はこれを取り消すことができると解すべきである。」と判示した（東京高判平成一六・一二・一六判例集未登載）。

しかし、都市計画法五三条一項は、これを素直に読めば、建築許可の申請を定めた手続規定と解すべきであって、裁量権を根拠付ける実体的な規定ではない。「……建築物の建築をしようとする者は、……知事の許可を受けなければならない・」という手続規定を、「知事は、……許可をすることができる。」という実体的規定に読み替えて、許可の裁量権を根拠付けることはできない。また、法律の規定は、いかなる場合に、いかなることを、するかどうか、という三点について規定する作用規範でなければならない。したがって、そのような規定が欠如している場合に、行政規則（例えば、建築許可取扱基準など）をもって法律に代替し、行政処分を適法化することも許されない。専門技術的裁量は、法律要件について何らの定めもしていない場合に、それを埋め合わせるために認められるものではない。専門技術的裁量も法律による行政の原理（＝法治主義）に適合するものでなければならない。

（4）　いわゆる日光太郎杉事件では、土地収用法二〇条三号所定の「事業計画が土地の適正且つ合理的な利用に寄与するものであること」という要件について、東京高裁は、「ある範囲において裁量判断の余地が認められるべきことは当裁判所もこれを認めるに吝かではない。」（東京高判昭和四八・七・一三行集二四巻六＝七号五三三頁）としながら、それがいかなる裁量類型であるかを明らかにしなかった。しかし、一般有料自動車専用道路及びインターチェンジ等の新設工事等の事業の起業地に係る事業認定取消請求事件で、東京高裁は、土地収用法二〇条三号の要件についての判断は、「その土地が当該事業の用に供されることによって得られるべき利益と、その土地が当該事業の用に供されることによって失われる私的な利益及び公共の利益の比較衡量をした結果、前者が後者を優越する場合に、同法二〇条三号の……要件を充足するものと解するのが相当であり、この要件の存否についての判断は、多種多様な公共の利益と私的な利益の諸要素、諸価値の比較衡量に基づく総合判断として行われるべきものであって、そのためには性質上必然的に専門技術的、政策的な判断を伴うものであって、事業認定庁には、その判断において裁量権が与えられているということができるが、仮に事業認定庁が、本来最も重視すべき諸要素、諸価値を不当に軽視し、その結果当然尽くすべき考慮を尽くさず、または本来考慮に入れるべきでない事項を考慮に入れるなどして、その結果判断に影響を生じさせたというような場合には、その事業認定は、裁量権の逸脱、濫用として違法となるものと解するのが相当である」と判示した（東京高判平成一八・二・二三判時一九五〇号二七頁＝圏央道訴訟）。

しかし、専門技術的判断については、「土地収用「法二〇条三号要件の判断に当たり、事業認定庁に広汎な裁量を認める考えの中には、その根拠として、三号要件の判断については専門技術的判断を伴うことを理由とする見解もある。しかしながら、すべての事業計画が特段の専門技術的判断を必要とするとは限らないのであり、かつ、事業認定を求める事業には法三条が定めるとおり様々なものがあり、事業認定庁はかならずしもこれらの多種多様な事業について専門的技術を有している行政庁であるとは限らない。また、法二〇条三号の要件がきわめて一般的抽象的な規定であることに照らしても、かならずしも事業認定庁に専門技術を前提とした判断を求めているとも解されない。」（東京地判平成一六・四・二二判時一八五六号三二頁＝圏央道訴訟）という判例が注目されよう。

四　専門技術的裁量の問題点

（1）通常の専門技術的裁量について

専門技術的判断を必要とする不確定概念の解釈・適用の場合、何故に、行政庁の専門知識を尊重しなければならないか。行政庁は専門知識をもっているといえるか。

行政庁は情報収集力に優れているが、あらゆる分野の専門知識を独占しているわけではない。先進国においては、行政の専門知識は民間企業、大学、研究所などの専門家からの請売りであることが多いし、例えばテレビのニュースキャスターがあらゆる分野の問題についてコメントをするように、通常の専門知識は、適切な説明があれば、一般人の判断力をもってしても十分理解することができるし、それを批判することもできるといえよう。まして裁判官は信頼できる専門家の鑑定を求めることによって専門知識の適否を判断することができるのである。

行政庁の専門知識はそれだけで行政の裁量権を根拠付けるものではないし、裁判所の審査権の制限を正当化するものではない。実体法上の明文の授権によって行政裁量が認められている場合に、行政庁の裁量権の合理的な行使を充填するために、専門技術的知識と経験が必要とされる場合がある。行政裁量は、法律の根拠に基づいて認められるのであって、専門技術的知識があるというだけで行政裁量が認められるのではない。

（2）高度の専門技術裁量について

都市計画決定についての高度の専門技術的裁量は計画裁量ということもできる。

通常の専門技術的裁量の場合には個別的利害の対立を克服するために専門技術的知識と経験が必要であるのに

対し、都市計画決定の場合には多数の衝突する私的利害と公的利害との調整を全体として形成し、単なる法律の執行ではなく計画目標を実現することが問題である。

したがって判例では、高度の専門技術的裁量は広範な裁量であって、裁判所の審査範囲は極めて限定され、統制密度も明白性審査方式で十分であるとする。しかしこのような判例理論は説得力がない。

都市計画決定についての裁量判断が広範な考慮事項にわたるものであれば、裁判所の審査権もそれに対応して、裁量権の逸脱・濫用がないかどうかを、広範にわたって審査しなければならない。したがって、高度の専門技術的裁量に対する審査方式は、裁量判断の結果と判断過程の両面について、裁量判断の合理性を審査する実体的判断過程統制方式となる。この場合、行政決定をめぐる公的利害と私的利害あるいは公的利害と公的利害との比較衡量の結果、唯一つの結論に到達することができるなら、計画決定に裁量の余地はないことになろう。実体的判断過程審査方式は実体的審査方式に近似するのである。

(3) 極めて高度の専門技術的裁量について

伊方原発訴訟における最高裁判決は専門技術的裁量についての法的統制方式の一つの典型を示すものといえよう。

極めて高度な専門技術的知識対する法的統制は必ずしも有効であるとはいえない。高度な専門技術的知識についての統制は専門知識による専門知識の統制でなければならないが、行政庁の専門技術的裁量を容認するためには、専門知識の中立性・公正性が保障される行政の組織が必要である。「各専門分野の学識経験者等を擁する原子力委員会の科学的、専門技術的知見」の中立性・公正性が組織法的に保障されなければならない。特に高いリスクを伴う科学技術的な問題の安全審査委員会については、例えば原発推進者と反対者の意見が反映されるような均衡のとれた専門家の組織が形成されているかどうかが重要である。その場合、組織法的には、一党一派の委員の偏重を排除する警察法九条三項、四項が参考になろう。したがって、実質的に裁量判断の余地を認められた安全審査委員会の専門知識を統制するためには、判断過程審査方式以上に、組織法的審査を導入することが重要であるということができる。

最高裁は、専門技術的裁量についての統制密度としては、「行政庁の判断に不合理な点があるかどうかという観点」から行われるべきであるとして、合理性審査方式を示した。しかし、合理性審査方式は、合理的判断と不合理な判断、判断過程の看過し難い過誤、欠落と看過することのできる過誤、欠落を分かつ客観的基準は何かという点で、不明確さを残している。裁量決定が国民の生命・身体・財産に係る基本的人権に関連するものであればあるほど、または基本的人権の侵害可能性が強ければ強いほど、裁量決定にはますます正当性が要求され、裁量決定が基本的人権に対立的であればあるほど、法的統制密度は、合理性コントロール（Rationalitäts kontorolle）から、より厳格な納得性コントロール（Plausibiltäts kontrolle）へ進化しなければならない。最高裁の伊方原発訴訟判決は、専門技術的裁量のモデルとしては、基本的人権の保護という観点から見て、なお不十分であると評することができよう。

五　むすび

専門技術的裁量は法律による行政の原理に適合するものでなければならない。例えば、法律の絶対的禁止規定に違反しない限り、行政は、行政処分を自由に行い、または行わないことができる。法律の許可要件に適合しない許可申請についても、法は絶対に許可をしてはならないという趣旨までを含むものではない。許可要件に適合する場合でも、特別の事情があれば、許可をしないことができる。さらに、法律に何らの定めがない場合でも、侵害処分でない限り、いかなる場合に、いかなる行政処分をすることができるかは、行政官僚の自由裁量に委ねられている。このような立憲君主制的な法解釈論は払拭されなければならない。

専門技術的裁量は判例理論の創造物であり、行政官僚の職務上の知識に法的効力を付与し、司法の審査権行使の自制を正当化するための法的装置である。このような変換装置は、民主制的法治国原理のもとでは、一般的に認められるものではない。ただ特殊例外的なケースにおいて、限定的に認められるものにすぎない。それは認定された事実を不確定概念（例えば、「災害の防止上支障がない」）に包摂（当てはめ）することが極めて困難な限界事件において、法律の第一次的執行者に認めざるを得ない現実的な裁量論である。

専門技術的裁量は判例理論として定着したということができる。しかし、その具体像はなお洗練されるべき余地を残しており、必ずしも憲法適合的であるということもできない。専門技術的裁量は、法律による行政の原理および裁判所の権利保護の目的・機能という観点から、見直す必要があるということができよう。

〈著者紹介〉
宮 田 三 郎（みやた・さぶろう）
1930年　秋田県に生まれる
1953年　東北大学法学部卒業
千葉大学名誉教授

〈主要著書〉
行政法［学説判例事典］（東出版，1974年）
行政計画法（ぎょうせい，1984年）
行政裁量とその統制密度（信山社，1994年）
行政法総論（信山社，1997年）
行政訴訟法〈第2版〉（信山社，2007年）
行政手続法（信山社，1999年）
国家責任法（信山社，2000年）
環境行政法（信山社，2001年）
警察法（信山社，2002年）
韓国語・韓貴鉉訳『日本警察法』（韓国法制研究院，2003年）
現代行政法入門〈第2版〉（信山社，2003年，第2版・信山社双書2012年）
行政法の基礎知識(1)～(5)(信山社，2004～2006年）
実践警察法（信山社，2012年）

学術選書
100
行政法

行政裁量とその統制密度(増補版)

1994年(平成6)年7月30日　第1版第1刷発行　833-1
2012年(平成24)年2月29日　増補版第1刷発行　5900-1
5900:P372 ￥6800E-012-050-015

著　者　宮　田　三　郎
発行者　今井　貴·稲葉文子
発行所　株式会社　信 山 社
編集第2部
〒113-0033　東京都文京区本郷6-2-9-102
Tel 03-3818-1019　Fax 03-3818-0344
henshu@shinzansha.co.jp
笠間才木支店　〒309-1611 茨城県笠間市笠間515-3
Tel 0296-71-9081　Fax 0296-71-9082
笠間来栖支店　〒309-1625 茨城県笠間市来栖2345-1
Tel 0296-71-0215　Fax 0296-72-5410
出版契約 No.2012-5900-1-01011 Printed in Japan

印刷・製本／ワイズ書籍・渋谷文泉閣
ISBN978-4-7972-5900-1 C3332　分類323.900-a100 行政法